A DIFERENÇA ENTRE MERITOCRACIA TÉCNICA E POLÍTICA

Blucher

A DIFERENÇA ENTRE MERITOCRACIA TÉCNICA E POLÍTICA

Nos grupos científicos a artísticos, observados sob o vértice psicanalítico

Paulo Cesar Sandler

A diferença entre meritocracia técnica e política: nos grupos científicos a artísticos, observados sob o vértice psicanalítico

1ª edição – Blucher, 2024
Editora Edgard Blücher Ltda.

Publisher Edgard Blücher
Editor Eduardo Blücher
Coordenador editorial Rafael Fulanetti
Coordenação de produção Andressa Lira
Produção editorial Juliana Morais
Preparação de texto Luana Negraes e Regiane da Silva Miyashiro
Diagramação Plinio Ricca
Revisão de texto Cristiana Gonzaga Souto Corrêa
Capa Laércio Flenic
Imagem de capa Paulo Cesar Sandler

Blucher

Rua Pedroso Alvarenga, 1245, 4º andar
04531-934 – São Paulo – SP – Brasil
Tel.: 55 11 3078-5366
contato@blucher.com.br
www.blucher.com.br

Segundo o Novo Acordo Ortográfico, conforme 6. ed. do *Vocabulário Ortográfico da Língua Portuguesa*, Academia Brasileira de Letras, julho de 2021.

Dados Internacionais de Catalogação na Publicação (CIP)
Angélica Ilacqua CRB-8/7057

Sandler, Paulo Cesar
A diferença entre meritocracia técnica e política: nos grupos científicos a artísticos, observados sob o vértice psicanalítico / Paulo Cesar Sandler. – São Paulo: Blucher, 2024.
380 p.

Bibliografia
ISBN 978-85-212-2296-5

1. Psicanálise I. Título

24-3373 CDD 150.195

Índice para catálogo sistemático:
1. Psicanálise

Conteúdo

1. A diferença entre meritocracia técnica e meritocracia política

Numa esquina, aquém do fim do mundo e bem pra lá da Terra de São Nunca, conversam Francis Bacon, George Santayana, Wilfred Bion, Boris Schnaiderman e Wolfgang Sauer. Velhos amigos na acuidade – que jamais se conheceram:

Francis (alerta do alto da carruagem): "Toda novidade não passa de esquecimento".[1]

George (todo despachado, vai pegando carona na carruagem sem pedir): "Quem desconhece seu passado condena-se a repeti-lo".[2]

---

1 Bacon, F. (1625). Of Vicissitudes of Things. In *The Essays* (editado por J. Pitcher). London: Penguin Books, 1985. p. 228.

2 Santayana, G. (1905). Reason and Common Sense. In *The Life of Reasan*. New York: Dover, 1980. p. 284. Pode ser recuperado em Project Gutemberg E-book, editado por Marylinda Frazer-Cunnlife, 2005.

Boris (afastando-se de um Jeep em que sequer entrou ao divisar o banco tomado por sangue de algum ferido, perto de Pisa): "Um fato importante para a formação de grupos é o maior ou menor grau de degradação moral que se atingiu".[3]

Wilfred (dirigindo um Bentley usado, olha para os três que lhe pareceram demasiado otimistas): "Aquilo que aprendemos da história é que nada aprendemos da história".[4]

Wolfgang (resignando-se): "O ser humano não aprende".[5]

De tanto querer auxiliar, atrapalha

Há mais de um século, pessoas padecendo de sofrimentos decorrentes de dificuldades e impossibilidades de enfrentar vicissitudes que afetam e podem danificar sua natureza humana procuravam médicos e ministros religiosos. Como faziam há incontáveis milênios.

Médicos e, antes deles, sacerdotes, tantas vezes confundidos por excesso de fantasias de onipotência e onisciência, apregoaram e prosseguem apregoando, explicitamente ou não, o desafiar de um fato natural – morte. Tanto em sua postura, quanto na sua prática. Acoplam-se às esperanças, expectativas e exigências daqueles que os procuram, por "curas". Nome, nada acidental, e muito antigo: em uma bem conhecida religião, sacerdotes foram denominados, por séculos, de "curas".

Em parte por isso, e em parte por eficácia, tantas vezes por coincidência probabilística, hoje chamada efeito placebo pelos médicos, a atividade que apregoa curas mantém-se sob alta procura. Por

---

3 Schnaiderman, B. (1964). *Guerra em Surdina*. Rio de Janeiro: Civilização Brasileira. p. 111.

4 Bion, W. R. (1961a). *Experiences in Groups*. Londres: Tavistock Publications. p. 89.

5 Sauer, W. (2011). Depoimento. In P. C. Sandler, *Clássicos do Brasil: Fusca*. São Paulo: Alaúde.

dramaticidade da situação, sem dúvida, que, tantas e tantas vezes, conduz a tragédias.

O exercício da medicina sempre esteve sob crítica, construtiva ou não. Pessoas cuja obra escrita mostra notável alcance e profundidade a respeito da natureza humana e de suas vicissitudes, como Platão, demoraram muito tempo para compreender e finalmente resolver suas dificuldades com os médicos de então. Buscaram, diversas vezes, retirar-lhes a possibilidade de exercer certas ações sobre os pacientes, vistas como extrapolações do que parecia ser minimamente razoável. Ações vistas como se fossem poderes que precisariam ser reservados aos dirigentes da pólis, mas nunca aos sabedores de tecnologias (*teknai*). Que precisariam apenas servir, mas nunca decidir nada a respeito dos destinos de seus semelhantes.

Terá sido o caso de Platão ter confundido seu próprio autoritarismo com o que supôs ser um autoritarismo indevido, fazendo parte da ação da medicina? Isso ocorreu durante algum tempo, até que Platão pudesse se dar conta de que tudo aquilo que criticava como extrapolação autoritária era algo intrínseco ao trabalho da medicina. Pode discriminar melhor a medicina, como atividade dedicada ao auxílio de pessoas que sofrem, dos médicos que tentavam exercê-la; e dentre eles, aqueles que não podiam exercê-la. Não sendo médico, e, até o ponto que podemos saber, não teria precisado de cuidados médicos, e, talvez, faltou-lhe algum outro componente – paciência, aliada à sapiência que tinha – para poder apreciar adequadamente a técnica que desconhecia; mesmo que tenha podido reconhecer muito do que não sabia, em termos de percepção da realidade.[6] Em retrospecto, e no que tange ao assunto que tento abordar, deixou-nos uma experiência em que se pode diferenciar a meritocracia política em um grupo humano – no caso, representada por ele mesmo, Platão – e

---

6 Levin, S. (2014). *Plato's Rivalry with Medicine: A Struggle and Its Dissolution*. Oxford: OUP.

a meritocracia técnica, representada pelos médicos. Um dos quais, Exímaco, faz "parte" de um dos diálogos, *O Simpósio* – apresentado como ridiculamente pretensioso, mas, ao mesmo tempo, penetrante no que se refere a aspectos da vida humana, como as relações amorosas. Outro diálogo, *Timeu*, assemelha-se a um minimanual de anatomia e fisiologia, mas mostra limitações seríssimas em relação a comentários sobre terapias, mesmo levando em conta os padrões da época, mais baseados em crenças.[7]

Pessoas carentes e desesperadas, com necessidades reais ou não, procuravam médicos de modo direto, puramente pessoal, mesmo que não os conhecessem anteriormente, de modo majoritário até o início do século XX. Do mesmo modo que alguém procuraria um astrônomo, na impossibilidade de estudar os movimentos estelares; ou um pintor, tanto para obter uma pintura quanto para aprender a pintar, quando isso se constituía como necessidade; ou um músico, ou qualquer outro técnico.

Já importava, àquele que procurava serviços de auxílio, o modo de apresentação externa do médico, do astrônomo, do pintor etc. Trata-se da apresentação que seja aceita socialmente – é a isso que chamo "apresentação externa". É dada pelas elites minoritárias dominantes,[8] hoje chamadas de "formadores de opinião". No início do século XX, e de longa data, imperava em boa parte do mundo autointitulado "civilizado" uma situação social: moda, ou modismos (*fashion*).

Um dos caminhos que tentarei seguir ao longo deste texto é evitar envolvimentos ou filiações a modismos (*fashion*); a meu ver, transformações imanentes, excessivamente influenciadas por pontos

---

7 King, L. S. (1954). Plato's Concepts of Medicine. *Journal of the History of Medicine and Allied Sciences*, (9): 38-48. http://www.jstor.org/stable/24619832

8 Toynbee, A. (1972). *Um estudo da história* (versão brasileira por I. S. Leal e M. Silveira). São Paulo: Martins Fontes & Universidade de Brasília, 1987.

específicos no tempo, que nos distanciam de observações científicas de invariâncias, que são dotadas de natureza transcendente, a tempo, espaço e etnias. Pretendo que, ao moto deste texto, dado pelo diálogo imaginário em que Francis Bacon nos alerta para o fato de que "toda novidade não passa de esquecimento", seja enfatizado pela observação da natureza humana provida por Shakespeare: "moda... a ardilosa vestimenta do demônio".[9]

Que se tornou berço da banalidade impensada: modismos criam uma situação de proibições de condutas e comportamentos que vou exemplificar usando uma síntese de duas observações de dois literatos, Carlos Drummond de Andrade e Antoine de Saint-Exupéry. A historinha ficcional, mais real do que mentiras "*muito bem pregada, daquelas que ninguém desconfia*"[10], pode se chamar "A Pedra no Meio do Caminho do Astrônomo Turco".

O novelista francês, hoje patrimônio da humanidade, criou a história de um astrônomo turco, que

> *fizera na época uma grande demonstração da sua descoberta [o asteroide B612] num Congresso Internacional de Astronomia. Mas ninguém lhe dera crédito por conta das roupas que usava. As pessoas grandes são assim. Felizmente para a reputação do asteroide B612, um ditador turco obrigou o povo, sob pena de morte, a vestir-se à moda europeia. O astrônomo repetiu sua demonstração em 1920, numa elegante casaca. Então, dessa vez, todo mundo se convenceu. Se lhes dou esses detalhes sobre o asteroide B612 e lhes confio o seu número é por causa das pessoas grandes. As pessoas grandes adoram os números.*

9 Shakespeare, W. (1604). *Measure for Measure*, III, i (Fashion... the cunning livery of hell).

10 Lobato, M. (1936). *Memórias da Emília*. São Paulo: Brasiliense, 1959.

> *Quando a gente lhes fala de um novo amigo, elas jamais se informam do essencial. Não perguntam nunca: "Qual é o som da sua voz? Quais os brinquedos que prefere? Será que ele coleciona borboletas?". Mas perguntam: "Qual é sua idade? Quantos irmãos tem? Quanto pesa? Quanto ganha seu pai?". Somente então é que elas julgam conhecê-lo. Se dizemos às pessoas grandes: "Vi uma bela casa de tijolos cor-de-rosa, gerânios na janela, pombas no telhado...", elas não conseguem, de modo nenhum, fazer uma ideia da casa. É preciso dizer-lhes: "Vi uma casa de seiscentos contos". Então elas exclamam: "Que beleza!".*[11]

Quem removeu essa pedra? Saint-Exupéry refere-se a um fato real: o aparecimento de um político, Kemal Atatürk. No livro *O pequeno príncipe*, o "ditador da Turquia" ordenou a troca de vestimenta de todos os turcos, que a partir daquele momento teriam que se vestir como se vestiam os europeus.

O fato, concretizado no ditador, tem sua face imaterial: um meritocrata político teve uma atitude autoritária. Houve algum beneficiado? Na versão de Saint-Exupéry, a ciência, mais além da pessoa de um astrônomo. O mundo conheceu o asteroide B162.

Há 127 anos, a medicina já era exercida por meio de muitas especialidades, de modo similar ao que ocorre hoje em dia – ainda que a quantidade daqueles tempos não pudesse se comparar à miríade atual, que desafia estudantes de medicina para escolherem alguma em que possam atuar, e também os pacientes, que fazem peregrinações infindáveis até descobrir quem possa ajudá-los, indo de uma especialidade para outra, para outra etc., diminuindo, inadvertidamente, o senso de responsabilidade de cada praticante.

---

11 Saint-Exupéry, A. (1943). *O pequeno príncipe* (versão brasileira por Dom Marcos Barbosa). São Paulo: Agir, 1956. p. 14.

Quando as dificuldades e impossibilidades no enfrentamento dos sofrimentos envolviam afetos, emoções e sentimentos, ainda muito confundidos entre si, as pessoas privilegiadas financeiramente procuravam alguns especialistas: neurologistas, hipnotistas, psiquiatras, neuropsiquiatras e frenologistas. As pessoas que deles precisavam eram denominadas alienadas ou doentes dos nervos. Seriam maldisfarçados eufemismos adocicados para poder se falar por evasivas, e não enunciar o termo "loucos"? Que, na verdade, ficou um título para pessoas, eventos e coisas que nunca conhecemos e que não entendemos. Abrangem espectro amplo, ao incluir, em um polo, ojeriza odiosa, e no outro, admiração fascinada. Polos rapidamente transmutantes e transfiguráveis entre si. Pespega-se tal título, *louco*, indiscriminadamente, para criminosos, políticos, cientistas, artistas e exploradores geográficos.

Neurologistas, frenologistas e neuropsiquiatras tinham limitação quase total em sua atuação terapêutica, similar à ação prisional. Os limites práticos e teóricos entre todos os ativistas dessas práticas eram tênues e nublados. E continuam sendo, desafiando os órgãos burocráticos que tentam estabelecer regulações.

No início do século XX, já havia sociedades que congregavam engenheiros, médicos, cientistas, matemáticos, físicos, astrônomos, biólogos, políticos e exploradores geográficos. Que, muitas vezes, podiam ter sido pessoas de formação militar. A organização burocrática ou administrativa dessas associações tem história milenar. Os grupos de pessoas assim agregadas sempre foram necessários. Tal necessidade se expressa pela criação de ditados tão antigos quanto populares, como "A união faz a força", frase clivada de uma fábula de Esopo (em torno de 600 a.C.); e "Um por todos, todos por um", moto popularizado pelo romance *Os três mosqueteiros*, de Alexandre Dumas, escrito em 1844.

Na época de Esopo, havia algumas organizações associativas de pessoas cuja intenção não era militar, mas pedagógica: a Academia, organizada por Platão. E depois, o Liceu, organizado de modo inicialmente revoltoso por Aristóteles. Seguidas por outras, como a que congregava seguidores de Pitágoras, que se chamavam a si mesmos de "pitagóricos": o nome da agremiação já confundia a pessoa com a ciência e a filosofia?

Vários estudos registram que os essênios, uma das seitas religiosas entre os hebreus, foram os primeiros a promover, nas sinagogas em Alexandria, uma organização de "sociedades comunitárias que pudessem prover todas as necessidades vitais de seus membros",[12] incluindo as mais materializáveis, como o comércio, e as atividades imaterializadas, como os códigos mosaicos que caracterizam a tradição hebraico-cristã. Os essênios não eram nobres, obviamente, apesar das vagas indicações contidas no mito de Moisés, de que suas práticas teriam sido adotadas pelo faraó. Os essênios isolaram-se no deserto, "atrás de um mar", originando o mito da terra prometida. Estruturaram burocraticamente as várias *teknai* e os vários negócios especializados, como carpintaria, pesca, construção e medicina. Também proviam necessidades intelectuais imaterializáveis, por aprendizado. O sentido de uma estrutura comunitária que pudesse prover todas as necessidades vitais que devemos aos essênios, como todas as conquistas advindas das migrações indo-europeias, encontrou sua síntese na pólis idealizada pelos antigos gregos, posta mais efetivamente em prática na cidade de Alexandria (150 a.C.).

Anacrônicas guildas? Ou: toda novidade não passa de esquecimento

Na Idade Média, o tipo de associação e, em linguagem moderna, organização burocrático-administrativa dos essênios, que bem poderia

---

12 Walford, C. (1879). *Gilds: Their Origin, Constitution, Objects, and Later History*. Vol. V, *Insurance Cyclopedia*. https://hdl.handle.net/2027/msu.31293024451803. pp. 5 e 56.

fatores originando fatos que imbuem e paradoxalmente cercam o trabalho de um psicanalista por meio da identificação de seus instrumentos de trabalho.

Fatos que incluem, querendo ou não, a formação de grupos. Grupos que tentam possibilitar, mas que também podem impedir ou até mesmo excluir o trabalho de psicanalistas, na mesma extensão em que prometem ou propagandeiam que o facilitariam ou permitiriam. Este estudo tenta ser um acréscimo, mas nunca uma substituição, aos fatores individuais, que só podem ser detectados em uma psicanálise individual.

Inicialmente, procuram-se grupos de modo natural e espontâneo, com a função de se constituírem como auxílio para a apreensão dos fatos determinantes e mantenedores daquilo que pode ser qualificado como psicanálise.

O intuito deste livro é se constituir como elaboração de algo que só posso descrever utilizando uma analogia: a de uma bússola, que pode ser usada para a orientação de indivíduos. E, em consequência, também a orientação dos grupos compostos por esses indivíduos. Precisarei apelar para analogias. Uma delas, mitológica: a arca de Noé. Outra, biológica: um, e apenas um indivíduo.

Indivíduos são mais orientáveis, por si mesmos, do que embarcações. Embarcações, assim como grupos, são prejudicadas por gigantismo. Como lanchas, que são pequenas se comparadas com navios petroleiros, ou transatlânticos, ou cargueiros – esses últimos precisam de "práticos", uma pessoa que só embarca para guiar o navio próximo aos portos, e navios menores, chamados rebocadores, para fazer suas manobras. Embarcações conseguem manobrar por círculos, exigindo uma quantidade inalcançável de graus, se comparada com a quantidade possível para indivíduos, que, por sua vez, têm capacidade de manobra e orientação mais rápida, se comparada com as das embarcações, grandes ou não.

Este livro provavelmente será de interesse para um pequeníssimo grupo, se o parâmetro de comparação for o número de pessoas que hoje ocupa nosso planeta – em torno de oito bilhões. Endereça-se aos membros do movimento psicanalítico e, de modo principal, aos seus pacientes. Novamente, não dispomos de dados estatísticos, mas a quantidade está na casa de poucos milhares.

Pacientes, em princípio, seriam leigos em psicanálise – pelo menos em sua primeira procura. Dela apenas ouviram falar; e hoje em dia, e cada vez menos, por outra pessoa em particular, que tenha se submetido a uma psicanálise. Considero que o ato "ouvir falar" é uma excelente receita para *desconhecer* qualquer coisa, ou não coisa, que se considere: um objeto material, um evento, uma pessoa, uma disciplina científica e as técnicas que geraram essa disciplina científica. Ouvir falar, se aplicado a pessoas, parece-me indistinguível de fofoca. Que pode ser considerada pelo grupo, e por aquele que fala, como se fosse positiva, usualmente bajuladora, ou negativa, em geral de natureza violentamente difamatória. Vindo antes, pois nunca se fala a respeito de alguém na presença desse alguém, a não ser em momentos de sinceridade, e nesse caso, não é necessário falar em grupo. E, vindo antes, temporalmente, nunca dá a oportunidade de resposta imediata e, em alguns casos, eficaz.

Mesmo assim, um paciente que procura um psicanalista pela primeira vez e que está em situação leiga no que se refere à ciência e à técnica possui, pelo menos, alguma situação imaterial que impulsiona alguém para procurar um psicanalista.

Possui necessidade, que o movimenta, que o faz se interessar por contribuições dadas por disciplinas científicas para sobrevivência em ambiente predominantemente hostil – característica do nosso planeta, antes ou depois de termos nascido.

A disciplina científica mais antiga – caso mensurada pelos métodos atuais da antropologia – que tenta tratar de questões diretamente originadas e vinculadas à necessidade de sobrevivência é a medicina.

Isolá-la desse modo pode dar a impressão de que estaria clivada e isolada da situação grupal, o que nunca é verdade. A própria necessidade é determinada ambientalmente, e o ambiente é parte de um grupo circundante a todos nós, dos elementos básicos daquilo que chamamos de "vida".

Um grupo de duas pessoas nunca deixa de ser um grupo: e medicina se faz por um grupo de duas pessoas. Atualmente, a medicina ficou plena de disciplinas derivadas e herdeiras. Um dos mitos da tradição judaico-cristã sobre a ordem divina, "crescei e multiplicai-vos", tem sua aplicação nesse caso. Nossa "bússola" vai ficar enfocada, como se fosse atraída por um polo, não magnético, mas humano, em dois deles, dentre os herdeiros e, atualmente, substitutivos daquilo que médicos não podem mais executar: a psicanálise e a psicologia clínica.

A função do texto é a de orientação. Considero que permanecemos vivendo em um espaço-tempo de uma confusão beligerante. O estado ao que me refiro não se refere à política internacional ou nacional, mas se materializa pela indiscriminação generalizada entre o movimento psicanalítico[22] e a psicanálise propriamente dita.

Se usarmos um vértice comercial como analogia para efeitos de comunicação, podemos dizer que existem confusões beligerantes na população mundial. Ocorrem no atacado e no varejo. O espaço-tempo desde 1945 não se caracteriza por confusão beligerante no atacado, cujo "triste recorde", por evolução tecnológica materializada sob forma de armas, se deu entre 1917 e 1945.[23,24,25]

22 Freud, S. (1914a). On the History of the Psycho-analytical Movement. *SE*, vol. XII.

23 Bion, W. R. (1940). Civilian Reaction, Morale and Prophylaxis. In *War of Nerves* (editado por E. Miller). New York: MacMillan, 1944.

24 Bion, W. R. (1947). Psiquiatria em tempos de crise. In *Cogitações* (editado por F. Bion; versão brasileira por Ester Hadassa Sandler e Paulo Cesar Sandler). Rio de Janeiro: Imago.

25 Bullock, A. (1998). *Hitler and Stalin: Parallel Lives*. London: Fontana Press Bullock.

Não houve evolução, tampouco involução, nos fatos que evidenciam nossa ferocidade – mais usualmente, diz-se ferocidade *dos seres humanos*, como se o falador não fizesse parte do grupo humano.

Ainda não provamos o fato, constantemente propalado, que todos nós, seres humanos, pudemos realmente dominar a vida sobre a face da terra, já que baratas e ratos, mais antigos filogeneticamente que nós, têm se mostrado competidores à nossa altura em termos de adaptabilidade ao ambiente. Não estou considerando vírus, bactérias e outros parasitas – que, se também pudessem ter dominado a vida na Terra, já o teriam feito, pois são incomparavelmente mais antigos. Sendo verdade que existe seleção natural, um fenômeno imaterial e que se materializa biologicamente, faz parte da seleção natural que esses seres também precisem sobreviver. Parasitas que são, teriam decretado sua própria morte, como espécie, caso sempre matassem todos os seus hospedeiros. Provariam a falsidade das observações de Darwin e as de Mendel, atualmente consideradas inseparáveis.[26]

Até pouco tempo, supunha-se que seríamos os únicos animais ferozes que matam sem necessidade de sobrevivência; recentemente, zoólogos práticos evidenciaram que pelo menos um outro mamífero, capaz de canibalismo, também o faz: o hipopótamo,[27] que mata mais seres humanos do que são mortos por eles. A questão pode ser de magnitude da capacidade destrutiva: nós, seres humanos, detemos o duvidoso recorde de ainda sermos os únicos animais capazes de destruir toda a vida na face da Terra. E não apenas de um modo, como se pensou logo após a elaboração da bomba nuclear. Concluo que, pelo menos até agora, meritocracia técnica e política têm se unido nessa força destrutiva.

---

26 Williams, G. C. (1966). *Adaptation and Natural Selection. A Critique of some Current Evolutionary Thought.* Princeton: Princeton University Press, 1992.

27 Barr, B. (2008). Dangerous Encounters. *National Geographic Channel.*

Estou tentando introduzir as noções que proponho denominar meritocracia técnica e meritocracia política: duas "faces" da mesma situação.

Aparentemente, a "situação" à qual me refiro é consequência inevitável de nossa natureza humana. Pode ser estudada a partir da detecção de alguns fatores. Na minha hipótese, haveria fatores primários e secundários.

Um fator primário é advindo de uma necessidade natural: é preciso lidar com uma vicissitude básica, a de nossa sobrevivência em um ambiente predominantemente hostil e, em consequência, pouco facilitador para nossa sobrevivência. Necessidades naturais não são determinadas por elites autoritárias, mesmo que estas usualmente apelem para elites divinas. Necessidades naturais não foram inventadas ou impostas por alguém ou por algum grupo elitista e elitizado por si mesmo.

Há outros fatores primários? Não sei, mas algum leitor interessado poderá descobrir, caso existam.

Os fatores secundários são consequenciais e parecem-me complicadores, são dependentes de características da natureza humana e podem ser divididos como atinentes à estrutura psíquica (que pode ser vista como micro) e à estrutura social (que pode ser vista como macro). No que tange à estrutura psíquica, pode haver a prevalência de um ciclo psíquico básico, avidez ⇔ inveja, resultando em relações inter-humanas marcadas por rivalidade. No que tange à estrutura social, relações inter-humanas rivais e ávidas podem ser visualizadas segundo o vértice de observação econômico-financeiro: manifestam-se por explosão populacional marcada por diferenças ultrajantes no índice de Gini, que mede desigualdade social, e as modificações climáticas impondo situações de fome e sede para a maioria, poupando a minoria elitista.

No caso das duas "faces", meritocracia técnica e política, suponho que exista a necessidade de obter-se um equilíbrio dinâmico, provendo um estado de homeostase interacional que possa ser mantido com o menor gasto de energia possível. O modo que essa "energia" ocorre é irrelevante, mas penso ser útil adotarmos o princípio de Fechner (descrito na página 197, adiante); e estaríamos falando de energia psíquica, sob a hipótese de Freud.

Podemos fazer uma analogia com todos nós, seres humanos: temos duas "faces" que os médicos chamam de dorsal e ventral. O leitor pode inverter a ordem, caso lhe apeteça: essa ordem é dada apenas pela necessidade de exposição verbal do assunto. Não estaria longe da verdade histórica afirmar que os antigos gregos estavam entre as primeiras pessoas que notaram a existência natural e necessária desse estado de homeostase dinâmica. Certamente foram os primeiros a registrá-lo de modo escrito, por formulações verbais e matemáticas.

Se houver alguma prevalência de uma das duas "faces", rompe-se um equilíbrio paradoxal, homeostático e dinâmico. Equivaleria a uma pessoa que tivesse apenas sua face ventral, à custa de sua face dorsal. Isso pode ser conseguido por meios de prestidigitação, ou escondimento, obliterando a percepção visual de alguma audiência.

O estado de equilíbrio homeostático e paradoxal a que me refiro obedece a um "princípio" que tem sido denominado princípio de constância de energia, nos menores níveis possíveis, para a execução de algum trabalho por algum sistema, vivo ou morto. Vou poupar, no momento, o leitor das citações bibliográficas, que serão fornecidas ao longo do texto.

Existe a possibilidade de se fazer um tipo de mensuração desse equilíbrio dinâmico em homeostase? Sim; e foi acompanhada da descrição de uma característica fundamental desse equilíbrio. Foi descoberta no século XIX, ou seja, foram necessários pelo menos dois milênios para tanto. Tomou o nome de "princípio de constância", na tentativa de evidenciar a procura natural de um estado de menor dispêndio de energia para que o sistema dinâmico pudesse ser mantido. Vale para qualquer sistema dinâmico, vivo ou não. Foi descoberto por meio do estudo das respostas provenientes de um sistema a estímulos, externos ou internos, que possam ser captados por esse mesmo sistema.

Na nossa natureza, que podemos chamar, como Winnicott a chamou, de natureza humana, a captação dos estímulos se dá por nosso aparato sensorial. Todos nós, seres humanos, captamos estímulos de qualidade visual, sonora, olfativa, tátil ou de paladar – na hipótese de Freud, o sistema consciente, que teria a função de apreender estímulos de qualidade psíquica. A hipótese de Freud foi aplicada por neurofisiologistas, anos depois, a respeito de receptores de estímulos proprioceptivos (de algumas vísceras inervadas) e cinestésicos (de equilíbrio) de origem interna a nós mesmos.

O princípio da constância de energia nos níveis mais baixos possíveis foi descoberto por um homem chamado Heinrich Weber. Ao ser descoberto, e desde então, tem sido aplicado para sistemas que chamamos de físicos: hidráulicos, mecânicos, acústicos, elétricos, eletrônicos e quânticos. Esses sistemas também poderiam ser chamados de sistemas inorgânicos ou mortos. São artificiais e eficazes (reais) na mesma medida que respeitam princípios naturais. No livro *Instrumentos de um psicanalista* (no prelo), vou tentar detalhar as diferenças entre sistemas artificiais, ou descobertas tecnológicas, pertinentes à realidade, e invenções artificiosas, pertinentes à área da falsidade. Vou usar o termo *realidade* como sinônimo de verdade (sem nenhuma preposição), e o termo *falsidade* como sinônimo de mentira e alucinação, cuja evolução, sob o vértice psiquiátrico, se chama de alucinose e delírio.

A mesma situação dos sistemas mortos, ou não vivos, foi constatada para sistemas vivos por Gustav Fechner, o aluno mais capaz de Heinrich Weber. Atualmente, o princípio é denominado Weber-Fechner. A descoberta da psicanálise deve-se, fundamentalmente, ao uso que Freud fez desse princípio – chamado em sua época de princípio de Fechner. Isso lhe possibilitou descobrir uma disciplina científica; como não tinha nenhum nome disponível para intitulá-la, criou o nome *psicofísica* (descrita à página 197, Capítulo 7).

O princípio de Weber-Fechner oferece a oportunidade de apelarmos para mais uma analogia a respeito da prevalência ou desequilíbrio originado da clivagem entre as suas "faces" da paradoxal totalidade: meritocracia técnica e política. Sistemas inorgânicos ou mortos exibem um dinamismo automatizado que tem sido denominado movimento browniano. Até o momento, foi descrito apenas para o movimento das macropartículas moleculares. É possível abordá-lo por meio do estudo das partículas atômicas, caso façamos uso da química e da bioquímica; e das micropartículas, caso usemos a matemática e a física relativista e quântica.

Devemos todas essas descobertas à meritocracia técnica (que pode também ser chamada de científica ou artística) em todos os grupos humanos que se possa considerar. Anterior, mas nunca independente da outra "face", a meritocracia política. Uso mais uma analogia, fornecida pela embriologia: um embrião é anterior a um feto, mas nunca independente dele, caso o estado de vida permaneça. Vou mencionar agora mais uma descoberta, feita, dessa vez, pela matemática: o Bóson de Higgs permitiu, pela segunda vez na história da ciência, realizar uma descrição totalizante da realidade materializável e imaterial. Sua primazia histórica apareceu a partir de duas disciplinas científicas diferentes, a psicanálise e a físico-química, sob as hipóteses de Freud, a respeito do paradoxo da realidade material e psíquica. Esse é o fundamento da psicanálise e também da constante da natureza de Planck; e das relações entre partícula (material) e onda eletromagnética (imaterial) contidas na Teoria da Relatividade Geral de Einstein.

As três hipóteses foram feitas entre 1899 e 1905.

A face "meritocracia política" emerge ainda em equilíbrio dinâmico com a "meritocracia técnica", por exemplo, na construção internacionalizada do que pode ser nomeado, em linguagem leiga, Caldeirão Colisor de Partículas, ou, de modo preciso na linguagem técnica, Grande Colisor de Hádrons (*Large Haudron Collider*), em Genebra, como já havia ocorrido no desenvolvimento dos aceleradores de partículas nos Estados Unidos e Alemanha, no século XX, denominados cíclotrons. Meritocracia política passa a preponderar, à custa da meritocracia técnica – como se alguém só pudesse mostrar sua face ventral, mas não a face dorsal, se pudermos nos recordar do fato de que as notícias na imprensa leiga, para alegria financeira das agências de notícias, apregoaram que o *establishment* científico teria conseguido "evidências empíricas" que "provariam" a existência do Bóson de Higgs. Dar o nome, Higgs, já me parece efeito da prevalência total da meritocracia política sobre a meritocracia técnica, já que a descoberta matemática não foi feita apenas por uma pessoa, mas por um grupo de pesquisadores – em 1961, e não em 2015, quando o Grande Colisor conseguiu fazer as medições, idênticas aos cálculos de 1961!

As "provas empíricas" são desnecessárias, pois cientificamente já havia a demonstração matemática, mas o *establishment* da meritocracia científica, como todo *establishment* ou instituição, funciona de modo tanto restritivo como restritor, seguindo os princípios de funcionamento dos sistemas mortos. Só existe por parâmetros absolutos, que sempre configuram exigências de elites. No caso, a exigência se chamou "evidências empíricas".

Termo usual na língua inglesa, *establishment* é usado por dois psicanalistas, Wilfred Bion e um de seus amigos e colaboradores, Elliott Jaques, que lhe conferiram uma função crítica para um método de estudo e de terapêutica hoje denominado *dinâmica de grupos*, sob inspiração da psicanálise. Foi desenvolvido para a seleção de oficiais do exército e da aeronáutica, ou seja, no *establishment* militar da

Inglaterra durante a Segunda Guerra Mundial; e depois, para pacientes em um hospital de reabilitação para feridos durante o confronto armado. O termo tem sido vertido para o português de alguns modos, como "instituição" e "estabelecimento". Como toda tradução, parecem-me insatisfatórios. Reconhecendo a anglicização globalizada da linguagem coloquial, científica e artística, proponho manter o termo em sua formulação original em inglês, atualmente incorporado às línguas neolatinas e asiáticas. O inglês tornou-se uma segunda língua mundial. Seguirei essa proposição usando outros termos em sua grafia original inglesa, como *setting* e *fashion*.

Alguns leitores brasileiros com formação acadêmica, mais acostumados com uma tradição de referências a autores franceses,[28] às expensas de obras elaboradas por autores anglo-saxões, poderão estranhar o que lhes parecerá uma carência, ao longo deste livro. Embora tenha obtido alguma informação dada pela leitura de textos elaborados por autores de língua francesa, fico menos desconfortável com a abordagem fornecida pelas obras que cito. Parecem-me ter uma qualidade descritiva mais clara, quando usamos o método de análise crítica ou criticismo, conforme delineado por Immanuel Kant, aplicado para avaliação dos métodos usados na ciência.[29] Um fator nessa escolha é minha visão de que alguns autores nos deixaram obras menos ideologicamente orientadas ou opinativas. Em contraponto, minha visão das contribuições dos autores franceses comparece neste texto, mas submetida a um exame crítico, e não normativo, nem eivado de fantasias de superioridade. Não serão apresentadas como se fossem melhores e dando respostas finais e definitivas às questões que apresento; uma delas, a idolatria, que, sob o vértice de estudo de dinâmica de grupos, corresponde à escolha de líderes messiânicos.

28 Arantes, P. E. (1994). *Um departamento francês de ultramar: estudos sobre a formação da cultura filosófica Uspiana*. São Paulo: Paz & Terra.

29 Kant, I. (1781). Crítica da razão pura. In *Os pensadores* (versão brasileira por V. Rohden). São Paulo: Abril Cultural, 1980.

De qualquer modo, leitores francófonos que aliem aberta ou secretamente alguma anglofobia ou germanofobia sempre poderão debitar o que lhes parecerá carência à extensão de minha ignorância a respeito do que sustentam, e não estariam errados, na medida em que reconhecimento da ignorância, ou seja, daquilo que não sabemos e não possuímos, é poderoso nutriente, por ser um fator em nosso desenvolvimento. Se usarmos a teoria do pensar proposta por Bion na prática, observaremos que os processos do pensar surgem na ausência da concretude. No caso, o assim chamado "conhecimento". Nos anos 1990, surgiu uma expressão popular na academia para expressar uma postura crítica em relação a autoritarismos de base idolátrica: dizia-se "o suposto saber".

No entanto, há também outro tipo de crítica, marcada por hostilidade e, individualmente, rivalidade, como se fosse um postulado "jurídico" *a priori*. Tem sido mantida por grupos acadêmicos contra autores que não tenham tido certas formações teóricas, sob a acusação de autodidatismo. Não surpreende que muitos acadêmicos, que exercem a hoje necessária atividade de seleção ou qualificação final de estudantes, fantasiem sobre a base inexistente do "poderia", que não dispõe de fatos, que nunca ocorreram nem irão ocorrer, afirmando que se algum descobridor, como Freud, Mendel ou qualquer outro que o leitor escolha, seria aprovado em algum exame de seleção ou qualificação, atualmente, da mesma disciplina que descobriram ser possível de ser praticada.

Talvez essa crítica seja verdadeira quando se trata de um trabalho prático, técnico, e que envolva riscos de morte precoce para pessoas. No entanto, mesmo para essas, há a necessidade de fazer algo quando não se sabe nada sobre o fazer. Para o trabalho teórico, tantas vezes visto como sendo de "gabinete", suponho que o fato de um autor ter tido uma formação acadêmica em qualquer área que tenha aplicabilidade prática – engenharia, medicina, direito, enfermagem, fonoaudiologia etc. – poderá ter-lhe dado treinamento científico suficiente para tanto.

Temos exemplos notáveis no Brasil. Destaco três: Raymundo Faoro, um advogado nascido no Rio Grande do Sul, responsável pela obra que pode ser a mais profunda e abrangente investigação sociopolítica, sob o vértice do método introduzido por Max Weber, a respeito das origens do poder político no Brasil (ver página 255 do Capítulo 9); Hélio Silva, um médico carioca atuante que adentrou no perigoso campo da crítica histórica ao golpe de Estado ocorrido em 1964, em uma obra limpa de ideologias políticas, cuja verdade granjeou-lhe ódio e ignorância intencional das assim chamadas "direita " e "esquerda", que só aceitam o que lhes parece igual;[30,31] e Celso Lafer, um advogado paulistano, ministro de Estado, introdutor das ideias de Hannah Arendt no Brasil, que elaborou várias obras sociopolíticas e também de valor biográfico em relação a outros políticos.[32,33] Exemplos de autores no exterior são inúmeros e uma relação deles, mesmo que limitada à descrição de sua obra ou biografia, tem composto enciclopédias.

Nas palavras que estou propondo como tema deste estudo, vou tentar não me submeter às afirmações absolutas fornecidas por obras subservientes às determinações da meritocracia política no *establishment* acadêmico. Seria saudável, para a manutenção mínima de um ambiente acadêmico, que cada membro perguntasse a si mesmo se aderiu ou estimulou ou criou mais um modismo, que, disfarçado de "novo", pode promover esquecimento ou estar condenado a fazer o mesmo, mas eivado de pouco saber. Ou, de modo inverso, se teve

---

30 Faoro, R. (1958). *Os donos do poder.* Porto Alegre: Globo.

31 Silva, H. (1968). *1964: golpe ou contra-golpe?* Rio de Janeiro: Civilização Brasileira.

32 Lafer, C. (2002). *JK e o programa de metas (1956-1961). Processo de planejamento e sistema político no Brasil.* Rio de Janeiro: Editora FGV.

33 Lafer, C., & Cardim, C. H. (2002). No centenário de Horácio Lafer. In *Horácio Lafer: democracia, desenvolvimento e política externa* (organizado por Celso Lafer e Carlos Henrique Cardim). Brasília: Fundação Alexandre de Gusmão e Instituto de Pesquisa de Relações Internacionais.

uma postura "ecologicamente" adequada, enfrentando o que lhe é, ou parece ser, novo.

Os exemplos são bem conhecidos, em geral apresentados como se fossem determinados por escolas de filosofia, sempre dotadas de rótulos; e os rótulos sempre são autointitulados. Correspondem a terminologias e simbologias diversas: antigas, modernas, humanistas, fenomenológicas, futuristas, existencialistas, estruturalistas, hermenêuticas, pós-modernistas e, de modo "demasiadamente humano",[34] apregoam intenções conscientes eivadas de tendências político-ideológicas, ditas "esquerdistas" ou "direitistas".

Toda regra tem exceção; generalizações que não sejam científicas arriscam se ombrear em falsidade ao "ouvir falar". Ressalto as exceções que pude notar: há uma emergência atual de autores de fala francesa que passaram a se dedicar ao mesmo tipo de análise crítica que estou tentando fazer, ou seja, de um modo que me parece menos ideológico, ou não escolástico, a respeito de alguns fenômenos que influem na prevalência de uma das duas "faces", ou transformações internas aos grupos humanos: meritocracia técnica e política.[35]

É possível que os autores que estou citando, alguns francófonos, sigam uma alternativa que até agora não se tornou tendência. A alternativa não pode ser colocada de nenhum modo nacionalista, dada a universalidade daquilo que apresentam e representam. Esses autores fizeram – alguns ainda fazem – análises críticas, cuja orientação não pode ser reduzida a nenhuma ideologia particular, a não ser aquela que tenta preservar a sobrevivência humana, considera a realidade dos fatos e respeita a vida. Apontam para a possibilidade de que

34 Nietzsche, F. (1778-1880). Humano, demasiadamente humano. In *Os pensadores* (versão brasileira por R. R. Torres Filho). São Paulo: Abril Cultural, 1978.

35 Jainchill, A., & Moyn, S. (2004). French Democracy between Totalitarianism and Solidarity: Pierre Rosanvallon and Revisionist Historiography. *The Journal of Modern History*, 76(1), 107-154. https://doi.org/10.1086/421186

existam doenças sociais e individuais, denunciando momentos nos quais os interesses da horda social se impuseram à sobrevivência do indivíduo, onde a imposição implicou violência material e psíquica. Têm sido expressas literária e pictoricamente sob todas as formas conhecidas: romances, peças teatrais, cinematografia, crítica literária, crítica histórica e outras, todas elas atingindo um valor similar ao dos mitos (Capítulo 2 – Mitos). Os exemplos formam uma cesta de enorme abrangência, tanto no número de autores como na profundidade pela qual se expressaram: as obras de Friedrich Dürrenmatt,[36] Albert Camus,[37] Luigi Pirandello,[38] Bernard-Henri Levy,[39] Isaiah Berlin[40] e Tzvetan Todorov.[41]

Não me vejo imune à pressão externa e, principalmente, interna por aquilo que proponho denominar meritocracia técnica e política, duas faces grupais com funções de início interligadas, mas que evoluem de forma tão diferente, orientadas por clivagem beligerante entre si. Talvez a mesma pressão tenha sido um fator de minha constante escolha pessoal, consciente e inconsciente, de tentar seguir um percurso na vida tendente a fazer algo prático, submetendo-me mais às necessidades humanas orientadas pela meritocracia técnica, às expensas de dedicação às atividades da meritocracia política – pelo menos sob os padrões atuais, determinados ao longo dos últimos trezentos anos.

---

36 Dürrenmatt, F. (1959-1961). *A visita da velha senhora* e *Os físicos* (versão portuguesa por Irene Issel e Jorge de Macedo). Lisboa: Portugália.

37 Camus, A. (1957). *L'Etranger*. Paris: Gallimard.

38 Pirandello, L. (1921). *Seis personagens em busca de um autor* (versão brasileira por Federico Carotti). São Paulo: LP&M, 2008.

39 Levy, B.-H. (2006). *American Vertigo* (versão em inglês por Charlotte Mendel). New York: Random House.

40 Berlin, I. (1956). *The Age of Enlightenment*. New York: Meridian Books, 1984.

41 Todorov, T. (2003). The Achievement of Vassily Grossman. In *Hope and memory*. Princeton: Princeton University Press. p. 65.

No que se refere a citações, a maioria delas limita-se às obras originais, e não de autores secundários. Uma exceção é feita a alguns conceitos formulados por W. R. Bion, que estão espalhados em toda sua obra de um modo que não pode ser qualificado como didático. Poucos desses conceitos e teorias aproveitam a compilação crítica disponível em uma obra publicada anteriormente pela Editora Blucher, *A linguagem de Bion: um dicionário enciclopédico de conceitos*, 2021.

Descobertas feitas pelas meritocracias técnicas nos grupos – e suas diferenciações das crenças impostas por meritocracias políticas

Ao dizerem-se sábios, tornam-se tolos[42]

Entre 1800 e 1900, firmou-se um sintagma: "história do conhecimento". Nos anos 1940, outro termo foi utilizado: "história das ideias".[43] Os dois, usados como sinônimos, tornaram-se senso comum[44] no *establishment* universitário. Foram herdeiros, no que se diz ser a idade moderna, daquilo que pode ter sido o marco mais significativo para se obter o conhecer científico e artístico: a feitura das enciclopédias, no Iluminismo.

A primeira foi elaborada na Inglaterra, por Ephaïm Chambers em 1741.[45] Em um frontispício totalmente descritivo, diz que se trata de

42 Paulo de Tarso (52 d.C.) Epístola aos Romanos, 1: 22.

43 Lovejoy, A. O. (1940). Reflection on the History of Ideas. *Journal of the History of Ideas*, 1: 1.

44 Locke, J. (1690). Ensaio acerca do entendimento humano. In *Os pensadores* (versão brasileira por A. Aiex). São Paulo: Nova Cultural, 1988.

45 Chambers, E. (1741). *Cyclopaedia or An Universal Dictionary of Arts and Sciences*. Vol. I. https://play.google.com/books/reader?id=Cbc9VS_1QKEC&pg=GBS.PP8&hl=pt

> *explicações dos termos e um relato a respeito das coisas que os termos significam nas várias artes, liberais e mecânicas e nas muitas ciências, humanas e divinas: as imagens das espécies, suas propriedades, produções, preparações das coisas naturais e artificiais: usos correntes, progressos e o estado atual das coisas eclesiásticas, civis, militares e comerciais, com os seus muitos sistemas, seitas, opiniões, etc., entre filósofos, religiosos, matemáticos, médicos, antiquários e críticos.*

Dez anos depois, a *Cyclopaedia* foi traduzida para o francês e expandida muitas vezes por Dennis Diderot e Jean Le Rond D'Alembert,[46] com a colaboração de vários autores, como Voltaire, desenvolvendo o que se pode considerar um dos maiores progressos do Século das Luzes, tendo

> *como principal objetivo substituir pelo conhecimento empírico aquilo que até então era imposto por meio de crenças e autoritarismo dogmático: constituir-se-ia em uma grande ofensiva contra a ignorância e a religiosidade provenientes de hábitos mentais de* não pensar *ritualizado* através de *dogmas institucionalizados – as práticas dos braços seculares e institucionais das religiões.*[47]

Tratava-se de uma das consequências da Reforma Protestante, agora espraiada por todo o continente europeu e pelas ilhas britânicas sob um clima de revolta em massa contra as imposições do catolicismo apostólico romano nas práticas éticas, científicas e artísticas, até então encerradas no Oriente Médio. O clima de revolta deu luz a

---

46 Diderot, D., & D'Alembert, J. R. (1751). *Enciclopédia ou Dicionário razoado das ciências, das artes e dos ofícios* (organizadores da versão brasileira: Pedro Paulo Pimenta e Maria das Graças de Souza). Vol. 1. São Paulo: Editora Unesp, 2021.

47 Sandler, P. C. (1997a). Psicanálise e iluminismo. In *A apreensão da realidade psíquica*. Vol. I. Rio de Janeiro: Imago. p. 359.

uma palavra que prossegue popular: *revolução*. Como toda revolução, negando evolução, que demoraria tempo excessivo, no vórtice de 360 graus sempre crescente movido por satisfações imediatas, traz de volta quase tudo que jurou acabar.

A percepção da fantasia onipotente de ser proprietário de todo o conhecer possível aparece no projeto, explícito ou não, de muitas pessoas. Um exemplo marcante foi o fato de, em 1587, um editor alemão, Johann Spies, publicar em Frankfurt, em uma edição do *Livro Popular*, a história do dr. Johann Faust: "Historia von D. Johann Fausten, dem weitbeschreyten Zauberer und Schwarzkünstler", o que equivale mais ou menos a "História do dr. João Faust, que fez arranjos com feiticeiros e necromantes". Não citou o autor, e o nome dele permanece um mistério. Na época da publicação, pertencia ao folclore germânico.[48] A narrativa se transformou em patrimônio universal, sem sequer precisar de prêmio Nobel, nem decretos públicos ou aprovação governamental. Seria quase impossível enumerar os nomes de escritores, músicos e, mais recentemente, cinematógrafos famosos que produziram romances, peças de teatro, óperas e filmes em torno dessa história; ou sob sua inspiração direta ou não.

O projeto do dr. Faust talvez tenha sido uma das descrições mais acuradas da realidade material e psíquica da natureza humana. Em retrospecto, preparou o terreno para que surgissem as obras de Freud[49,50,51] e de Melanie Klein, para aprofundar as noções dos fatores

---

48 Anônimo (século XI). *História do Doutor Johann Fausto* (versão brasileira por Magali Moura). São Paulo: É Realizações, 2019. O original pode ser obtido em e-pub pela Deutsche National Bibliothek, Biblioteca Nacional Alemã: https://portal.dnb.de/opac.htm?method=simpleSearch&cqlMode=true&query=idn%3D930060768

49 Freud, S. (1911). Psycho-Analytic Notes on an Autobiographical Account of a Case of Paranoia. *SE*, vol. XII.

50 Freud, S. (1914b). On Narcissism. *SE*, vol. XIV.

51 Freud, S. (1921). Psychology of Groups and Analysis of the Ego. *SE*, vol. XX.

envolvidos em tal projeto.[52] Pode ser colocado, sinteticamente, como o projeto de alguém que ocupa a posição esquizoparanoide, em tempo integral e regime de dedicação exclusiva.

Não me parece possível e certamente não posso colocar em palavras o dano material e psíquico advindo desse tipo de fantasia que se manifesta pelo projeto do Dr. Faust. Hoje, podemos dizer que se configura na tragédia autoritária e totalitária que impede a consecução da pólis procurada por Platão, Aristóteles, Péricles, Locke, os dois primos distantes que governaram os Estados Unidos, de sobrenome Roosevelt, Bruno Kreisky, Olof Palme e..., infelizmente para alguns e felizmente para outros, uma quantidade pequena de outras pessoas, se comparada com a quantidade impossível de nomear dos ditadores beligerantes totalitários que tentam arruinar e tantas vezes arruínam nosso mundo. Não me parece haver privilégio, ainda que dúbio, de maior concentração de "doutores Faust" na meritocracia política do grupo de políticos profissionais. "Doutores Faust" emergem também na meritocracia técnica, em todo grupo que se possa considerar. A diferença é que toda vez que um meritocrata técnico se transforma em meritocrata possível, irá abreviar ou extinguir seu percurso técnico e irá colaborar com os meritocratas políticos, incluindo os do grupo de políticos profissionais.

Tampouco me parece possível colocar em palavras que realmente possam representar a profundidade e amplitude dos danos consequentes à infiltração virulenta e capilar no aparato psíquico da consecução, ainda que fantasiosa, do projeto do Dr. Faust, compondo boa parte das disfunções manifestadas pelo ciclo de avidez e inveja[53] que tem caracterizado a todos nós, que nos chamamos de seres humanos, ainda que em graus variáveis.

---

52 Klein, M. (1946). Notes on Some Schizoid Mechanisms. In *Developments in Psycho-analysis* (editado por M. Klein, P. Heimann, S. Isaacs, J. Riviere). Londres: The Hogarth Press and the Institute of Psycho-Analysis, 1952.

53 Klein, M. (1957). *Envy and Gratitude*. Londres: Tavistock Publications.

Até o ponto que foi minha experiência de meio século tentando praticar psicanálise ininterruptamente, psicanálise é um método que permite a cognição de aspectos parciais dessa situação vital descrita pela história do Dr. Faust. Tenho noção de que algumas pessoas podem obtê-la, pelo menos de um outro modo; talvez haja outros métodos. Não sei, e ainda não temos métodos para saber, se existiriam condições genéticas tanto para criar o mesmo projeto do Dr. Faust, como aquelas que parecem ser necessárias para obter a cognição dos processos inconscientes que resultam nesse projeto. Caso existam, parecem depender daquilo que Freud denominou "séries complementares".[54]

Em minha experiência, a obtenção pelo único outro modo ocorre por aquisição daquilo que o senso comum denomina "maturidade"; que pode também ser descrito como a possibilidade de aprender-se da experiência. Parece-me demandar um tempo muito maior do que o que se pode obter submetendo-se a uma psicanálise. Fazendo a analogia com a história do Dr. Faust, seria possível perceber-se, ainda que transitória e parcialmente, o "Faust interno". Essa parece-me ser uma das tarefas de uma psicanálise. Sugeri anteriormente que poderia também se chamar, em nome da modernidade, de um "Stalin interno" e "Hitler interno". São tantos, esses nomes, continuamente mutantes, por imanência! Hoje em dia, poderiam ser chamados pelos nomes dos ditadores políticos beligerantes, que uma vez mais entraram em moda mundial.

J. W. Goethe foi um homem que, sem ter se submetido a uma psicanálise, parece ter obtido essa percepção; não por coincidência, adotou o método histórico (ontológico) para descrever a natureza humana, culminando com alguns ciclos vitais: o mais sofisticado foi o "ciclo Faust"; fruto de tentativas anteriores, como o "ciclo Wilhelm Meister".

54 Freud, S. (1917). Introductory Lectures on Psycho-analysis, part III. *SE*, vol. XVI. pp. 37, 362, 370.

No ciclo Faust, a terceira e última parte levou sessenta anos para ser escrita. Goethe achou melhor proibir sua publicação, pelo menos enquanto ele estivesse vivo. Teve mais sorte do que Freud, que proibiu que fizessem sua biografia, para alguns amigos, como Arnold Zweig. Proibição de pronto desrespeitada pelo médico que lhe deu a graça de se submeter a uma eutanásia, Max Schur. Dez anos depois, sua filha dileta, Anna Freud, auxiliada pelo único pioneiro do movimento que permaneceu ao seu lado, ajudando a impedir o assassinato de Freud pela ditadura alemã do regime nazista: Ernest Jones.

Freud percebeu que essa era uma tarefa que poderia caber à psicanálise. Antes dele, não há registros de que alguém tivesse detectado a necessidade de fazê-la sob o vértice médico, individual, isento de juízos de valor. Até então, havia tentativas eivadas de juízos canônicos ou civis: podem ser examinadas no código mosaico ou no de Hamurabi.

Sob o vértice psicanalítico, o "Faust interno de cada um" pode ser caracterizado pelo funcionamento do aparato psíquico, em parte inconsciente, mas nem sempre, sob a égide do princípio do prazer--desprazer. Manifesta-se por fenômenos qualificados pela psiquiatria como paranoia, esquizoidia, narcisismo e seu par complementar: fantasias "homo". Aspectos do "Faust interno" têm sido trazidos à consciência de alguns poucos indivíduos com a ajuda da psicanálise. Quanto seriam, esses "poucos"? Não sabemos. Inexistem dados estatísticos instrumentados pela psicanálise; um parâmetro a qualificação, excessivamente tosca, é comparar a população mundial com o número de pacientes tratados por psicanalistas acreditados pela IPA. Freud, após 40 anos de trabalho, alertou sobre as limitações terapêuticas do método psicanalítico. Têm sido levados em conta?

Cada leitor poderá ter sua resposta; até o ponto que pude ver, não foram, em termos de massa, que é composta pela população interessada, feita por acadêmicos, por membros do movimento psicanalítico e pela sociedade circundante. A psicanálise teve e continua tendo uma influência notável no meio social que a circunda e que foi parte de sua descoberta. A influência é inversa à quantidade de praticantes. Nunca foi possível saber de modo profundo e abrangente o grau de domínio (conhecimento por experiência) dos praticantes. A meu ver, os alertas não foram levados em consideração pelos idólatras nem por seus irmãos siameses, de aparência aparentemente oposta (ou negativa), os iconoclastas. Ou seja, pelo *establishment* circundante, dentro e fora do movimento psicanalítico.

Quantos praticantes de psicanálise existem na população mundial da atualidade, composta por quase oito bilhões de pessoas? Se considerarmos o número de membros pagantes do mais antigo *establishment* psicanalítico, a instituição não governamental privada, Associação Internacional de Psicanálise (IPA), esse número parece ser, até o ponto que pude pesquisar, semelhante ao número de praticantes de violoncelo ligados a instituições de ensino e orquestras – algo em torno de 17 mil pessoas. Por outro lado, podemos perguntar: quantas pessoas com um "Dr. Faust interno" existiram? Quantas delas reúnem a condição paradoxal, mínima e máxima, para procurar auxílio de um psicanalista, que pode ser equacionada na capacidade de não apenas abrigar, mas perceber minimamente um estado de aflição interna expressa por desnorteamento, que os impulsione a procurar auxílio? Quantas delas seriam isentas de um tipo específico de inteligência, capacidade pessoal e habilidade (denominada pelos psiquiatras, antes mesmo da descoberta da psicanálise, *psicopatia* ou *sociopatia*) para detectar probabilisticamente a existência de postos governamentais ou em empreendimentos privados, ou nos sistemas administrativos de qualquer instituição que se considere, comercial ou não? Quando lhes falta inteligência ou oportunidades, vagam pelos grandes centros urbanos, compondo atividades mendicantes e o considerável corpo de assassinos dispostos a empreender atividades mercenárias, guerras de invasão, sequestros, grupos de extorsão e assemelhados, e até mesmo participar de exércitos de defesa? Alguns formam boa parte do público usuário de instituições custodiais, como hospícios e penitenciárias, cuja população, uma vez iniciada, não para de se elevar.

Platão, após ter colaborado com a elaboração da pólis, e vivendo as consequências desse estado, manifestadas, por exemplo, com o assassínio de seu mestre, Sócrates, pela meritocracia política de então, conclui que *homens de bem não se dedicam a atividades políticas.* O Dr. Faust exemplifica uma pessoa assomada por fantasias de superioridade. Fez o que estava a seu alcance, conforme a versão poética de Goethe da história de Dr. Faust, para que "Os vestígios de meus dias, na terra passados / nem em milênios fossem apagados".[55]

Há referências históricas inequívocas: houve realmente uma pessoa com esse nome que viveu entre 1500 e 1587 e que fazia questão de ser alguém especial, melhor que seus contemporâneos. Outorgou-se poderes especiais, "filósofo-mor entre os filósofos". Queria descobrir "os fundamentos de tudo, tanto no céu como na terra", descreve o livro editado por Spiess. Há vários momentos na forma dialógica escolhida por Goethe, em que o Dr. Faust pretende a posse da verdade absoluta. Dizia-se que o Dr. Faust, tanto na vida real como nas histórias publicadas a seu respeito, era dotado de sabedorias que ninguém mais tinha, que era senhor de artes mágicas que lhe facultavam reanimar mortos e ser vidente, quiromante, astrólogo e médico. Como está no livro original, esses assenhoreamentos facultavam-lhe "conquistas".[56] Suponho que esta é uma palavra-chave, pela enorme quantidade de sua menção entre membros de meritocracias políticas.

---

55 Goethe, J. W. (1773-1832). *Fausto* (versão brasileira por J. K. Segal). São Paulo: Itatiaia & Edusp, 1981. p. 14.

56 Carpeaux, O. M. (1963). *A literatura alemã*. São Paulo: Nova Alexandria, 1994.

Meritocracia técnica e política

Pouco saber – algo "perigoso"[57]

Espero que a definição dos termos meritocracia, técnica e política, que vou utilizar fique minimamente clara ao longo do texto. Todos esses sintagmas, e mais ainda, na forma dupla que escolhi escrevê-los, admitem penumbras de significados. Deixarei a definição do termo meritocracia para depois.

No momento, usarei a palavra "técnica" do seguinte modo, que, espero, sirva como definição: uma ação prática, movida por forças instintivas, penetrantes na realidade externa e interna, necessária e inevitável se for o caso de sobreviver-se, iniciando e levando adiante algo materializável, mas inicialmente imaterial, que possa ser nutritivo e, paradoxalmente, destrutivo.

Trata-se de um trabalho necessário; descrito por todos os povos da antiguidade e, de modo mais claro (até o ponto que chegou minha informação), pelos antigos gregos nas ocasiões em que levantaram a questão de como era possível pôr em marcha, e com perícia e habilidade, as muitas *teknais* (plural de *tekné*). Na Antiga Grécia, tinha o senso de transmitir os vários ofícios humanos, alguns deles resultando em atividade profissional: semear, pescar, caçar, fazer obras de engenharia, praticar medicina, ter maestria sobre a linguagem, que tinha um *status* de ciência, chamada retórica.

Pode-se ver essa situação, por exemplo, na admiração de Sócrates e de Platão pelos artesãos, que eram os peritos nas várias *teknais*. O mesmo alerta emerge no resgate iluminista de Kant, sobre os perigos que aguardam aqueles dispostos a fazer uma "filosofia real", que

---

57 "*A little learning is a dangerous thing*". Pope, A. (1711). *An Essay on Criticism*. http://www.poemhunter.com/poem/an-essay-on-criticism

precisa renunciar a recair em qualquer tipo de "jogo de palavras"[58]; confeccionados por definições racionalizadoras e paradoxalmente lassas e rígidas, similares à retórica beligerante dos Sofistas. Servem apenas ao princípio do prazer-desprazer, e funcionam como a "cadeira do barbeiro, que serve a qualquer traseiro".[59,60]

Para as finalidades deste texto, prefiro não usar dois termos demasiadamente populares nos estudos acadêmicos atuais: *metafísica* e *epistemologia*. Sugiro que sejam substituídos por um sintagma: "teoria da ciência".

Seguirei o caminho comunicacional usado por Freud, que emprestou da obra de Claude Bernard[61] as concepções de meio externo e interno. Parecem-me possuir considerável valor operacional em muitas disciplinas científicas.

Como todas as redescobertas efetuadas durante o período que historiadores preferem denominar Renascença e Século das Luzes, também denominado Iluminismo, suas origens estão na Grécia Antiga.

No caso das correspondências na realidade indicadas pelos termos meio externo e meio interno, empresto da obra de Bion – especificamente, os livros *Transformações* e *Uma memória do futuro* – o que pode ter sido a origem dos estudos a respeito dessa noção. Parecem situar-se na geometria euclidiana, que descobriu fórmulas matemáticas para estudar e construir materialmente círculos, tangentes e secantes a esses círculos e esferas e outros corpos materializáveis, onde era útil e possível, concretamente, delimitar algo externo e interno aos círculos. Havia problemas nessas noções e nas notações gráficas, como a noção de ponto; no caso,

58 Sandler, P. C. (2000b). Os fatos tais como eles são. In *As origens da psicanálise na obra de Kant* (vol. III de *A apreensão da realidade psíquica*). Rio de Janeiro: Imago. p. 156.

59 Shakespeare, W. (1601-1605). *All's well that ends well*, II, ii.

60 Sandler, P. C. (2015). Discontents of language: a step forward? In *Authoritative, not Authoritarian Psycho-analysis* (vol. I, *An Introduction to 'A Memoir of the Future', by W. R. Bion*). Oxford: Routledge. p. 200.

61 Robin, E. D. (1979). Claude Bernard, pioneer of regulatory biology. *JAMA*, *242*(12), 1283-1284. doi: 10.1001/jama.1979.03300120037021

o ponto de tangenciamento de uma reta, em um círculo, também enfatizados por Bion nessas duas obras, a quais tiveram uma utilidade prática que provou ser transcendente.[62] O leitor poderá consultar uma revisão exaustiva no dicionário *A Linguagem de Bion*.[63]

Proponho acrescentar noções advindas de leituras dos textos homéricos sob o vértice psicanalítico à observação de Bion de que a

> *imagem visual, da tangente a um círculo, pode representar um contato com uma personalidade que possui um dentro e um fora, de um modo em que [. . .] não há distinção entre a coisa e a não-coisa, ainda que as duas existam. A personalidade tem contato apenas em um ponto: já que o par de pontos é coincidente, o contato representa a relação tênue que se vê em pacientes com distúrbios de pensamento.*[64]

As noções de meio externo e meio interno corresponderiam à aquisição, filogenética e ontogenética daquilo que, em clínica psicanalítica, constatamos ser as fronteiras do ego.[65,66,67,68] Faço a hipótese de que havia um borramento ainda maior dessas fronteiras na

---

62 Kline, M. (1972). Alexandrian Geometry and Trigonometry. In *Mathematical Thought: from ancient to modern times*. Vol. I. Oxford: OUP. pp. 116-117.

63 Sandler, P. C. (2005a). Círculo, ponto e linha. In *A linguagem de Bion: um dicionário enciclopédico de conceitos* (versão brasileira por Daniela Sandler, Giovanna del Grande e Patricia Lago). São Paulo: Blucher, 2021. pp. 178-195.

64 Bion, W. R. (1965). *Transformações* (versão brasileira por P. C. Sandler). São Paulo: Hirondel. pp. 130 e 161.

65 Freud, S. (1914b). On Narcisism: An Introduction. *SE*, vol. XIV, pp. 97 e 100.

66 Freud, S. (1933). New Introductory Lectures on Psycho-analysis. *SE*, vol. XXII, pp. 72-74.

67 Freud, S. (1937a). Analysis Terminable and Interminable. *SE*, vol. XXIII, pp. 236-238.

68 Galison, P. (2012). Blacked-out Spaces: Freud, Censorship and the Re-territorialization of Mind. *The British Journal for the History of Science*, 45(2): 235-266. http://www.jstor.org/stable/23275477

Antiguidade, em certos aspectos. Não me estenderei sobre o assunto, a não ser para citar muito brevemente exemplos sintéticos entre os antigos gregos,[69] dados, por exemplo, por alguns "heróis", "semideuses" e entidades antropomórficas míticas, como o Centauro, o Minotauro e o toque de Midas. Neles, há uma generalização das situações narcísicas e paranoides nos "heróis", que lhes dão um aspecto de normalidade estatística na população.

Progressos na medicina, culminando com as contribuições de Claude Bernard, seguida dos avanços em fisiologia, histologia e bioquímica molecular, e em especializações na antropologia, com o desenvolvimento da ecologia, proporcionaram maior clareza a respeito de imprecisões e impropriedades na apreensão da realidade quando há uma rigidez no uso dos termos, meio externo e meio interno, como se sempre fossem estanques, um do outro, e fossem independentes dos vértices de estudo, que possibilitam escalas de apreensão diversas. Para os níveis de observação macroscópica, mantêm-se úteis.

Vou tentar me referir às descobertas que puderam ser efetuadas ao longo da história de nossa espécie, a espécie humana, consideradas como acréscimos e desenvolvimentos na história do conhecimento.

Assinalei anteriormente que alguns teóricos da ciência também usam o termo "história das ideias" – a meu ver, indissolúvel e indissociável da história dos vários enterramentos, omissões e falhas que podem ser vistos como subtrações, falsificando a história de nossa espécie. Vou considerá-los como decréscimos, involuções, degenerações e perdas. Há perdas totais? Suponho que sim, embora, se apelarmos para uma analogia mitológica, com o mito da Fênix, que a história das ideias por vezes revela perdas transitórias. Mas que podem perdurar por vários séculos.

---

69 Jaynes, J. (1976). *The Origin of Consciousness in the Breakdown of the Bicameral Mind*. Boston: Houghton Mifflin Company, 1990.

Establishment e meritocracia técnica

Pensar é mais interessante que saber, mas não do que intuir[70]

O termo *establishment* popularizou-se nos países de fala inglesa a partir de 1955, a partir do trabalho do jornalista Henry Fairlie, que tentou descrever grupos de indivíduos estruturados de um modo que pode ser analogicamente comparado ao de uma pirâmide imaginária. Em uma situação na qual forma define a função, do mesmo modo apontado por Schopenhauer e depois usado por Walter Gropius para a escola de desenho industrial "Bauhaus", esses grupos não são apenas estruturados como uma pirâmide, mas funcionam de um modo piramidal.

O topo dessa pirâmide é ocupado por uma "elite minoritária dominante",[71] ditando para as bases qual seria a correta "matriz total das relações sociais e oficiais dentro das quais rege-se o exercício do poder".[72] O termo era de uso corrente nos meios governamentais no Reino Unido desde o século XIX. Já fora usado por Thomas Browne (século XVII) e Ralph Emerson (século XIX).

Algum leitor poderia questionar sobre onde e como; e quando estruturas grupais feitas por indivíduos, generalizadas nas descrições dos antigos gregos – especialmente nas obras de Platão e Aristóteles – como sendo estruturas "políticas", nome ainda largamente utilizado, e hoje estudadas por várias disciplinas, como sociologia, antropologia, arqueologia, economia, envolvem-se no que estou tentando definir por meio das formulações verbais "conhecimento" e "desconhecimento"? A tal ponto que algumas pessoas, como Louis Althusser e, até certa medida, outros, como Michel Foucault e todos

---

70 Goethe, J. W. (c. 1790). Reflexiones sobre la natureza. In *Obras completas*. Vol. III (versão castelhana por R. C. Assens). Madri: Aguillar, 1951. p. 396.

71 Toynbee, A. (1972). *Um estudo da história* (versão brasileira por I. S. Leal e M. Silveira). São Paulo: Martins Fontes & Universidade de Brasília, 1987.

72 Fairlie, H. (1955). Political Commentary. *The Spectator*, Londres, 23 set.

os assim denominados "pós-modernistas", afirmam que todo conhecimento é ideologicamente orientado, seguindo uma escola filosófica que inicialmente foi denominada de "marxista".[73,74]

No ensaio, "Vicissitudes of Things" (nota 1, p. 13, acima), Francis Bacon nos oferece um diálogo imaginário com dois personagens históricos, Salomão e Platão: "Salomão disse, *não existe nada de novo sobre a face da terra.* E tanto é assim que Platão teve uma imaginação, *que todo conhecimento não passa de lembrança*, e então Salomão deu sua sentença: *que toda novidade não passa de esquecimento*" (grifos de Bacon). Um desenvolvimento ocorreu com a poesia teatral de Shakespeare (nota 9, p. 17, acima) com a metáfora sobre modismos (*fashion*), as ardilosas vestimentas do "demônio". É possível propor que o diálogo imaginário de Bacon, nada imaginoso, mas real, complementa-se e conclui-se com a metáfora de Shakespeare: ambos representam, a meu ver com rara precisão, um aspecto sinistro e perigoso caracterizando a realidade material e psíquica de todo o grupo humano. Uma confusão histórica da época em que Freud viveu afirmou que Shakespeare seria um pseudônimo para Bacon – bem dotado para a escrita, mas sem talento para ser poeta. A crença de que seriam a mesma pessoa mistura idolatria com pouco saber: produto falso de um *establishment* composto de conluio de literatos, pseudoautoridades, produtores de teatro e do público que mantinha as casas de teatro. Foi preciso o aparecimento de John Ruskin para resgatar o conteúdo original da obra de Shakespeare, danificado e distorcido por esse conluio – um exemplo pode ser dado pelas apresentações de *Romeu e Julieta* tendo um final feliz.

Alguns desses estudos passaram a incluir uma análise crítica – sugerida por Immanuel Kant – do conhecimento até então obtido.

---

73 Foucault, M. (1963). *El Nascimiento de la Clinica* (versão em castelhano por F. Perujo). Buenos Aires: Siglo Veinteuno.

74 Althusser, L. (1967). *Philosophy and the Spontaneous Philosophy of the Scientists and Other Essays.* Verso, 1990.

Em consequência, também descreveram, paradoxalmente, uma história do *des*conhecimento.[75]

Acrescentarei ao que se tornou senso comum acadêmico uma observação advinda de experiência clínica em psicanálise a respeito da hipótese teórica da existência do sistema inconsciente no aparato psíquico:[76] é um nome cunhado por Freud para tratar de fenômenos que outras disciplinas médicas, que lidam com outros aparatos descobertos anteriormente – por exemplo, os aparatos neurológicos, digestivo, cardiorrespiratório etc. –, não conseguiram lidar.

Freud apreendeu que todo conhecimento é um reconhecimento, pela precedência biológica do aparato sensorial, filogenética e ontogeneticamente[77] parte do aparato psíquico. Embora não vá me deter na descrição de definições dadas pela neurologia ao aparato sensorial humano, disponível em livros-texto, nem fornecer exaustivamente definições e descrições sobre o aparato psíquico, disponíveis na obra de Freud, vou ressaltar dados históricos, presumindo sua utilidade para melhor compreensão do presente texto.

Freud, desde 1891,[78] ressaltou a existência de um funcionamento cerebral que descreveu como ocorrendo a partir (não por causa) de algum tipo de transmissão de estímulos e inibições, ocorrendo nos tecidos nervosos. Os tecidos e o local foram chamados de "nervos". Eram conhecidos pelos médicos na Grécia Antiga e registrados em pedra e papiro nos trabalhos em anatomia de Alcméon de Crotona, o pioneiro que descobriu a ligação de três órgãos sensoriais com a

---

75 Cassirer, E. (1957). *El Problema del Conocimiento en la Filosofia y en las Ciencias Modernas* (versão em espanhol em três volumes por W. Roces). México: Fondo de Cultura Economica.

76 Freud, S. (1900). The Interpretation of Dreams. *SE*, vols. V-VI, pp. 83-90.

77 Dayrat, B. (2003). The Roots of Phylogeny: How Did Haeckel Build His Trees? *Syst. Biol.*, 52(4): 515-527. doi: 10.1080/10635150390218277

78 Freud, S. (1891). *On Aphasia* (versão em inglês por Erich Stengel). International Universities Press, 1953.

região cerebral: visão, audição e paladar. As descobertas anatômicas de Alcméon foram muito desenvolvidas por seu contemporâneo mais jovem: outro médico, e provavelmente o pioneiro em estudos de fisiologia em entidades animadas – humanas ou não: Aristóteles.[79]

Talvez cause surpresa a boa parte dos leitores minha afirmação de que Aristóteles tinha por profissão o exercício da medicina.

Esse é o fato real, mesmo que atualmente ensine-se nas escolas representativas do *establishment* acadêmico que esse homem teria sido um "filósofo". Para assim qualificá-lo, é necessário negar, ou talvez ignorar, as restrições que Aristóteles manteve quanto a essa qualificação. Até o ponto que pude saber, esse nome foi inventado pelos autodenominados "pitagóricos", em uma tentativa de fazer um *establishment* politicamente superior, no grupo dos pensadores daquela época.

De modo igualmente – ou talvez ainda mais – errôneo, pespega-se a qualificação de "metafísico" para Aristóteles. Ignora-se o fato de que Aristóteles faleceu 150 anos antes da cunhagem desse termo. Foi obra de um tradutor e editor para o latim da obra de Aristóteles: Andrônico de Rodes, que encontrou uma série de escritos não classificáveis como fisiológicos, matemáticos nem políticos, mas eram compostos de pensamentos e profundas reflexões sobre esses estudos anteriores.

Andrônico de Rodes tomou uma decisão editorial: colocou-os como apêndice nas traduções e os denominou, sob o vértice meramente editorial, "metafísicos", pois apareciam depois dos estudos sobre *physis*, ou fisiologia e matemática aplicadas à física. Como Paulo de Tarso e Jesus, Andrônico de Rodes jamais conheceu Aristóteles, que não poderia ter vivido por mais 150 anos.

---

79 Castiglioni, A. (1941). *História da medicina* (versão brasileira por R. Laclette). São Paulo: Companhia Editora Nacional, 1947. pp. 7-10.

Aristóteles era filho de uma respeitada família de médicos. Assinalo esse fato para indicar uma expressão social, adulterante da história, e duradoura, na diferença entre meritocracia técnica e meritocracia política, na qual a segunda prevalece sobre a primeira e afeta danosamente o conhecimento e a própria história.

Proponho agora que equalizemos o termo *establishment* ao termo (sintagma) meritocracia política.

2. Mitos

Há um paradoxo no lugar-comum social a respeito da compreensão dos antigos mitos. Foi observado por Shelley, a respeito da obra de Shakespeare,[80] e ressaltado dois séculos depois por Bion para uso de psicanalistas:

> *Falstaff, um artefato conhecido, é mais "real", nas formulações verbais de Shakespeare, do que incontáveis milhões de pessoas que são opacas, invisíveis, desvitalizadas, irreais, em cujos nascimentos e morte – e até mesmo casamentos, que pena! – somos obrigados a acreditar, já que sua existência é garantida pela assim chamada certidão oficial.*[81]

Um fenômeno "demasiadamente humano": ficção, muitas vezes, contém mais realidade do que reportagens jornalísticas ou pregações

---

80 Clark, D. L. (1939). Shelley and Shakespeare. *PMLA*, 54: 261-287. https://doi.org/10.2307/458637

81 Bion, W. R. (1975). O sonho. In *Uma memória do futuro* (Vol. I, P. C. Sandler, Trad. Prefácio de Frank Phillips). São Paulo: Martins Fontes. p. 8.

políticas, determinadas a impor o preconceito de um propagandista sobre as emoções da audiência.

A partir da observação de Bion em *Aprender da experiência* e *Elementos de psicanálise*, considerarei que mitos se constituíram como um dos métodos científicos primevos para apreender sofrimentos e vicissitudes que afetam a natureza humana; e comunicar verbalmente alguns fatos que a compõem. Descobrem, por um tipo primevo de análise crítica, questões que efetuam, afetam e impedem relacionamentos que todos nós, seres humanos, podemos ter, ou tivemos, ou pretendemos ter, ou necessitamos ter com eventos da natureza, e com outras entidades animadas, incluindo outros seres humanos, e com objetos concretos ou coisas. Parecem ter sido a primeira tentativa científica a lançar mão de formulações verbais. Buscam expressar aspectos generalizadores e universais que podem ser extraídos a partir de histórias, feitas por meio de formas narrativas, que emergem no decorrer de vidas humanas, conforme ocorrem no senso comum. Formam tipologias.

A tentativa feita pelos elaboradores de mitos tem sido bem-sucedida? Estou sugerindo que sim, mas sob condições dependentes dos usuários – a audiência e os escritores de mitos. Será necessário que os usuários do mito não se aprisionem pela excessiva materialização necessária para a construção formal do mito. Isso inclui as formas étnicas (por exemplo, religiosas) típicas do espaço-tempo no qual o mito foi elaborado.

O leitor que chegou até este ponto percebe que já estou lançando mão de relatos históricos contendo referências a pessoas. Espero que o leitor possa considerar que essas pessoas, hoje falecidas, mais ou menos conhecidas no senso comum, são personagens de mitos – isso abrange todas as pessoas citadas até agora, como Platão, Alcméon de Crotona, Sigmund Freud.

A obra escrita dessas pessoas não é utilizada como se fosse mítica, mas como aproximação direta e específica da realidade a partir de métodos científicos. O apelo a relatos históricos e biográficos costuma nublar o fato de que podem se referir a mitos.

Suponho que a seguinte diferenciação possa ajudar na apreensão do sentido que tento dar no meu apelo a mitos acrescentados de relatos biográficos ou autobiográficos. Quando o relato mítico inclui questões transcendentais, expressando evoluções artísticas ou científicas, contendo progressos nutritivos ou destrutivos, intrínsecos aos fatos descritos – sob os vértices médico, psicológico, jurídico e político – que possam ter sido úteis ou inúteis à vida humana, torna-se possível usá-lo como forma de conhecimento de aspectos da natureza humana. Mencionei anteriormente que aproveito da percepção de W. R. Bion sobre a função científica primitiva que precisa ser atribuída aos mitos como forma de apreensão primeva das vicissitudes e sofrimentos da natureza humana e da própria natureza humana quando ainda não havia formulações científicas.

Sob os vértices psicanalítico e de dinâmica de grupos, vou tentar construir três mitos para serem utilizados como ilustrações de exemplos de atos e consequências sociais de membros mais ou menos reconhecidos de meritocracias técnicas e políticas que fazem parte do senso comum de pessoas interessadas, que reconhecerão boa parte dos nomes citados. Usarei como material de construção dados descritivos coligidos por vários autores, devidamente citados; os dados são escolhas arbitrárias, mas obedecem a um sentido específico, segundo os objetivos do presente texto. Parece-me ter havido situações caracterizáveis por uma harmonia homeostática dos dois modos de conduta dos membros integrantes de meritocracias técnicas e de sua outra "face", a meritocracia política. Os exemplos também incluem casos de quando houve preponderância de uma das duas "faces" à custa da outra. Espero que auxilie na diferenciação da meritocracia técnica e da meritocracia política o *modus faciendi* dos membros de cada uma delas.

Como ocorre em todos os mitos, vou descrevê-los por meio de formas narrativas. Estão moldadas por alguns dados histórico-biográficos dessas pessoas. Serão nossos personagens míticos, e tentarei descrevê-los sob o vértice científico transdisciplinar. A construção desses mitos ilustra resgates e desenterramentos do conhecer ou da história das ideias e dos sequestros e enterramentos.

Inicio, arbitrariamente, na época dos antigos gregos. Desenvolveram um sistema complexo mesclado com crenças na tentativa de apreender as interações entre as pessoas, seus órgãos internos e o meio exterior, expressos por mitos que algumas vezes incluíam entidades antropomórficas, inexistentes materialmente, a não ser no relato mítico, em si mesmo uma concretização – para eles, seriam responsáveis pela natureza humana e suas vicissitudes.[82]

Percebendo a insuficiência dos métodos de investigação em voga nas disciplinas de neurologia e histologia, nas quais se formou, para iluminar minimamente aspectos reais na teoria neurológica sobre a área de estudo do aparato sensorial e sua vinculação com memória e, com ainda mais insuficiência, fenômenos psicológicos – emocionais, afetivos e comportamentais –, incluindo toda a cognição e a ação humanas – mais bem descrita pela concepção psiquiátrica, conação,[83,84] Freud tenta elaborar um estudo teórico usando toda sua experiência anterior, acrescentada à prática psiquiátrica, em um texto denominado "Esboço para uma psicologia" (*Entwurf der psychologie*).

Esse texto contém vários conceitos e modelos derivados da experiência em clínica neuropsiquiátrica, como se dizia nessa época, para construir uma teoria científica. Freud interrompeu a escrita em 1895, deixando-o inconcluso em muitos aspectos e, ao mesmo tempo, contendo conclusões precoces, que o autor modificou anos depois.

---

82 Onians, R. B. (1951). *The Origins of European Thought about the Body, the Mind, the Soul, the World, Time and Fate*. Cambridge: Cambridge University Press, 2000.

83 Longman, J. & Tenuto, R (1956). Mutismo acinético. *Arq. Neuropsiquiat.*, *14*: 213-225.

84 Silveira, A. (1985). *Prova de Roscharch: elaboração do psicograma*. São Paulo: EdBras.

O estudo foi publicado postumamente e sem a aprovação de Freud, que o jogou no lixo. Alguém, até hoje não identificado, o recuperou, e foi dado, por engano, para Marie Bonaparte, entre vários outros textos inéditos e cartas pessoais, como gratidão pela contribuição dessa paciente para que Freud pudesse se refugiar na Inglaterra. Foi-lhe dado outro título, cujo nome surgiu de um acordo entre Anna Freud e James Strachey: "Projeto para uma psicologia científica", inserido na edição padronizada das obras completas como se fosse um estudo pré-psicanalítico.[85]

Um dos conceitos propostos nesse esboço é o de "barreira de contato", importante para a hipótese sobre a existência de um aparato psíquico a ser acrescentado, na tradição médica, aos outros aparatos formadores do ser humano.

Barreira de contato e aparato psíquico, portanto, são mais dois entre os vários nomes que Freud se viu na contingência de cunhar por pura necessidade: possuía observações da realidade do aparato humano, que naquela época era denominado "nervoso", mas nenhuma nomenclatura disponível que pudesse descrever suas observações. Em retrospecto, pareceu-me estar trilhando um caminho incrementalmente mais desenvolvido, que, a meu ver, teria se iniciado com a hipótese de uma funcionalidade dada por inter-relacionamentos dinâmicos entre as redes neuronais.

A essência do estudo de Freud sobre afasia[86] diferia da ideia – nunca tratada como hipótese, mas como se fosse tese comprovada – de que existiriam pontos estáticos nas áreas corticais do cérebro. Tais pontos foram considerados pelos seus proponentes como se fossem uma verdade absoluta, e isso foi rapidamente institucionalizado pelos neurologistas acadêmicos da época; e até hoje. A meu ver, uma

85 Freud, S. (1895b). Project for a Scientific Psychology. *SE*, vol. 1, pp. 355-445.

86 Freud, S. (1891). *On Aphasia* (versão em inglês por Erich Stengel). International Universities Press, 1953.

expressão dos esforços do *establishment* ou da meritocracia política entre os neurologistas e psiquiatras da época, e que pouco mudou na atualidade, quando alguns neurocientistas[87] tentaram rever essa falsa noção e passaram a valorizar as investigações de Freud a respeito (serão descritas em detalhe na página 197 do Capítulo 7).

Nesse texto, encontramos uma análise crítica digna de Kant à ideia da existência dos "pontos" e das "áreas" cerebrais, consideradas como se fossem "causas" de enfermidades. O ponto que causaria afasia foi postulado pelo anatomista Paul Pierre de Broca. A área foi postulada por Carl Wernicke. Um julgou que o ponto e o outro julgou que a área seriam, respectivamente, a causa única da situação afásica. Reproduziram no microcosmo do *establishment* médico de então a situação beligerante franco-germânica, sob forma de rivalidade. O mesmo ocorreu com as ideias etiológicas sobre inflamação e sobre a ação de bactérias, como se fossem causas únicas provocando enfermidades, colocando em campos opostos a obra de Rudolf Virchow e Louis Pasteur.[88]

Suponho que são exemplos históricos da interferência da meritocracia política nos rumos do conhecimento, quando a primeira prevalece sobre a meritocracia técnica. A crítica de Freud se deu por experiência clínica própria e de outros, que faz questão de citar, dentro de uma tradição científica já firmada. Conseguiu indiferença, ignorância e ataques do *establishment* por 130 anos. Diz-se que Freud foi um dos poucos descobridores que conheceu fama social em vida; é duvidoso que ele buscasse isso, e claramente não colaborou nem se alegrou com algumas manifestações a respeito; com a exceção de ter sido em função dessa fama social que acabou não sendo assassinado no crime coletivo hoje chamado de "Holocausto". Em todo caso,

---

87 Mesulam, M. M. (2000). *Principles of Behavioral and Cognitive Neurology*. Oxford: Oxford University Press. pp. 1 e 22.

88 Porter, R. (1999). *The Greatest Benefit to Mankind: A Medical History of Humanity*. New York: W. W. Norton & Co.

também é questionável que a fama que obteve tenha contemplado toda sua obra; é possível que se incremente a partir de agora.

A visão estática, tipificando o dogmatismo que dominou o pensar – ou melhor, um pensar negativo – que prevaleceu na Idade Média, pode justificar, até certo ponto, a generalização popular do nome Idade das Trevas.

Por "pensar negativo" compreendo os mecanismos descritos por Bion como "menos K". K é um sinal quase-matemático para "conhecimento", "conhecer", "compreender" e "entender". Trata-se de um dos vínculos que podemos manter com pessoas, eventos e coisas e se superpõe à "urgência de conhecer" observada – mas não postulada – por Aristóteles.

Bion denominou seu negativo correspondendo à ideia de que distorcer, desentender ou não compreender é superior a entender ou compreender:

> *Alguns pacientes ficam interessados em provar sua superioridade em relação ao analista malogrando suas tentativas de interpretação; é possível lhes mostrar que eles estão mal-entendendo as interpretações para demonstrar que uma habilidade para mal-entender é superior a uma habilidade para entender.*[89]

Se o vínculo K – usando a contribuição de Bion – é preferencial em uma relação entre pacientes e psicanalistas, também o é na ciência. Portanto, nortearia a meritocracia técnica dos grupos sociais humanos e em toda a medicina e a psicologia clínica. O que se pode dizer a respeito do vínculo "menos K" (-K) quanto à meritocracia

89 Bion, W. R. (1962a). K. In *Aprender da experiência* (versão brasileira por Ester Hadassa Sandler). São Paulo: Blucher, 2021. p. 159.

política e nos comportamentos da massa? Vamos dedicar boa parte deste texto para examinar essas questões.

A apreensão dos fenômenos humanos sob um vértice autoritário--dogmático, típico da Idade Média, caracterizou-se por sua qualidade estática. Na redescoberta da ciência, durante os períodos da Renascença, Iluminismo e em parte no movimento romântico, modifica-se. A noção de movimento, tipificando a obra de Isaac Newton, espraia-se na área científica de modo geral. Podem-se citar alguns exemplos, todos evidenciando a redescoberta da ciência dos antigos gregos: (i) o magnetismo (o próprio nome deriva de uma cidade, Magnésia, hoje situada na Turquia);[90] (ii) os fenômenos elétricos e, na redescoberta da medicina, a circulação do sangue, por William Harvey;[91] (iii) a descoberta sobre a verdadeira "riqueza das nações", inaugurando a disciplina de economia política, por Adam Smith, observou um fato necessário: permitir a livre produção e circulação de bens, oposta ao entesouramento tipificado pela era feudal; (iv) o moderno sistema democrático moldado por John Locke a partir da pólis grega; (v) os trabalhos histológicos de Rudolf Virchow[92] sobre estados inflamatórios; (vi) a psicanálise, também denominada psicodinâmica por Freud.

Embora tenha desistido de complementar o "Esboço", depois denominado popularmente "Projeto", Freud desenvolveu a hipótese sobre um possível aparato psíquico e o conceito de barreira de contato em todas as suas obras, com as bases firmadas em "A interpretação dos sonhos".[93]

---

90 Métioui, A. (2022). Brief Historical Review about Magnetism: From the Ancient Greeks up the Beginning of the XXth Century. *Journal of Biomedical Research & Environmental Sciences*, 3(9): 1101-1107. doi: 10.37871/jbres1561

91 Sandler, P. C. (2023). *As funções de um psicanalista em um instituto de reabilitação de medicina em uma universidade pública*. Tese de doutorado a ser apresentada na Faculdade de Medicina da Universidade de São Paulo.

92 Ackeknecht, E. H. (1953). *Rudolf Virchow, Doctor, Statesman, Anthopologist*. Madison: The University of Wisconsin Press.

93 Freud, S. (1895b). Project for a Scientific Psychology. *SE*, vol. 1.

O conceito de "barreira de contato" contempla um processo de transição entre os sistemas inconsciente e consciente, formadores funcionais do aparato psíquico. O destino histórico desse conceito, advindo de prática clínica, tem sido o seguinte: ignorância e esquecimento; é raramente usado por membros do movimento psicanalítico, tanto na meritocracia técnica como na meritocracia política. A única exceção que pude encontrar está na obra de Bion, publicada meio século depois.[94] Agradeceria a algum leitor se pudesse me informar algo a respeito que possa corrigir meu eventual erro.

Dado o fato de que as clivagens entre matéria e energia, ou sua consequência nas disciplinas de medicina, psicologia e psicanálise, entre "corpo" e "mente", sempre me pareceram falsas, clínica e teoricamente,[95] procurei correspondentes transdisciplinares. Encontrei-os na física, com a obra de Walter Hans Schottky, que descobriu vários aparatos transdutores, como a válvula de vácuo que opõe resistências à circulação de elétrons, o microfone e o alto-falante de membrana e os semicondutores: todos eles usam o conceito de barreira de contato; por vezes, também fazem uso do próprio nome, com variações, como "barreira de Schottky" em emissões termoionizadas.[96] Os limites entre matéria e energia ficam borrados, exatamente como ocorre no aparato psíquico. Não vou me aprofundar nesse estudo transdisciplinar entre psicanálise e física, cujas bases podem ser encontradas em outra publicação.[97]

94 Bion, W. R. (1962b). *Aprender da experiência* (versão brasileira por Ester Hadassa Sandler). São Paulo: Blucher, 2021. p. 47.

95 Sandler, P. C. (2008). Psychosomatics or somatopsychotic? A critical analysis of psychosomatic medicine. *Einstein*, *6*: 134.

96 Schottky, W. (1926). On the Origin of the Super-Heterodyne Method. *Proceedings of the Institute of Radio Engineers*, *14*(5): 695-698. doi: 10.1109/JRPROC.1926.221074

97 Sandler, P. C. (1997b). Dedução, indução, determinismo e interdeterminismo: reflexões com a física. In *A apreensão da realidade psíquica*. Rio de Janeiro: Imago. pp. 105-196.

Bion expande o alcance da obra de Freud quanto ao conceito de barreira de contato e avisa ao leitor sobre a correspondência desse conceito com aquilo que pouco depois (em 1897) foi denominado sinapse[98] por Charles S. Sherrington, um médico especializado em fisiologia e histologia.

Em contraste com o termo barreira de contato, o nome sinapse continua sendo utilizado. Sherrington mantinha respeito pela obra de Freud, compartilhando a apreensão da unicidade, e não clivagem entre "corpo" e "mente", mas o *establishment* acadêmico dos neurologistas e psiquiatras passaram a ignorar o que eles denominam, com desdém, de estudos "filosóficos" por Sherrington.[99,100] As primeiras constatações bioquímicas a respeito do que hoje se denomina neuromediadores ou neurotransmissores foram identificadas trinta anos depois.[101,102] Alguns neurologistas que se tornaram eminentes no *establishment* social, hoje propulsionado pela instituição de premiações (o exemplo máximo sendo o Prêmio Nobel), e que preferem ser chamados de neurocientistas atribuem a Freud uma "preciência" a respeito de alguns conceitos mais bem aproveitados na atualidade

---

98 Pearce, J. M. (2004). Sir Charles Scott Sherrington (1857-1952) and the synapse. *J. Neurol. Neurosurg. Psychiatry*, *75*(4): 544. https://pubmed.ncbi.nlm.nih.gov/15026492/

99 Bennett, M. R. (1999). The early history of the synapse: from Plato to Sherrington. *Brain. Res. Bull.*, *50*: 95-118.

100 Zeman, A. (2007). Sherrington's philosophical writings–A 'zest for life'. *Brain*, *130*(8): 1984-1987. https://doi.org/10.1093/brain/awm075

101 Cannon, W. (1929). Organization for Physiological Homeostasis. *Physiol. Rew.*, *9*: 399-431.

102 Szabo, S., Tache, Y., & Somogyi, A. (2012). The legacy of Hans Selye and the origins of stress research: a retrospective 75 years after his landmark brief "Letter" to the Editor of Nature. *Stress*, *15*: 472-478.

a respeito do funcionamento que ainda denominam "cerebral"; um desses conceitos é o de sinapse.[103,104]

Parece-me útil apreender que os processos que ainda hoje denominamos de modo genérico como conhecimento, exatamente como faziam os antigos gregos, são determinados por herança filogenética e, paradoxalmente, indeterminados probabilisticamente por ontogenia ou história pessoal.

Conhecer o quê?

Discorri, ainda que brevemente, sobre um conhecimento específico que encerra, na atualidade, uma parte enorme de desconhecimento – e que, de tão enorme, ainda é inquantificável: uma parte do caminho indicado por Freud, que ainda hoje denominamos psicanálise.

Será necessário apelar, uma vez mais, para definições mais generalizadoras. Por exemplo, busca-se conhecimento de fatos como eles são, segundo uma formulação verbal que pode ser vista nas obras de Espinoza, Bacon e Kant por pelo menos dois métodos: científico e artístico.

Fatos são os componentes da natureza ambiental, externa a todos nós, e da natureza interna a todos nós, compondo, em conjunto, a natureza humana. A necessidade de conhecer esses fatos se origina de demandas de forças instintivas – segundo a concepção de instintos humanos, de Darwin, adotada por Freud. Tantas vezes prementes e urgentes, vinculadas à possibilidade de sobrevivência em um ambiente basicamente hostil.

Os antigos gregos dispunham de uma formulação verbal tornada aforismo em muitos locais e épocas, cunhada por Aristóteles: "o ser

---

103 Kandel, E. R., Siegelbaum, S. A., & Schwartz, J. H. (1991). Synaptic Transmission. In *Principles of Neural Science*. Norwalk: Appleton & Lange. pp. 123-134.

104 Kandel, E. (2012). *The Age of Insight*. New York: Random House.

humano tem uma urgência em conhecer".[105] Embora tenha sido tratada como um interesse maior nos fatos da natureza externa, a observação é, em si mesma, uma descrição inicial de um aspecto da natureza interna de todos nós, seres humanos. De onde surgiu a tendência grupal de aplicá-la quase que exclusivamente à natureza externa?

Até o ponto que chegou minha investigação, essa tendência se iniciou no aproveitamento peculiar de Tomás de Aquino de partes dos textos escritos por Aristóteles. A peculiaridade se deu por estar a serviço do ramo católico apostólico romano.

Permanece uma urgência em conhecer-se algo sobre entidades animadas ou vivas, denominadas animais e vegetais, e entidades inanimadas, denominadas minerais; e os resultados das interações entre essas entidades animadas e inanimadas. Essa tarefa foi confiada, gradativamente, às várias disciplinas denominadas científicas ou dotadas de qualidade científica. De modo generalizador, *ciência*. Um nome que parece ter adquirido penumbras de significado nada científicos, mas que, originalmente, era sinônimo de conhecimento. O termo da moda atual em psicologia é "cognição"; também tem sua história, desde sua cunhagem, e uma passagem pelo esquecimento, até ser relembrado. Muitos nomes para o mesmo fato: origem do mito da Torre de Babel, descrito no Velho Testamento da tradição judaico-cristã. Modas vêm, desaparecem e voltam como se nunca tivessem vindo. Isso ocorre, em grande parte, pela notável capacidade de esquecimento que caracteriza todos nós, mesmo que em graus variáveis.

Até o ponto que minha investigação chegou, há pelo menos quatro disciplinas hoje consideradas científicas, ainda que não totalmente, que tentam estudar o fenômeno de esquecimento e a capacidade humana para esquecer, a necessidade que tivemos, e ainda temos, de

105 Aristóteles (c. 360 a. C.). Metaphysics (versão em inglês por W. D. Ross). In *The Great Books of Western World*. Chicago: The Encyclopaedia Britannica, 1994. Volume I, p. 125.

elaborar mitos – uma forma literária hoje bastante considerada como se fosse literatura, embora nem sempre; tais disciplinas são história, arqueologia, medicina e psicanálise.

Usando a terminologia sugerida por Freud, após Kant:[106] seria urgente o conhecimento da realidade material e psíquica[107] que caracteriza a natureza do ser humano?

Sugeri anteriormente o uso da formulação verbal denominada pelos gramáticos sintagma:[108] uma apreensão da realidade material e psíquica que gera e mantém a natureza de todos nós, entidades animadas ou seres que se denominam humanos; atualmente, acrescento maior especificação a esse termo: apreensão da realidade material e psíquica da natureza humana.[109]

Não se sabe a autoria da concepção *ser humano*, nem se foi feita por elaboração de uma pessoa específica ou por algum grupo. Até o ponto que foi minha investigação, temos uma descoberta filológica a respeito da própria denominação que pode ter sido escrita pela primeira vez por Giambattista Vico.[110] Refere-se a húmus, o composto de restos orgânicos pútridos misturados com barro, cuja serventia na vida real cedo foi descoberta: adubo. Em minha visão particular, influenciada pela obra de Freud e Klein, a denominação "ser humano" corresponde à realidade de um ser que morre e desaparece, mas que, de algum jeito, parece reaparecer, ainda que diferente do que era. A

---

106 Sandler, P. C. (2000). As origens da psicanálise na obra de Kant. In *A apreensão da realidade psíquica*. Vol. III. Rio de Janeiro: Imago.

107 Freud, S. (1900). The Interpretation of Dreams. *SE*,vol. V-VI, p. 610.

108 Crystal, D. (1997). *A Dictionary of Linguistics and Phonetics*. Malden: Blackwell Publishing. p. 489. http:/ihjj-hr/jena/wp-content/uploads/2019/07/a-dictionary-of-linguistics-and-phonetics-by-david-crystal

109 Sandler, P. C. (2023). Inroduzione. In *Formulazione Della Psicanalisi: Shopenhauer, Brentano., Nietzsche e Freud: L'apprenzione de La Realtá Psichica* (versão italiana por Luca Trabucco). Roma: Alpes. pp. 19-23.

110 Vico, G. (1744). Princípios de uma ciência nova. In *Os pensadores* (versão brasileira por J. Almeida Prado). São Paulo: Abril Cultural, 1984.

realidade é que alguém, ou um grupo desses alguéns, pode adquirir uma noção mínima a respeito do fenômeno que chamamos de morte: uma transição do animado ao inanimado. O caminho inverso tem sido apenas uma crença, ou várias crenças. Sob o vértice científico, o movimento partindo do animado e chegando ao inanimado respeita a segunda lei da termodinâmica: não admite retorno. Percepção impossível na área da crença, ilustrada por várias religiões, como o espiritismo.

O que Freud denominou realidade material e psíquica poderia também ser denominada realidade materializável e imaterializada? Um momento histórico crucial para um avanço que prossegue sendo semeado foi a descoberta do fenômeno probabilístico: um fato que demandou (ou necessitou de) conhecimento. Pode ser formulado como possibilidade e, a meu ver, precisa ser acrescentado à consideração de todos nós, seres humanos. Para podermos nos orientar, parece-me necessário considerar necessidades e possibilidades. Talvez seja verdadeiro afirmar que a descoberta do fenômeno probabilístico foi feita por Blaise Pascal[111,112] em plena Renascença. Cálculos de probabilidade reintroduziram de vez a noção de indeterminismo que caracteriza a natureza e a vida humanas. Podem ser mais especificados na matemática. Indeterminismo provou ser uma espécie de *bête noire* para tendências religiosas de todos os matizes.

Recorro novamente à questão dos cálculos da geometria euclidiana, assinalada no início deste texto. Foram exatamente esses cálculos que introduziram o indeterminismo na matemática. Acreditava-se, na Grécia Antiga, que cálculos em matemática seriam totalmente determinados bastando extrair a raiz dos números – considerada seu âmago mais profundo. Faz parte do ensino de primeiro grau a

---

111 Ore, O. (1960). Pascal and the Invention of Probability Theory. *The American Mathematical Monthly*, *67*(5): 409-419. https://www.jstor.org/stable/2309286

112 Kline, M. (1972). The Loss of Truth. In *Mathematical Thought, from Ancient to Modern Times*. Vol. 3. New York: OUP. pp. 1032-36.

informação de que os antigos gregos descobriram um número que não admitia o cálculo de sua raiz, que seria "infinita": o número *p*.

Como outras crenças dos antigos gregos que persistem até hoje – por exemplo, que pensamentos e emoções provinham da região diafragmática (o músculo que separa o abdome do tórax), compreendendo órgãos como o timo, os pulmões e o coração –, a crença sobre o determinismo total da matemática também persiste: ainda a chamamos de "ciência exata". E que artistas pintam ou tocam "de coração" etc. Crenças não pertencem à ciência, mas pertencem a movimentos grupais de massa.

Para que minha tentativa de comunicação com os leitores torne-se um pouco menos imprecisa, arrisco complementar minha definição a respeito de conhecimento dos fatos tais como eles são, adentrando nos perigos comunicacionais intrínsecos ao apelo a frases muito longas: quando escrevemos, ou falamos, "realidade material e psíquica", estamos tentado comunicar o fato de que nossa realidade materializável é dada pelas descobertas dos primeiros químicos, Boyle e Clapeyron, colocadas sob forma de formulações (equações) matemáticas que foram nomeadas segundo seus nomes; realidade materializável e imaterializada, nas condições normais de temperatura e pressão na face da Terra.[113]

Essa frase é produto de uma tentativa de integração transdisciplinar, agora com a química. Estou usando a hipótese de Amedeo Avogadro, do Século das Luzes na Itália. Hoje, não se trata mais de mera hipótese, mas de parte do conhecimento humano, por evidências obtidas a partir de estudos das disciplinas científicas de física e química posteriores a Avogadro. Essa hipótese dizia do comportamento – palavra usada por químicos, físicos e psicólogos – dos gases. O comportamento é, em grande parte, imaterializado: faz parte da

---

113 Felix, K. (1955). Albrecht Kossel. In *Great Chemists.* (editado por E. Farber). New York: Interscience. pp. 1033-1034.

realidade material e imaterial dos gases. Apelo para "em grande parte": continua sendo impossível mensurá-lo, mas pode ser apreendido desse modo qualitativo. Instrumentos de medida quantitativos dão conta da realidade materializável dos gases: volume, temperatura e pressão externa, além do número de moléculas envolvidas. Ou seja, a química é uma disciplina que possibilitou algum conhecimento de uma realidade materializável e imaterial – nessas condições ou no vértice de formulações científicas providas pela matemática e aplicadas à química.

3. Transdisciplinaridade

Usei também o termo "transdisciplinaridade". Em 1950, era um neologismo. Ainda o é, atualmente?

O fato é o seguinte: todos os investigadores científicos que buscavam conhecimento foram contemplados com mais um termo, cuja intenção seria integrar todas as suas pesquisas, apreendidas por alguns como se estivessem sendo elaboradas de um modo clivado e artificioso, levando a conclusões de tal modo parcializadas que se tornavam, sob o vértice científico, condenadas à falsidade.

O termo foi cunhado por Robert Merton,[114] um dos introdutores da sociologia nos Estados Unidos que estava tentando obter uma possibilidade para que o *establishment* acadêmico e a sociedade circundante (ou população geral) pudesse aceitar que a sociologia seria uma disciplina científica. Fugiria ao escopo deste texto detalhar as labutas dos autores dessa disciplina e suas dificuldades para ser considerada uma ciência; estas remontam à época de Émile Durkheim e Auguste Comte, cujos estudos foram introduzidos no meio

114 Merton, R. W. (1948). The Self-Fulfilling Prophecy. *The Antioch Review*, 8(2): 193-210.

acadêmico norte-americano por Talcott Parsons. Ele foi professor e depois amigo pessoal de Robert Merton. Pode-se dizer que Merton introduziu, no mundo inteiro, os estudos sobre história da sociologia. Parsons e Merton foram os mais respeitados sociólogos em sua época. Nunca nutriram preconceitos contra a psicanálise. Reconheceram que Freud fez grande parte de sua pesquisa sob a abordagem transdisciplinar, mesmo que nunca tenha usado esse termo, já que que faleceu nove anos antes que Merton o cunhasse. Para os objetivos deste texto, pode-se dizer que Parsons e Merton exerceram funções nutritivas (sempre aplicando o conceito de que a realidade é materializável e imaterial) sob o vértice científico para a manutenção do *establishment* acadêmico.

As iniciativas dos dois incrementaram a formação de equipes transdisciplinares, integrando sociologia, psiquiatria e psicanálise em universidades respeitadas, localizadas principalmente nos Estados da Califórnia e de Nova York. Perceberam que a psicanálise já tinha algo que denominaram "conceitos-chave", úteis para a aplicação na prática, pois possuem contrapartes na realidade.

Aquilo que pode ser denominado "coisa", no mesmo vértice de realidade material ou, mais precisamente, materializado, apreensível até certo ponto pelos nossos órgãos sensoriais (visão, audição, tato etc.), aparentemente não propôs tantos problemas para nosso conhecimento, como o que não podia ser denominado "coisa", pois a imaterialidade prevalecia. Isso ocorreu durante milênios. Conhecimento de "coisas", totalmente materializadas, foi erigido ao altar do único conhecimento possível; por exemplo, pela religião positivista.[115]

Como toda e qualquer visão reduzida às aparências, essa também é enganadora, condenada à falsidade. Sob o vértice psiquiátrico, toma

115 Comte, A. (1896). *The Positive Philosophy of Auguste Comte* (versão em inglês por H. Martineau). London: George Bell & Sons. Há uma reprodução eletrônica em http://socserv2.socsci.mcmaster.ca/econ/ugcm/3113/comte/Philosophy3.pdf

a parte pelo todo e caracteriza estados denominados paranoide; segundo a contribuição da psicanálise para a psiquiatria, que dotou de maior precisão, caracteriza estados esquizoparanoides. A falsidade é dada pelo reduzido espectro de absorção de estímulos que caracteriza nosso aparato sensorial.

"Realidade imaterializada" e "realidade imaterializável" não parecem ser denominações usuais, de senso comum, embora possam ser vistas como lugares comuns, ainda que com outros nomes, em determinados estamentos populacionais dedicados a práticas que se dizem religiosas – de modo especial, a religião espírita. Espero que a penumbra de significados atual que possa cercar esses dois termos não seja um fator de indiscriminação e confusão para o leitor. O que proponho denominar realidade imaterial e imaterializável tem merecido outro termo que se tornou senso comum na física e lugar-comum em literatura, política e obras teológicas: "energia", tantas vezes aparentada ou confundida. Portanto, parece que não está muito mais livre da considerável penumbra de significados que cerca as palavras *imaterial* e *imaterializável.*

A questão que me parece estar mais bem encaminhada, em termos de conhecimento, pelas disciplinas científicas de física e psicanálise, é a seguinte: uma apreensão do fato de que *não são* duas realidades, matéria *ou* energia, mas apenas uma realidade, matéria *e* energia. Há uma condição formal diversa, conforme essa realidade seja observada. Outro modo de colocar gramaticalmente, de forma analógica (metaforicamente): aquilo que é real funciona do mesmo modo que as duas faces de uma mesma moeda. São duas transformações da mesma realidade: moeda. Essa última é uma palavra que representa a invariância comum às duas transformações. Moeda de uso corrente, embora pouco reconhecida.

Matéria e energia não podem ser conhecidas de modo último, mas os relacionamentos entre as duas podem. Esclarecimentos – conhecimentos – a respeito das transformações entre matéria e energia são, em termos históricos, muito recentes.

Mencionei que esclarecimentos ou conhecimentos foram e continuam sendo expressos por algumas disciplinas científicas e, de modo que me parece excepcional, pela psicanálise e pela física (ou físico-química). Nessa última, pela equação da teoria da relatividade geral descoberta e formulada por Einstein. A equação tornou-se senso comum entre físicos, químicos e alguns leigos (nessas disciplinas) na população. Não escapou da sina (se triste ou não, depende da opinião de cada um) de se tornar lugar-comum popularizado. No último caso, não se pode afirmar que houve conhecimento daquilo que a equação demonstra, apenas se reduz a repetições simplificadas expressas por frases falsas, como "tudo é relativo, como disse Einstein". Houve grandes esforços de muitos físicos a matemáticos para conter essa simplificação falsa, que distorce o conteúdo real da descoberta.[116] As tentativas de corrigir a distorção ou falso conhecimento começaram por iniciativa do próprio Einstein.[117]

Considerando essas dificuldades de apreensão, que perduram desde a descoberta da realidade espelhada pela teoria da relatividade, vou fazer mais uma tentativa, dirigida a uma audiência composta por leitores especializados em psicanálise.

Não vou reproduzir, como usualmente se faz em textos introdutórios, a notação matemática da equação da teoria da relatividade, mas escandi-la por meio de uma formulação verbal: trata-se de uma teoria cujo correspondente na realidade é uma aproximação à propagação de um tipo específico de energia, que chamamos de luz (os físicos usam o nome fótons) e que pode ser mensurada por meio de uma quantidade materializável, chamada velocidade. A velocidade pela qual a luz se propaga *não* é relativa à posição do observador.

---

116 Russell, B. (1925). *ABC da relatividade* (versão brasileira por G. Rebuá). Rio de Janeiro: Zahar, 1963.

117 Einstein, A. (1916-1952). Relativity: the Special and the General theory (versão em inglês por R. W. Lawson). In *The Great Books of The Western World*. Chicago: Encyclopaedia Britannica, 1994.

Uma apreensão que difere radicalmente do lugar-comum, pois demonstra que essa propagação não é relativa a nada: sempre se faz por algo que pode ser medido, como 300 mil quilômetros por segundo. Caso se consiga acelerar qualquer coisa – realidade predominantemente materializada – ao quadrado da velocidade da luz, essa "coisa" transforma-se em energia. A equação da teoria da relatividade geral nos diz algo das transformações entre matéria e energia; a "coisa", paradoxalmente, é sempre uma "não coisa" ou energia.

A iluminação provida por Einstein nada nos diz sobre a essência última ou realidade última de "matéria" nem de "energia" em si mesmas; parece-me que sua contribuição ao conhecimento, ou à teoria da ciência, foi demonstrar que não há uma clivagem entre aquilo que é materializável e o que não é, nunca foi nem quase nunca será. Progressos no conhecimento das micropartículas, como a descoberta do múon, um tipo de elétron maior, altamente instável, que desaparece rapidamente; ou do bóson de Higgs, que possui apenas uma energia imaterializada, mas sequer tem massa, embora doe massa para outra partícula. O múon foi descoberto por Isidor Isaac Rabi, que, além de matemático e físico agraciado com um Prêmio Nobel, foi um engenheiro notável: descobriu a possibilidade de construirmos radares e fornos de micro-ondas, colaborando com o esforço da guerra contra a ditadura nazista;[118] depois, desenvolveu o método de ressonância magnética, hoje sinônimo de diagnósticos em medicina.[119]

Parece-me necessário considerar essas palavras como correspondentes àquilo que teóricos da ciência e filósofos, como Platão, Aristóteles, Kant e Hegel, denominam "coisas em si" ou "realidades últimas". O que Einstein descobriu nos diz, como toda ciência, algo minimamente

---

118 Sandler, P. C. (1997c). Indeterminismo. In *A apreensão da realidade psíquica*. Rio de Janeiro: Imago. p. 184.

119 Hurwitz, R. (1992). Milestones in Magnetic Resonance: 'A New Method in Measuring Nuclear Movement. *JMRI*, 2: 131-133. https://onlinelibrary.wiley.com/doi/10.1002/jmri.1880020203

suficiente sob o vértice operacional (prático e teórico) a respeito das interações ou o inter-relacionamento entre matéria e energia: é que são duas "faces" da mesma realidade – incognoscível de modo último. Recapitulando: caso possamos acelerar alguma coisa material ao quadrado da velocidade da luz – 300 mil quilômetros por segundo – nas condições normais de temperatura e pressão na face da Terra, essa coisa material se transformará em energia imaterializável.[120] Coisas materializadas podem ser incompleta e parcialmente apreensíveis por nosso aparato sensorial, cuja capacidade de captação é muito limitada: não enxergamos raios X nem radiações nucleares, que podem ser cancerígenas, nem radiações acústicas que outras espécies, como os canídeos, escutam.

As disciplinas que estudam com algum sucesso o comportamento funcional de realidade materializável e imaterializada são nutridas pelos conhecimentos da física relativística e da mecânica quântica, ainda não integradas sob o vértice teórico. Usualmente, entende-se a palavra física como se se referisse apenas a coisas materializadas: uma vez mais, o efeito de um *establishment* social, a academia, e do *establishment* que pode ser denominado "massa", como o chamou Elias Canetti.

Temos aplicações materializadas advindas desses estudos das transformações da realidade materializada e imaterializável – por exemplo: a fabricação de bombas atômicas, de hidrogênio e de nêutrons, de modo destrutivo, em centrais nucleares, de modo aparentemente construtivo, para uso não beligerante da energia obtida a partir de realidade materializada. Há algumas teorias, como a do buraco negro e a do *Big-Bang*,[121] já constatáveis na prática dos astrofísicos, derivadas desse conhecimento. Evidencia-se também na fabricação de máquinas emissoras de raios *laser* para vários usos, inclusive na medicina.

---

120 Sandler, P. C. (1997c). Indeterminismo. In *A apreensão da realidade psíquica*. Rio de Janeiro: Imago. pp. 158-173.

121 Hawking, S. (1988). *A Brief History of Time*. New York: Bantam Books, 1989.

Ainda estamos na infância da construção de equipamentos tecnológicos para um estudo mais aprofundado, embora passos nessa direção tenham sido dados com os aceleradores de micropartículas – átomos e seus componentes – que foram inicialmente denominados cíclotrons e que abriram o caminho para os colisores de partículas, onde uma micropartícula conhecida é colidida com outra, ainda desconhecida. Tudo isso tem incrementado nosso conhecimento a respeito daquilo que nos circunda ou da natureza externa a nós, incluindo os movimentos dos astros.

Afirmei anteriormente que noções, conceitos e teorias sobre realidade material, ou, na minha tentativa de conferir maior precisão ao termo, realidade materializável, parecem ter colocado problemas de complexidade menor para a evolução de nosso conhecimento, à medida que conseguem deixar o problema de modo mais estático, do que dinâmico. Isso é visível na simplicidade da geometria euclidiana, se comparada com a física descoberta por Newton, que resgatou a noção de movimento dinâmico. Considero que há documentos escritos do conhecimento do movimento dos astros – que não podemos tocar, mas podemos ver, ou seja, são acessíveis a pelo menos um de nossos órgãos sensoriais – datando de algo em torno de 3 mil anos atrás, nas civilizações que viveram na Mesopotâmia e no norte da África, nos locais hoje conhecidos como Egito, Iraque, Grécia, Turquia e Irã.

O leitor poderia se perguntar: civilização seria um termo que descreve razoavelmente os vários *establishments*?

Até agora, mencionamos a urgência de conhecer a realidade da natureza externa a todos nós, que também poderia ser chamada de realidade ambiental da natureza que nos cerca e nos alimenta.

Seria igualmente necessário mencionar algo que tomou o nome de natureza interna a todos nós, que igualmente tornou-se objeto urgente de conhecimento? A psicanálise, desde que foi descoberta, passou a ter importante responsabilidade no desenvolvimento desse tipo de conhecimento.

Existiriam correspondentes na realidade que poderiam ser indicados pelos termos, natureza externa e interna?

Até o momento, estou tentando caracterizar ou delimitar aquilo que tem formado a operacionalização prática da "urgência de conhecer": ela se iniciou pelas atividades artísticas e científicas, que parecem ter recebido seu primeiro nome na civilização dos antigos gregos: *tekné*, hoje denominada, mais restritiva ou reduzidamente, tecnologias. Naquela época, incluía matemáticos, médicos, arquitetos, engenheiros, políticos, pescadores, caçadores, pintores, militares e retóricos (especializados no uso da linguagem) e o que proponho chamar de teóricos da ciência. Atualmente, alguns desses conhecedores peritos de algumas dessas várias *teknai* – retóricos e políticos – são englobados na categoria de filósofos e metafísicos, embora essa última qualificação esteja saindo de moda. Os termos *sábios* e *pensadores* são utilizados quase que na mesma proporção do uso do termo *filósofos*, e credita-se popularmente a todo filósofo a capacidade de ser sábio e pensador. Crenças, populares ou não, conscientes ou não, são sempre *a priori*: não admitem nenhuma aplicação do método crítico, ou criticismo, conforme sugerido por Kant. Diferem em muitos aspectos da atividade científica ou da aquisição de conhecimento, cujos rumos e conclusões precisam da nutrição do método crítico. Analogicamente: como entidades animadas, precisam de água.

Talvez alguns leitores estejam familiarizados com a obra final de Bion, *Uma Memória do Futuro*. Para os que não estejam, talvez uma leitura de textos introdutórios a essa obra, citados neste livro, possa esclarecer o fato de que Wilfred R. Bion, após mais de três décadas de tentativas de elaborar comunicações verbais dentro de um sistema mais aceito pela comunidade científica, e enfrentando resultados que lhe pareceram mal-sucedidos nesse tipo de comunicação para que os leitores pudessem apreender os fatos correspondentes na realidade – nos quais se incluem aquelas formulações verbais feitas por outros autores que o antecederam, e considerados importantes no movimento psicanalítico (Freud e Klein) – decidisse elaborar um texto científico com formulações dialógicas. São similares às utilizadas milenarmente por Platão, Goethe, Diderot e muitos outros. Há um desenvolvimento nas formulações dialógicas que Bion usou, de um modo que me parece ser consciente, seus objetos parciais:[122] expressões de suas próprias experiências de vida, acopladas harmonicamente com suas tentativas de praticar psicanálise. A tal ponto, que precisou esclarecer que "psicanálise real" é "vida real".[123] No diálogo imaginário que se segue, o objeto parcial denominado "P. A." representa um psicanalista praticante. O objeto parcial "Diabo" representa uma entidade violenta e destrutiva frente à realidade, devidamente disfarçada de não violenta e construtiva; o "Sacerdote" representa um ministro religioso genérico e praticante; algumas vezes, um teólogo.

> P. A.: Não desperdiço o meu tempo acreditando em fatos ou em qualquer coisa que eu *conheça*. Poupo a minha credulidade para aquilo que *não* conheço.
>
> DIABO: Tal como Deus?
>
> P. A.: Sem dúvida. No entanto, deixo você e Deus a cargo do Sacerdote e de seu departamento religioso.[124]

---

122 Sandler, P. C. (2015). Authoritative, not Authoritarian Psycho-analysis. In *An Introduction to A Memoir of the Future, by W. R. Bion*. Vol. I. Londres: Routledge, 2020. p. 35.

123 Sandler, P. C. (2005b). Psicanálise real/Análise real/Análise apropriada/Interpretação apropriada. In *A linguagem de Bion, um dicionário enciclopédico de conceitos* (versão brasileira por Daniela Sandler, Giovanna del Grande e Patricia Lago). São Paulo: Blucher, 2021. pp. 884-935.

124 Bion, W. R. (1979). A aurora do esquecimento. In *Uma memória do futuro*. Vol. III (versão brasileira por Paulo Cesar Sandler. Revisão de Ester Hadassa Sandler). Rio de Janeiro: Imago. p. 24.

Não podemos saber se a obtenção de conhecimentos a respeito de nossa natureza interna teria o mesmo grau de urgência que parece ter tido a respeito do conhecimento da natureza externa a todos nós – pelo menos até o ponto que chegou minha investigação. Um exemplo pode ser dado pela história do movimento psicanalítico: sempre marcado por constituir minoria, tem exercido notável influência nos interesses e curiosidades da população geral. Parece-me lembrar a influência exercida pelos conhecimentos advindos da civilização da antiga etnia grega e da etnia judaica: são desproporcionais ao número de indivíduos que as formaram, sempre minoritários.[125] No que se refere aos membros do movimento psicanalítico, pode-se lançar mão de um estudo estatístico que focalize o número de membros que estejam associados nominalmente e financeiramente à primeira instituição fundada (*International Psychoanalytic Association*, mais conhecida pelo acrônimo, IPA). Em uma população mundial de quase 8 bilhões de pessoas, há uma equivalência numérica entre esses associados e o número de violoncelistas em atividade em orquestras. O número atual é menor do que 20 mil indivíduos. Todos esses cálculos são altamente questionáveis: baseei-me em informações da web a respeito de orquestras no mundo, e da IPA, que reporta a existência de menos de 13.000 membros em 2009. Não obtive resposta da diretoria nem dos secretários executivos, frente a uma consulta. Em relação aos violoncelistas, fiz uma relação de orquestras no mundo e somei a quantidade reportada de violoncelistas. Um site indica que haja 1 milhão de proprietários de violoncelos,[126] amadores e profissionais. Talvez o número de pessoas que se dizem psicanalistas e não tenham se institucionalizado seja semelhante.

---

125 Todorov, T. (2003). The Achievement of Vassily Grossman. In *Hope and Memory*. Princeton: Princeton University Press. p. 65.

126 https://www.musicinstrumentsair.com/how-many-people-play-cello/#google_vignette

Se o critério estatístico é questionável, temos indicações históricas de que a necessidade de obtenção de conhecimento da natureza interna a todos nós poderia ser sentida no mínimo como igualmente importante, em pelos menos alguns pontos no espaço-tempo compreendido entre o aparecimento dos primeiros hominídeos e de seus descendentes selecionados naturalmente,[127] hoje chamados *Homo* (*erectus*, *afarensis*, *habilis*, *sapiens* etc.), ou seja, antes da formulação verbal de Aristóteles. Atualmente se considera que esse conhecimento se deve aos progressos que resultaram na descoberta de disciplinas de estudo artísticas e científicas.

No caso das disciplinas artísticas, fiz a hipótese, descrita em outras publicações, de que a primeira manifestação fenomênica (materializável) a respeito de nossa realidade interna ocorreu com aquilo que hoje denominamos música. Trata-se de uma hipótese que atualmente não pode ser provável nem refutável arqueologicamente. No entanto, há indicações seguras, sob os vértices biológico, antropológico e psicanalítico,[128] de que a seleção natural possibilitou o desenvolvimento do sistema laringo-faringeano e daquilo que antropólogos denominam braquialismo,[129] tipificando todos nós, seres humanos. Essas duas realidades materiais de nossa natureza possibilitaram, e ainda possibilitam, que façamos um dos produtos finais muitíssimo apreciados por todos nós, no qual não se pode mais distinguir se é uma produção necessária, ou apenas desejosa: música. Podemos emitir sons moduláveis harmônica e desarmonicamente, e ritmá-los de modo excepcionalmente sublime. Mais um exemplo de uma produção de nossa realidade material e psíquica

---

127 Darwin, C. (1859). The Origin of Species. In *The Great Books of the Western World*. Chicago: Encyclopaedia Britannica Inc., 1994.

128 Sandler, P. C. (2000c). Psicanálise e música: tornando audível o que se escuta. In *Turbulência e urgência*, In *A apreensão da realidade psíquica*. Vol. IV. pp. 99-134.

129 Castairs-McCarthy, A. (1994). *The Origins of Complex Language: An Inquiry into the Evolutionary Begginings of Sentences, Syllables and Truth*. Oxford: OUP. pp. 1-5; 96.

– e de nossa herança filogenética, a partir dos pássaros canoros. A seleção natural que permitiu o braquialismo parece ter ocorrido milhões de anos antes da fabricação das primeiras flautas.[130] Acredita-se que foi há 67 mil anos, tempo próximo ao atribuído ao surgimento de pinturas rupestres.

A urgência em conhecer advém da necessidade de sobrevivência (para aqueles que a consideram como uma necessidade) e depende de algo que a psicanálise denomina aparato de pensar[131,132] – uma parte do aparato psíquico.

Parece-me que tentativas de conhecimento da natureza humana ou, de modo mais preciso, da realidade material e psíquica da natureza humana são indissolúveis do conhecimento das vicissitudes e sofrimentos que afetam a natureza humana.

Freud sugere a existência de três instintos básicos, a meu ver, pertinentes ao âmbito numênico, por funcionarem exclusivamente no sistema inconsciente do aparato psíquico.[133] A urgência em conhecer foi descrita ao longo de toda a obra de Freud. Pode-se dizer que é seu *leitmotiv*, como é o de toda a tentativa científica[134] que possamos fazer. Freud pesquisou o desenvolvimento e o funcionamento do aparato psíquico, que sempre denominou desenvolvimento psicossexual, contemplando, a meu ver, mais plenamente a noção a respeito de uma realidade material e psíquica que caracteriza a natureza humana. O

---

130 D'Errico, F., Villa, P., Llona, A., & Idarraga, R. (1998). A Middle Palaeolithic origin of music? Using cave-bear bone accumulations to assess the Divje Babe I bone 'flute'. *Antiquity*, 72(275): 65-79. doi:10.1017/S0003598X00086282

131 Freud, S. (1911a). *Formulations on the Two Principles of Mental Functioning. SE*, vol. XII.

132 Bion, W. R. (1961b). A theory of thinking. In *Second Thoughts*. Londres: Heinemann Medical Books, 1967.

133 Sandler, P. C. (1997d). Platão e a Psicanálise. In *A apreensão da realidade psíquica*. Vol. I. Rio de Janeiro: Imago. pp. 61-72.

134 Freud, S. (1933-1936). On the Question of a Weltanschaauung. In *New Introductory Lectures in Psycho-Analysis. SE*, vol. XV.

mesmo desenvolvimento já recebeu outro nome, apreciado por filósofos: ontológico. Freud, apoiado em Darwin e Lamarck, observou a existência de um "instinto epistemofílico",[135] correspondente à urgência de conhecer constatada por Aristóteles. Além disso, em 1920, sugere a existência de outros dois instintos: de vida e de morte (em *Além do princípio do prazer*).

Apelo novamente para outra máxima cunhada por Aristóteles – parece-me fundamental para os intuitos do presente texto: "é evidente que o ser humano é um animal político, muito mais do que abelhas e outros animais gregários".[136] Um modo atual de dizer isso poderia ser: nós, seres humanos, temos uma urgência por convívio em grupos. Nascemos por meio do grupo mais primevo que existe, composto por duas pessoas: uma determinada mãe e um determinado pai.

Freud observou em várias obras, como *A Interpretação dos Sonhos*, *Psicopatologia da Vida Cotidiana* e nas conferências introdutórias, que todo conhecimento que parece novidade para o sistema consciente é um reconhecimento de algo que já está no sistema inconsciente do aparato psíquico; ou que todo conhecimento é um reconhecimento. Por exemplo: "*Acredito que todos aqueles que se ocupem com o estudo de sonhos descobrirão o quão usual é o fato de que um sonho forneça evidências de conhecimentos e memórias que uma pessoa acordada não tem consciência de possuir*".[137]

Isso parece ser evidenciado por vários fatos. Freud os percebeu clinicamente, a partir da análise de sonhos, associações livres e também pelo seu negativo no âmbito fenomênico, nos atos falhos e também pelo estudo de esquecimentos de nomes, sensações (impressões sensoriais), sentimentos e nas superstições, nos casos em que "*se*

---

135 Freud, S. (1909). Analysis of a Phobia in a Five-Year-Old Boy. *SE*, vol. X.

136 Aristóteles (c. 350 a.C.). Politics. In *The Great Books of the Western World*. Vol. II. Chicago: Encyclopaedia Britannica Inc., 1994. p. 446.

137 Freud, S. (1900). The Interpretation of Dreams. *SE*, vol. V, p. 47.

apliquem métodos psicanalíticos de investigação, evidencia-se que nos atos aparentemente isentos de intencionalidade, há motivos válidos, determinados inconscientemente".[138]

O fato real que estou tentando ressaltar agora é que o grupo primevo, composto material e imaterialmente de maternidade e paternidade, já está, de modo inato, geneticamente determinado no sistema inconsciente do recém-nascido.

> *Podemos adivinhar até que ponto é pertinente uma afirmação de Nietzsche: nos sonhos "alguma relíquia primordial da humanidade está em ação, a qual agora dificilmente podemos alcançar por um caminho direto". Podemos esperar que a análise dos sonhos nos leve ao conhecimento da herança arcaica do homem, daquilo que nele é psiquicamente inato. Os sonhos e as neuroses parecem ter preservado uma quantidade muito maior de antiguidades psíquicas, se comparadas com aquelas que possamos imaginar, e assim, psicanálise pode reivindicar um lugar de destaque entre as ciências que se preocupam com a reconstrução dos períodos mais antigos e obscuros dos primórdios da raça humana.*[139]

Freud, ao citar uma observação de Nietzsche, mesmo que não possa se encontrar na lista bibliográfica do livro *A Interpretação dos Sonhos* a obra original (Humano, Demasiadamente humano[140]), nos brinda com um estudo transdisciplinar. Do mesmo modo, pode-se citar uma observação de Bertrand Russell, cuja obra permite vários paralelismos transdisciplinares com a obra

---

138 Freud, S. (1901). Psychopatology of Everyday Life. *SE*, vol. VI, p. 239.

139 Freud, S. (1900). The Interpretation of Dreams. *SE*, vol. V-VI, p. 550.

140 Nietzsche, F. (1878-1880). Humano, demasiadamente humano (versão brasileira por R. R. Torres Filho). In *Os pensadores*. São Paulo: Abril Cultural, 1978.

de Freud, na qual ele diferencia o "conhecimento por familiaridade" e o "reconhecimento por descrições". No primeiro conhecimento, afirma que "Todo o nosso conhecimento se fundamenta em familiaridade", termo que ele define como "o fato de ter sido experimentado sensorialmente, por várias vezes baseia-se no conhecimento como base".[141] O conhecimento por familiaridade, portanto, é um tipo direto de conhecimento. Não depende de deduções nem inferências nem qualquer outro tipo de mediação, enquanto o conhecimento por descrições depende de modo umbilical, por ser feito indiretamente, de representações de vários tipos de formulações (científicas ou artísticas, exemplificadas pelas formulações matemáticas, verbais etc.). Suponho que essas definições de Russell se superpõem de modo exato ao que Freud qualificou como o conhecer pertinente aos processos primários, instintuais, e secundários, e também as "*séries complementares*", e também ao que Bion assinalou como um aprender pela experiência, a partir de pré-concepções inatas. Freud, Russell e Bion tinham noção do quanto deviam à obra de Kant.

Parece-me ser um caso que pode ser descrito como um reconhecimento da paternidade. Maternidade e paternidade podem ser consideradas como pensamentos sem pensador em cada indivíduo,[142] esperando que um pensador os pense; essa é a definição do termo dada por W. R. Bion. A nota bibliográfica contém uma revisão exaustiva desse conceito, que também pode ser aplicado à antropologia. Hanna Segal, em correspondência escrita comigo (1981), reconheceu seu valor sociológico, embora tenha discordado de seu valor clínico. Pensamentos, em minha analogia, são metaforicamente comparáveis

---

141 Russell, B. (1911). Knowledge by Familiarity and Knowledge by Description. *Proceedings of the Aristotelian Society, New Series, 11*: 108-128. http://www.jstor.org/stable/4543805, p. 48.

142 Sandler, P. C. (2005c). Pensamentos sem pensador. In *A linguagem de Bion: um dicionário enciclopédico de conceitos*. São Paulo: Blucher, 2021. pp. 812-823.

ao oxigênio que paira no ar: aquele que tem pulmões e um aparato respiratório poderá respirá-los. Em minha experiência, a noção e o conceito de pensamento sem um pensador são um dos instrumentos principais de um psicanalista: fornecem a possibilidade de tornar consciente o que era inconsciente, na máxima fundamental de Freud, no aqui e agora de uma sessão de psicanálise.

O reconhecer da paternidade é tardio, na história de qualquer criança que se considere, repetindo ontogeneticamente uma experiência filogenética. Minha experiência em psicanálise e na vida iluminou-se – usando a teoria psicanalítica sobre o aparato psíquico, transitou pela barreira de contato – quando acessou meu sistema consciente, a partir de minha análise pessoal complementada pelas observações verbalizadas por Freud (já citadas), Klein,[143,144] Winnicott[145,146,147] e Bion.[148]

Trazem, de modo sintético, algumas noções sobre o funcionamento primevo do aparato de pensar. De modo sumarizado, caso utilizemos a cesura do nascimento como ponto de partida, inicia-se com a frustração ou ausência de um seio materializado assim que um bebê é expulso de um útero. Parto de um princípio expresso na obra de Bion (anteriormente citada) de que um bebê, ao nascer, possui – a meu ver, por herança filogenética – a preconcepção do que Bion denominou "seio". É vivida dentro de um ambiente emocional em que

---

143 Klein, M. (1945). The Oedipus Complex in the Light of Early Anxieties. In *Contributions to Psycho-Analysis*. Londres: The Hogarth Press and the Institute of Psycho-Analysis, 1950.

144 Klein, M. (1957). *Envy and Gratitude*. Londres: Tavistock Publications.

145 Winnicott, D. W. (1957). The Mother's Contribution to Society. In *Home is Where We Start From* (editado por C. Winnicott, R. Shepherd, M. Davis). New York: W. W. Norton & Co., 1986. p. 39.

146 Winnicott, D. W. (1969a). The Use of An Object. *Int. J. Psycho-Anal.*, *50*: 711.

147 Winnicott, D. W. (1990). *Human Nature*. Londres: Routledge.

148 Bion, W. R. (1962b). *Aprender da experiência* (versão brasileira por Ester Hadassa Sandler). São Paulo: Blucher, 2021. pp. 37-62 e 120.

prevalece a "angústia de aniquilamento", fato descrito pela primeira vez por Klein.[149,150,151,152]

Parece-me ser a primeira expressão instintiva de um bebê que pode ser vista como um equilíbrio dinâmico e instável regendo as interações dos instintos de vida e de morte. Sugiro que seria a demonstração fenomênica de um pequeno adulto, tosco e frágil, que habita todo e qualquer bebê que sobreviva. O bebê será brindado com a descoberta de um seio real. Se usarmos a nomenclatura proposta por Bion, o bebê "realiza" o seio: torna-o real para si mesmo. O seio real será retirado por exaustão de leite. Momentos depois (cuja duração é variável individualmente), emerge um pensar imaterializado, que pode ser enunciado como "seio". Surge um projeto de recuperá-lo, movido pela angústia instintiva de aniquilamento, e, ao mesmo tempo, o projeto depende do grau de frustração que o bebê poderá suportar – novamente, variável de indivíduo para indivíduo e conforme o momento e as contingências ambientais.

Após a instituição desse pensar predominantemente imaterial, primitivo, surge o desenvolvimento de uma das expressões do funcionamento do aparato de pensar: a aquisição da linguagem. No que tange à descoberta tardia da paternidade pela raça humana, bem

---

149 Klein, M. (1930). The Importance of Symbol-Formation in the Development of the Ego. In *Contributions to Psycho-Analysis*. Londres: The Hogarth Press and the Institute of Psycho-Analysis, 1950.

150 Klein, M. (1932). *The Psycho-Analysis of Children*. Londres: The Hogarth Press and the Institute of Psycho-Analysis, 1959.

151 Klein, M & Riviere, J. (1937) *Love, Hate and Reparation*. Londres: The Hogarth Press and the Institute of Psycho-Analysis, 1953.

152 Klein, M. (1952). Some Theorethical Conclusions Regarding the Emotional Life of the Infant. In *Developments in Psycho-Analysis* (editado por M. Klein, P. Heimann, S. Isaacs, J. Riviere). Londres: The Hogarth Press and the Institute of Psycho-Analysis.

documentada por antropólogos,[153] parece-me mais um caso em que a ontogênese segue a filogênese. E o estudo ontogenético, ou, sob o vértice psicanalítico, o estudo do desenvolvimento psicossexual de qualquer indivíduo que se considere, também demonstra o mesmo caso, de que a descoberta da paternidade individual é tardia, caso comparada com a descoberta da maternidade. Que, por sua vez, é quase imediata, nos primeiros dias de vida, por meio do relacionamento do bebê com sua mãe. O estudo de Melanie Klein, partindo da obra de Freud, demonstra que, nesses momentos iniciais e cruciais para a formação individual da realidade material e psíquica, reduz-se a uma boca, da parte do bebê, e de um mamilo e um seio. Isso vale para u'a mãe biológica, ou não. Mãe, mamilo e seio serão compostos de realidade material e psíquica que pode ser denominada como um complexo interacional entre a mãe e o bebê. Podemos descrever esse complexo interacional pelos termos: amamentação, o ato de sugar, extremamente trabalhoso para um bebê – como pode-se constatar pela notável taquicardia em que ficam, pelo trabalho de sugar, às voltas com sua ansiedade de aniquilação, já que é sua vida que está em jogo. Esse complexo, da parte da mãe, foi chamado por Winnicott de "mãe suficientemente boa", em 1953:[154] o "suficiente", correspondente, na língua inglês, à expressão idiomática "*good enough*", deixa explícito de que se trata de um nível mínimo de oferecimento, suficiente para sobrevivência, mas nunca máximo. O bebê nunca ficará totalmente, 100% satisfeito: a mãe irá faltar, pois o seio será retirado, por uma imposição do princípio de realidade. A mesma noção aparece de modo mais ampliado na teoria do pensar, proposta por Bion, de que a introdução dos processos do pensar ocorre exatamente no momento em que o seio falta, ou aparece o "não seio": a experiência de frustração.

153 Dupeis, J. (1987). *Em nome do pai (uma história da paternidade)* (versão brasileira por A. P. Danesi). São Paulo: Martins Fontes, 1989.

154 Winnicott, D. W. (1953). Transitional objects and transitional phenomena; a study of the first not-me possession. *Int J Psychoanal, 34*(2):89-97.

E também na concepção de *rêverie* materna, em 1962, onde ocorre o oferecimento, que prefiro chamar de doação, de expressões amorosas: cuidar, calor, conforto psíquico e autocontenção de ansiedade.[155]

Obviamente, haverá desfechos ou encaminhamentos no que se refere à formação do aparato psíquico desse bebê e da formação de sua personalidade, ao longo do desenvolvimento posterior, dependendo de sua capacidade de tolerar frustrações e de tolerar paradoxos: o paradoxo básico a ser tolerado é que existe "seio", como experiência, e "não seio". Ambos podem ser vistos, em uma analogia matemática, como positivos ou negativos, um *vis-à-vis* o outro. Usualmente, diz-se que a experiência de haver um seio nutriente é positiva; e que o não seio seria a experiência negativa. A visão usual me parece resvalar para juízos de valor, que poderiam ser classificados como paradisíacos, favorecendo satisfações. Ignora a questão das nuances individuais, dadas pelas diferentes proporções da prevalência do ciclo de avidez–inveja, sob a prevalência do princípio do prazer–desprazer, impedindo a introdução do princípio da realidade. Tanto por parte da mãe, como do bebê. São momentos cruciais: estados chamados pelos psiquiatras e psicanalistas como psicose, psicopatia, autismo e paranoia podem sobrevir.

A obra de Freud me parece iluminar essa questão, quando ele acrescentou à teoria dos dois princípios do funcionamento psíquico a possibilidade de haver, em alguns casos, a instalação do princípio do Nirvana, como expressão da prevalência dos instintos de morte sobre os instintos de vida.[156]

Afirmo, segundo minha experiência em análise, que já há um pequeno adulto em todo bebê que se considere: tosco e desvalido, mas responsável por si mesmo – a responsabilidade, um ato imaterial

---

155 Bion, W. R. (1962b). *Aprender da experiência* (versão brasileira por Ester Hadassa Sandler). São Paulo: Blucher, 2021. pp. 74-75.

156 Freud, S. (1923). The Ego and the Id. *SE*, vol. XIX.

(psíquico) se materializa pela procura de um mamilo e pelo ato de sugar. Acoplam-se harmônica e desarmonicamente, dando para o bebê o modelo daquilo que, no futuro, será expresso pela possibilidade de formar um casal criativo, com o cuidado, calor, conforto e capacidade de autocontenção da própria aflição. Pois a mãe intuitivamente sabe que dependerá de sua disponibilidade mínima oferecer condições para que o bebê sobreviva e viva (usando o modelo da realidade material e psíquica).

A descoberta da paternidade poderá ser feita a partir da enunciação e da repetição do nome "papai" e da repetição das experiências com um pai real: uma observação que foi explicitada por Bion.[157] Emulando a percepção e a frustração que permite o pensar "seio", um pai real sempre reaparece; o reaparecimento é dado pela repetição da experiência. Pode-se dizer que as contribuições da escola psicológica que já foi denominada reflexologia, depois behaviorismo e atualmente de psicologia cognitiva, contribuem, em pequena parte, para a descrição real desses tempos iniciais de aprendizado e apreensão no desenvolvimento do bebê.[158] Quando uso o nome "apreensão", aproveito a pequena penumbra de significados desse termo, que pode significar o ato de agarrar, como também o ato de espera ansiosa por algum evento. Uma formatação mítica aparece na tradição abraâmica e, de modo muito mais preciso, na *Ilíada* e na *Odisseia*.

O reaparecimento verbal e concreto de um pai tem algumas condições. Será necessária a presença de uma mãe que nutra atenção, cuidado e respeito pelo pai que escolheu para ser fecundada. Os vários componentes do mito homérico, com mulheres ou fêmeas de

---

157 Bion, W. R. (1962b). *Aprender da experiência* (versão brasileira por Ester Hadassa Sandler). São Paulo: Blucher, 2021. pp. 120-121.

158 Gavrilov, K (1953). *El Psicoanálisis à luz de La Reflexogia. Enfoques biológicos de la psicologia profunda* (versão em espanhol por Juan Dalma). Buenos Aires: Editorial Paidós.

comportamentos diversos, em um espectro que pode incluir Clitemnestra, Circe e Penélope, demonstram o espectro possível.

A minha qualificação sobre a aquisição da noção de paternidade, de que é tardia para qualquer bebê individual que se considere, pode ser justificável se nos recordarmos de que ocorre durante um período de 3 meses a 2 anos de idade. Para um bebê de 4 anos de idade, seria metade do tempo total de sua vida. Se comparado com a aquisição da adolescência e da maturidade, poderá não parecer tardia.

A aquisição da noção de paternidade é necessária para que haja conscientização (conhecimento) do grupo primevo, que nesse estágio ontogenético, está formando o complexo de Édipo. O desenvolvimento individual me parece ser similar ao que houve na história do grupo humano: a noção de paternidade é uma aquisição tardia.

A prática psicanalítica se faz de maneira similar à de um casamento hétero; usualmente se diz *heterossexual*, mas há outros fenômenos envolvidos, além do sexual, que podem ser vistos em uma psicanálise e que oferecem um modo de se lidar com eles sob outros vértices. Como no casamento, há um grupo de duas pessoas, em que uma exerce a função de paciente e a outra, de psicanalista. Surgiu do mesmo modo que o grupo formado pelos médicos e pacientes: sob a égide de um equilíbrio homeostático dos instintos de vida e de morte,[159] emergiu a necessidade ditada pelo princípio da realidade: lidar com sofrimentos e vicissitudes que acometem a natureza humana.

Não será irrazoável, mas talvez necessário em um estudo que não se pretende exaustivo, assinalar um marco crucial nas observações e investigações a respeito dessa urgência em conhecer. Foi um momento no espaço-tempo que proporcionou um extrato concentrado das influências de civilizações anteriores. Está na obra dos escritores de mitos homéricos e da tradição judaico-cristã – ou, se Homero realmente existiu, em sua obra –, descrevendo sofrimentos e vicissitudes na natureza

159 Freud, S. (1920). Beyond the Pleasure Principle. *SE*, vol. XX.

humana; alguns deles evoluindo (ou involuindo) para desastres e tragédias destruindo a natureza humana. Inserem-se na urgência em conhecer observada por Aristóteles, o aluno mais brilhante de Platão, e na obra de vários contemporâneos e discípulos: Euclides, Tales, Pitágoras e muitos outros cuja nominação e elenco de descobertas não se insere nos objetivos deste livro. Foi nesse espaço-tempo que o resgate da Antiga Grécia reintroduziu o termo "conhecimento" e alguns de seus sinônimos, como "sabedoria"; estendendo-se por toda a Europa e o Oriente. Parece ter alcançado um auge no resgate do conhecimento dos antigos gregos e romanos, nos movimentos que hoje denominamos Renascença, Século das Luzes e Movimento Romântico.

Propus anteriormente que nossos ancestrais desenvolveram dois métodos de se obter conhecimento a respeito da natureza humana: (i) científicos; (ii) artísticos. Sua antiguidade é anterior à descoberta da escrita.

Graças ao conhecimento obtido a partir das investigações de Jean-Baptiste de Lamarck, Johann Wolfgang von Goethe e, principalmente, Charles Darwin e alguns de seus seguidores e, na geração seguinte, na obra de Gregor Mendel, conhecemos algo a respeito da origem das espécies vegetais e animais, ou espécies vivas, e algo de sua seleção natural.

Na citação seguinte, mais um dos objetos parciais de Bion, compondo *Uma Memória do Futuro*, denominado "Alice", representa uma mulher curiosa e imatura, incapaz de completar uma dupla por casamento, restringindo-se a manter-se em um relacionamento que pode ser descrito como a formação de uma dupla por pareamento, se usarmos a nomenclatura sugerida por Bion em *Experiências em Grupos*. Casamento existe em um entrelaçamento criativo – nomeado por Melanie Klein como a "*suprema criatividade de uma dupla parental*".[160]

---

160 Klein, M (1932). *The Psycho-Analysis of Children*. Londres: The Hogarth Press and the Institute of Psycho-Analysis, 1959.

ALICE: Sei que inúmeras vezes fiquei convencida de não me adaptar ao comportamento que encaro como sendo desejável, ou mesmo decente.

P. A.: A esperança é que a psicanálise traga à luz pensamentos, ações e sentimentos dos quais o indivíduo pode não estar consciente; e, portanto, não pode controlar. Se o indivíduo puder estar consciente deles, poderá, ou não, decidir – ainda que inconscientemente – modificá-los.

ALICE: Não sei no que isso difere daquilo que foi feito por pais, professores, santos e filósofos para incontáveis gerações de profetas de uma espécie ou outra.

P. A.: Aquilo que eu disse – e não consigo dizê-lo melhor – é uma descrição que poderia se aplicar a muitos procedimentos já consagrados pelo tempo. Você estaria certa em presumir, a partir de minha descrição, que não há razão especial para se atribuir qualquer primazia à abordagem psicanalítica. É por isso que a maioria das pessoas não se dispõe a gastar tempo e dinheiro para ir a um psicanalista. A "psicanálise real" à qual aspiramos é, na melhor das hipóteses, apenas uma aproximação daquela "psicanálise real". Só que ela é suficientemente "real" para conscientizar as pessoas que há "algo" além dos débeis esforços do psicanalista e do analisado. Penso que é otimismo supor que em nossos esforços para consegui-lo façamos mais de que arranhar a superfície.[161]

Sob o vértice histórico, psicanálise é uma herdeira da medicina. Desenvolveu um método de lidar com alguns dos sofrimentos e vicissitudes na natureza humana que afetam indivíduos. Freud lançou mão de uma série de analogias, modelos, noções, concepções, conceitos e teorias que permitem a comunicação sobre alguns modos de lidar com certos aspectos dessa mesma natureza humana e de seus sofrimentos e vicissitudes. Parece-me também que a psicanálise é

161 Bion, W. R. (1979). A aurora do esquecimento. In *Uma memória do futuro*. Vol. III (versão brasileira por Paulo Cesar Sandler. Revisão de Ester Hadassa Sandler). Rio de Janeiro: Imago. p. 76.

uma consequência atual de longa história, pois a necessidade à qual se endereça existia muito antes da época em que apareceu um Freud para descobrir a psicanálise – aproveito a observação de Bion para essa afirmação:

> HOMEM: Isso não seria um exemplo da afirmação de que sempre houve uma coisa como a psicanálise, seja verbalizada ou não?
>
> BION: Eu diria que isso é um exemplo de um pensamento que, antes de Freud existir para pensá-lo, "não tinha um pensador".
>
> HOMEM: Não está totalmente claro por que você postula um pensamento "sem pensador". Parece uma complicação desnecessária.
>
> BION: A "dúvida" é sempre encarada como uma complicação desnecessária. Isso fica claro quando um indivíduo afirma ter "certeza".[162]

Parece-me possível, utilizando os desenvolvimentos obtidos pela psicanálise, situar a questão sob forma verbal: há uma conjunção constante de nossa capacidade de manter uma atenção focada, acoplada à nossa capacidade de fazer ferramentas, vinculada à necessidade de manter, tanto quanto possível, nossa vida, individual e em grupo, sobre a face da Terra. Está sempre dependente das possibilidades de podermos efetuar esse ato, sempre arriscado: o meio ambiente não é basicamente facilitador, mas hostil. Frente a isso, nossos ancestrais desenvolveram, no grupo, o que estou denominando, inspirado em muitos autores, meritocracias técnicas e políticas.

---

162 Bion, W. R. (1975). O sonho. In *Uma memória do futuro* (Vol. I, P. C. Sandler, Trad. Prefácio de Frank Phillips). São Paulo: Martins Fontes. p. 179.

4. Ciência ou arte: qual veio primeiro?

É um costume acadêmico moderno afirmar que a arte teria vindo primeiro, citando-se as pinturas rupestres como primeiras manifestações da atividade do que se pode enunciar como o aparato de pensar em nossa espécie *Homo sapiens*: entre 6 mil e 40 mil anos atrás.

No entanto, o uso de uma faca a partir de uma pedra lascada, que pode ter sido feita pela natureza a partir de rompimentos com outras pedras ou rompimentos geológicos, parece-me ser um ato de engenharia primitivo, ou um ato de tecnologia primitivo, em uma época na qual não se poderia diferenciá-las. Seria anterior à introdução de uma família, à noção da paternidade?

Suponho que foi feito por uma atenção concentrada a partir de uma preconcepção de "faca", obtida por filogenia, a partir de alguma *perda* biologicamente determinada, que precisou passar pelo processo de seleção natural descrito por Darwin e aperfeiçoado pela genética. Uma conjectura imaginativa desse tipo de perda – que poderia justificar a descoberta de uma faca externa – seria a perda de uma potência bucomaxilar, determinada pelo músculo denominado por anatomistas masseter, acoplado a muitos dentes que os dentistas chamam de caninos. Até hoje, é considerado o músculo mais potente que temos, mas sua potência não pode ser comparada à dos de outros seres vivos, como os felinos e os caninos e, menos ainda, os grandes sáurios.

Essa suposição não pode ser evidenciada por nenhum método científico conhecido: nunca se encontrou nenhum fóssil de um hominídeo caçador provido dessa estrutura bucomaxilar pouco potente, meramente conjectural, mas encontrou-se o uso e, infere-se, a fabricação de instrumentos cortantes, ancestrais do que hoje denominamos faca, entre esses hominídeos primitivos.

Há uma interpretação arqueológica atual, tida como verdadeira, de que a "faca" foi feita há algo em torno de 2,5 milhões de anos, quando os primeiros hominídeos coabitavam a face da Terra com os grandes sáurios.[163] A utilidade é óbvia e permitiu, como a possibilidade de lidarmos com o fogo, a sobrevivência em um ambiente hostil e desigual. Possibilitou a alimentação carnívora aos seres humanos.

Se considerarmos que esses primeiros hominídeos apareceram há 8 milhões de anos, e o *Homo sapiens*, há 100 mil anos, o primeiro ato do aparato de pensar pode ter sido expresso pela tecnologia ou pela aplicação prática da engenharia.

Pode-se dizer que existe a probabilidade de a medicina já existir há 31 mil anos, pelos dados obtidos recentemente a respeito das técnicas de amputação, hoje consideradas como se fossem as primeiras; certamente são as primeiras até hoje descobertas.[164]

Na antiga Grécia, incluindo alguns desenvolvimentos no início da era cristã, foram seguidos de um freio autoritário no período

---

163 Willoughby, C. C. (1902). Prehistoric hafted flint knives. *The American Naturalist.*, *36*(421): 1-6. https://www.journals.uchicago.edu/doi/pdf/10.1086/278055

164 Maloney, T. R.; Dilkes-Hall, I. E.; Vlok, M.; Oktaviana, A. A.; Setiawan, P.; Priyatno, A. A. D.; Ririmasse, M.; Geria, I. M.; Effendy, M. A. R.; Istiawan, B.; Atmoko, F. T.; Adhityatama, S.; Moffat, I.; Joannes-Boyau, R.; Brumm, A. & Maxime, A. (2022). Surgical amputation of a limb 31,000 years ago in Borneo. *Nature*, *609*: 647-668. https://doi.org/10.1038/s41586-022-05160-8

conhecido como Idade Média; não houve parada, mas houve uma seleção violenta em relação a algumas áreas. Durante o Renascimento, houve uma crescente noção da existência de erros no conhecimento autorizável pelas leis eclesiásticas do ramo católico apostólico romano do cristianismo, dependentes de doutrinas e postulados autoritários, promulgados ou decretados pela meritocracia política, onde se misturavam o sacerdócio e a nobreza feudal. Deram aparências concretas e estáticas ao que é dinamicamente transitório. A continuidade das alternativas propiciadas pela Reforma possibilitou a retomada (renascença) dos desenvolvimentos nas aproximações à verdade dos fatos. Constata-se o aparecimento de investigações gradativamente mais setorizadas, proporcionando aprofundamentos nos processos de conhecer. No entanto, isso ocorre à custa de menor amplitude no conhecimento "colecionável" e "colecionado", antevistas por Sócrates. Investigações setorizadas correspondem, etimologicamente, à formulação verbal "ciência", derivada do termo *schizen*: no antigo grego, clivagem, similar ao ato praticado pelo que me parece ser a primeira ferramenta descoberta pelo ser humano, ainda na época dos hominídeos: a faca.

Desde a Renascença, mas especialmente durante o Iluminismo e o movimento romântico, a considerável quantidade de aquisições científicas não apenas permitiu, como demandou que se descobrisse a possibilidade de se organizar, prática e teoricamente, algumas "novas" disciplinas. Atingiu um acme no século XIX: antropologia, sociologia e psicanálise.

A psicanálise forneceu maior amplitude e profundidade a uma disciplina anterior, a psicologia, até então levada a cabo por filósofos, ministros religiosos e charlatães.[165,166]

---

165 Ellenberger, H. F. (1970). The Emergence of Dynamic Psychiatry. In *The Discovery of the Unconscious*. New York: Basic Books. pp. 53, 75-82.

166 Dingfelder, S. F. (2010). The first modern psychology study. *APA: Monitor on Psychology*, *41*: 30. https://www.apa.org/monitor/2010/07-08/franklin

Todas essas "novas" disciplinas discriminam uma visão histórica que pudesse encadear e integrar fatores descobertos pelas "novas" disciplinas em estruturas de compreensão sobre a gênese, ou do modo mais preciso elaborado por Nietzsche, da genealogia[167] dos processos de conhecimento científico e filosófico da civilização. Muitas vezes, tentou-se encaixotar a pesquisa sobre história das ideias nas rígidas amarras formadas pelas crenças da religião positivista.[168]

Quais são essas crenças? Cito apenas três das sete que pude elencar em outros estudos: (i) crença sobre a assim chamada "neutralidade" axiológica do observador; (ii) crença sobre causalidade (isto é, dada uma causa, descobre-se o efeito), baseada na narrativa dos eventos;[169] (iii) crença a respeito de predição de eventos.[170] A prática em si já existia desde a época renascentista. Incrementou-se no Século das Luzes e no movimento romântico – embora ainda não tivesse recebido esse nome. Era levada a cabo por pessoas de muitas formações prévias – que hoje são conhecidas como "filósofos" e "pensadores", mesmo que nem sempre se apresentassem sob tais títulos; por exemplo, Thomas Browne e John Locke, cuja formação e prática eram da medicina.

Se é verdade que "toda novidade não passa de esquecimento", o hábito de tentar limitar o conhecimento por meio de classificações profissionais tem se repetido desde a antiguidade. Citei anteriormente o lugar-comum na academia de que certas pessoas – por exemplo, Aristóteles e Tales – tenham se tornado famosas na academia e hoje são apresentadas como se tivessem sido exclusivamente filósofos ou

---

167 Nietzsche, F (1887). *Genealogia da moral* (versão brasileira por Paulo César de Souza). São Paulo: Companhia das Letras, 1998.

168 Comte, A. (1896). *The Positive Philosophy of Auguste Comte* (versão em inglês por H. Martineau). London: George Bell & Sons. Há uma versão eletrônica em http://socserv2.socsci.mcmaster.ca/econ/ugcm/3113/comte/Philosophy3.pdf

169 Bion, W. R. (1965). *Transformações* (versão brasileira por P. C. Sandler). São Paulo: Hirondel. pp. 150-152.

170 Sandler, P. C. (1997a). Psicanálise e iluminismo. In *A apreensão da realidade psíquica*. Vol. I. Rio de Janeiro: Imago.

matemáticos. No caso deles, ignora-se que exerceram, na prática, a atividade da medicina; e além disso, também essas outras duas. E os dois, assim como Platão, mantiveram reservas sérias à qualificação de "filósofos", inicialmente reivindicada como evidência de superioridade de um grupo pelos pitagóricos. Ainda é controverso, nas versões atuais, que o próprio Pitágoras tivesse apregoado que seria um "amigo da sabedoria", na medida em que fica implícita nessa propaganda que haveria "inimigos": uma evidência de um partidarismo beligerante e submisso a um estado emocional primitivo de "amigos" contra "inimigos".

A percepção científica que permite escrutinar a imaterialidade do objeto de estudo, ampliando (e, portanto, acrescentando) o já conhecido âmbito materializado, foi proporcionada à civilização ocidental pela psicanálise (de 1896 a 1905) e pela física (de 1899 a 1905). As duas disciplinas fizeram uma descoberta similar, em paralelo.[171,172]

Antes do advento dos métodos de comunicação informatizados, era usual que determinada descoberta fosse feita por mais de uma pessoa, e que os descobridores, além de não terem se conhecido pessoalmente, vivessem em locais diferentes e não tivessem informação de que a descoberta também havia sido feita por outro pesquisador. A história da ciência nos dá muitos exemplos, dos quais cito três:

- a descoberta do sistema heliocêntrico foi feita, a partir de métodos e instrumentação diferentes, por Aristarco de Samos (uma das ilhas da Grécia), em torno de 280 a.C.,[173] e por Nicolau Copér-

---

171 Coutinho, M. A (1997). Uma apologia da intuição. Resenha do livro "A apreensão da realidade psiquíca", *Caderno "Mais", Folha de São Paulo*, 23 novembro de 1997.

172 Sandler, P. C. (1997e). Determinismo e indeterminismo; A noção de movimento. In *A apreensão da realidade psíquica*. Vol. I. Rio de Janeiro: Imago. pp. 136-190.

173 McHenry, R. (ed.). (1994). Aristarchus of Samos. In *Encyclopaedia Britannica*, Micropedia, vol. I, p. 554; Macropedia, vol. 20, p. 372; vol. 25, pp. 835-839. Chicago: Encyclopaedia Britannica Inc.

nico, nascido na Polônia, durante a Renascença[174] – que reconheceu a precedência de Aristarco. Aristarco usou como método a geometria euclidiana, e muito provavelmente, sua intuição;

- a percepção dos fatos que relacionam matéria com energia, resultando na teoria da relatividade. Foi feita na Alemanha, por Albert Einstein; e na França, por Jules-Hénri Poincaré, poucos anos depois – ou seja, no mesmo tempo histórico, mas utilizando metodologia matemática diversa. Havia também uma dificuldade na teoria de Poincaré, mas não é importante nesse momento;
- a possibilidade tecnológica de aplicar o motor de combustão interna por derivados de petróleo em veículos, feita em duas cidades da Alemanha, também com poucos anos de diferença, sem que um dos construtores soubesse da existência do outro. Uma possibilidade tecnológica que não surgiu do nada, de algum "abracadabra" de uma "mente brilhante". Fez parte de um tipo de linhagem de pesquisadores em matemática aplicada à física, que viveram em séculos diferentes. Talvez o fato de que toda descoberta se baseie em um percurso anterior, em aquisições graduais feitas anteriormente, ilumine esse fato.

Permanece limitada a consciência no *establishment* acadêmico da possível ligação entre psicanálise e física, no que se refere à imaterialidade dos objetos de estudo das duas disciplinas.

Nos últimos 25 anos, em boa parte do *establishment* acadêmico dedicado à psicologia e à psiquiatria, consumou-se novo retorno às crenças típicas do realismo ingênuo, que mantém exclusividade para o estudo do que é concreto usando o método estatístico de modo duvidoso. No entanto, não há evidências concretas de que esse fundamento da psicanálise esteja perdendo importância se os critérios

174 McHenry, R. (ed.). (1994). Nicolaus Copernicus. In *Encyclopaedia Britannica*, Micropedia, vol. 1, p. 655; vol. 3, p. 610; Macropedia, vol. 16, pp. 761-764; vol. 23, p. 703; vol. 27, p. 36.

levarem em conta refutações vinculadas a bases empíricas. Um dos fundamentos biológicos e científicos que Freud usou em sua descoberta da análise repousa no conceito científico de "função".

Alertas – sob o vértice da teoria da ciência

Merton observou que uma deficiência afetava a disciplina de sociologia: faltavam-lhe bases empíricas. Se essas bases existissem, poderiam conferir segurança para que fosse possível estabelecer "grandes teorias" livres de personalismos interesseiros de autores cuja consequência se substanciou por descuidos metodológicos graves. O alerta coincide com aquele feito por Bion.[175] A falta de base empírica, como ponto de partida, permite a introdução daquilo que denominei em estudos anteriores "idealismo ingênuo":[176,177] a ideia de que o mundo, o universo e a natureza humana são produtos de uma mente individual.

Merton fez uma sugestão a seus colegas sociólogos que teve um alerta subjacente: que tentassem ser mais parcimoniosos nas suas afirmações. Deu uma prescrição para tanto: precisariam se dedicar a elaborar "teorias de médio alcance", sempre baseadas em fundamentações empíricas.[178,179]

---

175 Bion, W. R. (1962b). *Aprender da experiência* (versão brasileira por Ester Hadassa Sandler). São Paulo: Blucher, 2021. p. 135.

176 Sandler, P. C. (2000). Causalidade: a mistura de idealismo ingênuo e realismo ingênuo, contrários unidos no racionalismo. In *Os primórdios do movimento romântico e a psicanálise*. Rio de Janeiro: Imago.

177 Sandler, P. C. (2011). Dualism and Splitting: Philosophy and its discontents. In *The Analytic Function and the Function of Analyst* (vol. II of *A Clinical Application of Bion's Concepts*). Londres: Routledge, 2021. p. 16.

178 Merton, R. (1938). Science and Social Order. In *The Sociology of Science: Theoretical and Empirical Investigations*. Chicago: The University of Chicago Press. pp. 255-266.

179 Merton, R. (1942). The Normative Structure of Science. In *The Sociology of Science: Theoretical and Empirical Investigations*. Chicago: The University of Chicago Press. pp. 267-275.

Até o ponto que pude investigar, não havia nenhum livro escrito por Merton na biblioteca particular de Bion. Em conversas particulares com o autor deste livro, Francesca Bion e Parthenope Bion Talamo revelaram que nunca o ouviram falar a respeito dele. Tampouco há qualquer citação de algum texto de Merton em toda a obra escrita por Bion, e vice-versa: a maior probabilidade é a de que Merton jamais ouviu falar sobre a existência de Bion. No entanto, é uma tentativa de tornar proveitosa uma tarefa difícil.[180]

A similaridade entre os alertas de Merton e Bion parece-me exemplificar uma hipótese que sugeri anteriormente: quando dois autores que nunca se conheceram usam métodos diferentes para estudar o mesmo objeto (materializado ou não) e chegam às mesmas conclusões, a conclusão à qual chegaram tem alta probabilidade de ser verdadeira. Essa é a base dos estudos transdisciplinares, que permitem a detecção de características fundamentais (invariâncias) comuns às várias transformações "formais" de cada disciplina. Está na fundação de algumas teorias transdisciplinares, talvez pouco conhecidas, entre as quais destaco a teoria geral dos sistemas vivos, de J. J. Miller,[181] e a teoria geral sobre a vida e o comportamento dos organismos vivos, de Elliott Jaques.[182] Do mesmo modo que Merton, J. J. Miller nunca nutriu preconceitos contra a psicanálise; Jaques foi um dos poucos psicanalistas que expandiu, prática e teoricamente, as observações de Bion.

Na situação que estou mencionando, Merton e Bion enfocaram a postura dos investigadores em duas disciplinas, cujos resultados, em termos de aproximações confiáveis à realidade, têm sido considerados altamente dúbios e controversos.

---

180 Bion, W. R. (1978). Como tornar proveitoso um mau negócio (versão brasileira por O. D. Knijnik). *Rev. Bras. Psicanal.*, *13*: 467, 1979.

181 Miller, J. G. (1965). Living Systems, Basic Concepts. *Behav. Sci.*, *10*: 193.

182 Jaques, E. (2001). *The Life and Behavior of Living Organisms*. Westport: Praeger Publishing.

Merton e Bion afirmam que estudos providos de alicerces empíricos podem prover aproximações reais à verdade dos fatos como eles são – como os denominaram Bacon e Kant.

Não há novidade nessa postura, tampouco na negação e no esquecimento dela. Estamos vivendo em uma época de esquecimento, promovido pelos assim chamados "pós-modernistas", fanáticos pela crença reducionista das "formas narrativas" que têm resultado no espraiamento popularizado do que hoje o lugar-comum denomina *fake news*.

Fora desses fanatismos sempre populares,[183] Merton e Bion enfatizam o modo pelo qual funcionam os investigadores em todas as práticas científicas e artísticas que se possa considerar. Estou delimitando o presente estudo apenas às disciplinas científicas, mesmo que a transdisciplinaridade possa incluir contribuições artísticas. Destaco as que se dedicam ao estudo de física, química, biologia, medicina, antropologia e, atualmente, matemática.[184] A postura tem sido esclarecida por muitos teóricos da ciência, entre os quais destaco Francis Bacon, John Locke, David Hume, Immanuel Kant, Harold Arthur Prichard, Richard Bevan Braithwaite, Carl Hempel e Imre Lakatos. Aquilo que os antigos gregos e todos os que resgataram as observações e a nomenclatura grega chamavam de fenômenos, que podiam ser apreendidos sensorialmente, constituindo os dados empíricos, foram denominados por Braithwaite de um modo que me parece ser mais preciso: dados empíricos de nível inferior.

Farei uma breve menção à divisão (sob o vértice psicanalítico, clivagem ou *splitting*) entre ciências "humanas" e "exatas", um dos maiores inimigos da transdisciplinaridade. Essa divisão terminológica

183 Mackay, C. (1841). *Extraordinary Popular Delusions and the Madness of Crowds*. Ware: Wordsworth Editions, 1995.

184 Chaitin, G. (1994). *The Limits of Mathematics*. www.http/arXiv:chao-dyn 9407009vy

pode ter efeitos operacionais; tornou-se popular entre os acadêmicos e universitários. Um dos fatores é a inflação de informação: os antigos "polímatos". No entanto, trata-se de uma falsa clivagem, como quase tudo que favoreça o que é fácil – por mais "demasiadamente humano" que seja.

A demonstração da falsidade intrínseca dessa clivagem é recente. Kurt Gödel foi a pessoa que demonstrou a indecidibilidade intrínseca à matemática; ou, em outras palavras, o indeterminismo e a inexatidão na matemática.[185] A constatação de que o "princípio da incerteza" tem sido útil em outras disciplinas que não a física quântica, bem como o conceito de observação participante,[186,187] iniciado na prática pela psicanálise, com a descoberta do fenômeno que Freud descreveu a partir do conceito de transferência,[188] e, duas décadas depois, na antropologia, com a obra de Bronislaw Malinowski,[189] já haviam sido indicados com clareza pela descoberta da teoria da probabilidade, por Blaise Pascal.

Evito intencionalmente usar duas outras formulações verbais, aparentemente difundidas e mais populares: interdisciplinar e multidisciplinar. Suponho que o termo interdisciplinar enfatize a existência de pontes entre ilhas, não mais do que palafitas; o termo multidisciplinar parece ter um parentesco com a multidão perigosamente caótica – como um arquipélago desprovido de pontes.

---

185 Sandler, P. C. (1997f). Alternativas ao formalismo: I: o teorema de Gödel. In *A apreensão da realidade psíquica*. Rio de Janeiro: Imago. pp. 228-230.

186 Sandler, P. C. (2009a). The Interpretation of Dreams: a scientific tradition and resistances to it. In *Dreaming, Transformations, Containment and Change* (vol. I of *A clinical application of Bion's concepts*). Londres: Routledge, 2019. pp. 53, 145-149.

187 Sandler, P. C. (2009b). Ida. In *Op. cit.*, pp. 145-149.

188 Freud, S. (1912). The Dynamics of Transference. *SE*, vol. XII.

189 Malinowsky, B. (1929). *La Vida Sexual de los Salvages* (versão castelhana por R. Baeza). Madrid: Ediciones Morata, 1971.

O prefixo *trans-* parece-me fornecer a sensação de um fluxo. Não seria a ponte materializada entre duas ou mais disciplinas, mas o movimento sobre tal ponte imaginária – uma integração semovente de disciplinas que foram, ao meu ver, indevidamente clivadas. Indica a presença de um esforço transdisciplinar.

Até o ponto que foi minha investigação, a primeira recomendação que pude encontrar na história das ideias da civilização ocidental a respeito da possibilidade de respeitarmos o vértice transdisciplinar foi introduzida por René Descartes. Como Freud, ele nunca usou o termo transdisciplinar, que só apareceria quatro séculos depois:

> *devemos acreditar que todas as ciências estão de tal modo interligadas que é muito mais fácil estudá-las todas juntas do que isolar uma de todas as outras. [. . .] Qualquer um que deseja seriamente buscar a verdade das coisas não deve selecionar uma ciência em especial; pois todas as ciências estão conjuntas e interdependentes: deve-se antes pensar como aumentar a luz natural da razão, não com o propósito de resolver esta ou aquela dificuldade escolástica, mas para que seu entendimento ilumine sua vontade de escolha adequada nas contingências da vida.*[190]

Na mesma época – entre os anos 1930 e 1960 – surgiu mais uma disciplina científica, cuja intenção, ou pretensão, seria integrar sociologia com psiquiatria, sob o nome de "psiquiatria social". Teve antecedentes: as tentativas de fundar uma "antropologia psicanalítica" e, depois, uma "etnopsiquiatria".

As duas disciplinas basearam-se em estudos de campo, ou seja, evidências empíricas; o pioneiro foi Géza Róheim, um autor húngaro

190 Descartes, R. (1629). Rules for the Directions of Mind (versão em inglês por Elizabeth S. Haldane e G.R.T. Ross, pp. 223-264). In *The Great Books of Western World*. Chicago: Encyclopaedia Britannica, Inc., 1994. pp. 223-224.

que conviveu com Freud. Foram influenciadas e podem ser vistas como descendentes das observações e hipóteses de Freud levantadas em vários estudos ditos "sociais": *Totem e tabu*, *O futuro de uma ilusão*, *O mal-estar na civilização* e *Moisés e o monoteísmo*.

O nome *psiquiatria social*, cunhado nos anos 1940, firmou-se nos anos 1950, sobrevivendo, como se fosse uma novidade, até pelo menos o final dos anos 1990.

Para que surgisse a disciplina de psiquiatria social, foi decisiva a contribuição de dois professores apontados como os introdutores da sociologia nos Estados Unidos: o título da nova disciplina na língua inglesa – *social psychiatry* – dá ideia da precedência do método sociológico em relação ao método psiquiátrico como instrumento de pesquisa. Os principais autores, incluindo Parsons e Merton, fizeram questão de ressaltar que a sociologia e a psiquiatria não dispunham de "conceitos-chave" fundamentais, advindos de observação clínica, cujas abrangência e profundidade teórica ultrapassavam a fenomenologia psiquiátrica. Em função disso, o método psicanalítico lhes pareceu o mais indicado para ser integrado à nascente disciplina.[191]

Muito recentemente – a partir de 1940 –, os registros foram acrescentados a inovações tecnológicas de instrumentação, quando um dos primeiros químicos nucleares, Willard Frank Libby,[192] teve a frutífera ideia de usar um contador Geiger na tentativa de datar objetos fósseis, de interesse em antropologia e geologia (e suas subdisciplinas, como mineralogia), a partir da detecção de uma substância emissora de radioatividade que permanece por longo tempo nesses

191 Sandler, P. C. (1975). O campo da psiquiatria social: definições de termos e um esquema. *Bol. Psiq. (EPM)*, *8*: 53-68.

192 Gwinn, R.; Norton, P. B.; & McHenry (Eds.). (1993). Willard Frank Libby. In *Micropaedia*. Chicago: The Encyclopaedia Britannica Inc. p. 378.

objetos: o radioisótopo 8, logo substituído pelo 14, do elemento fundamental carbono.[193]

O método provou ser impreciso: o aumento do número de equipes de investigadores arqueológicos e geológicos permitiu o uso de comparações estatísticas entre as muitas medições, demonstrando haver um desvio-padrão que alcançava o índice de 40% – ou seja, poderia haver até 40% de chances de que a medição estivesse errada. Além disso, havia uma limitação no uso do carbono 14: alcançava até 60 mil anos, produzindo a conclusão errônea de que a espécie humana teria surgido apenas após esse período.

No entanto, imprecisa e limitadamente, o método foi útil: permitiu datar os primeiros documentos escritos em pedra e papiro, fornecendo-nos algumas noções sobre a época e alguns detalhes a respeito do modo a partir do qual antigas civilizações fizeram descobertas científicas – notadamente as origens da engenharia (pela datação dos primeiros instrumentos cortantes, feitos de pedra lascada), da matemática, da medicina e de todas as obras artísticas.

Nos anos 1960, o método foi incrementado com o auxílio da espectroscopia de massa; nos anos 2000, com métodos moleculares, incluindo a genética. Novos modelos matemáticos de calibração, obtidos por estudos estatísticos em vários centros de arqueologia e paleontologia,[194] têm dado maior precisão e amplitude às investigações. Alcançam mais do que 300 mil anos atrás, possibilitando a correção de falsas noções a respeito da origem da humanidade e das reais aquisições dos hominídeos que nos precederam ou que precederam o que os antropólogos chamam de *Homo sapiens*. Hoje sabemos que

---

193 Currie, L. A. (2004). The Remarkable Metrological History of Radicarbon Dating (II). *J. Res. Natl. Inst. Stand. Technol.*, *109*: 185-217.

194 Bench, G.; Buchholz, B. A.; Ognibene, T. J.; Stewart, B. J.; Baliu-Rodriguez, D.; & Turteltaub, K. (2022). *National User Resource for Biological Accelerator Mass Spectrometry Annual Report*. United States. doi:10.2172/1876987

não foram tão primitivos como se imaginou durante pelo menos quinhentos anos.

Todas os dados obtidos são *interpretados*, pois constituem-se como representações químicas, genéticas e matemáticas de fenômenos originais que *já* ocorreram. No momento em que ocorreram, eram vivos. Hoje, não o são, ou transitaram de uma realidade materializada e imaterial (caso observado sob o vértice da física quântica e relativística) para uma realidade prevalentemente materializada: o estado que chamamos de fóssil.

Nunca se poderá dizer, literal e concretamente, que "não ficou pedra sobre pedra", pois pedras também abrigam, em pequeníssimo grau, um movimento molecular imaterializado: a base para as medições de tempo por arqueólogos, por meio da decomposição do carbono 14, usado há quase um século, e também suas variações mais modernas. Sendo interpretações sobre fatos, constituem-se como uma verdade, assinalada por alguns estudiosos de história. Não estou certo de que estejam suficientemente conhecidas, e seu encaminhamento, e talvez solução, à medida que interpretações se aproximem da verdade, tornaram-se complicadas pelo aparentemente eterno surgimento de beligerância entre os acadêmicos dedicados a esses estudos.

Um exemplo é a crítica à possibilidade de existir uma "história viva", que só poderia ser elaborada por alguém que viveu os fatos descritos. Um número razoável de historiadores subestima o trabalho de jornalistas investigativos, que se situam tantas vezes em condições de enorme risco pessoal, no espaço-tempo em que ocorrem os fenômenos.[195] Os críticos, do que sentem ser o alto de seus gabinetes, afirmam que jornalistas investigativos nunca poderão ser historiadores melhores que os historiadores profissionais. Arguem que o fato de

195 Lins da Silva, C. E. (2011). *Correspondente internacional*. São Paulo: Contexto.

se estar no epicentro dos acontecimentos ocasionaria uma distorção impeditiva de aproximações à verdade "histórica".

Se esse argumento corresponder à verdade, autorizaria um reducionismo: história só poderia ser escrita por alguém que vive em um tempo e em um espaço suficientemente afastados do "aqui e agora" dos acontecimentos. Incrementam sua argumentação a favor de seu próprio trabalho com o fato de que pode haver uma genuína escassez, por vezes quase incomensurável, para obtenção de dados verdadeiros. Posições radicais, que geralmente tipificam fanatismos, podem conter gérmens de verdade, cujo crescimento é problemático pela presença de paranoia na argumentação racionalística. Nesse caso, a verdade impeditiva de acesso necessário aos dados reais é que proibições governamentais a impedem, ou prejudicam. Pode haver uma demora de décadas e até mesmo de séculos para que o acesso seja "liberado" para o domínio público. No entanto, a intuição do jornalista-historiador poderá fornecer elementos para sobrepujar a censura. Diz-se que essas pessoas teriam uma antevisão; talvez não seja o caso. Como um analista, percebem o que ocorre, ainda que sem dispor de provas concretas. Diz-se, "o pior cego é o que não quer ver".

Dispomos, pois, de estudos históricos notáveis feitos por jornalistas.[196,197,198,199] Alguns reagem às críticas destrutivas, principalmente quando são feitas sob o vértice da rivalidade e com provas de superioridade, beirando o sarcasmo e o puro desprezo, já que a verdade pode

---

196 Shirer, W. L. (1947). *Fim do diário de Berlim* (versão brasileira por Luzia Machado da Costa). Rio de Janeiro: Record.

197 Shirer, W. L. (1959). *The Rise and Fall of The Third Reich.* Connecticut: Fawcett Publications, 1962.

198 Mota, L. D. (Ed.). (1981). *A história vivida* (vols. I, II e III na série Documentos Abertos). São Paulo: Estado de S. Paulo.

199 Lins da Silva, C. E. (org.) (2008). *Uma nação com alma de Igreja: religiosidade e políticas públicas nos EUA* (com artigos de Gilberto Dupas, Carlos Eduardo Lins da Silva, Alessandro Shimabukuro, Paulo José dos Reis Pereira e Luiz Fernando Ayerbe). São Paulo: Paz e Terra.

ser usada para finalidades falsas: em reações também beligerantes, mas talvez usadas como defesa contra o desprezo e o desfazimento, partem do argumento de qualificar profissionais acadêmicos como historiadores "de gabinete" ou "de poltrona", usando dados obtidos e vivenciados por outros.

Essa questão não existe para historiadores que nasceram muito depois da data em que os eventos ocorreram: *vita brevis, ars longa*, observou Sêneca[200] (*uitam breue est, longam artem*).

Alguns historiadores tentam evitar esse problema por meio da elaboração, por vezes com dotes literários, de histórias que não se reduzam apenas a cronologias, ou pela tentativa de ouvir várias versões, que podem ser demasiadamente tingidas de nacionalismos ou partidarismos ideológicos ou emocionais – e, tantas vezes, talvez invalidando os esforços dos três fatores juntos. Caso sejam minimamente controlados por exercício de autocrítica, aceita-se hoje que produziriam uma história mais próxima da realidade dos fatos. Há alguns jornalistas que deixaram claras suas orientações ideológicas pessoais e que também foram capazes de produzir relatos históricos quase isentos destas. A pesquisa e suas conclusões mantiveram-nas controladas, não por autocensura, mas por autocrítica, de modo que os dados publicados pudessem ser julgados pelos leitores. Não fazem relatos opinativos, que desaguam em opiniática, mas informativos de dados cuja aquisição é mais difícil, dependendo de pesquisa científica.[201,202]

Há ainda uma corrente de historiadores que lançam mão de assuntos intimistas, ou "psicológicos", ou "sociopsicológicos". Por

---

200 Sêneca. (c. 35 d.C.). *Sobre a brevidade da vida* (versão em português por William Li; edição bilíngue). São Paulo: Nova Alexandria, 1993. pp. 25 e 59.

201 Kershaw, I. (2015). *To Hell and Back: Europe 1914-1949*. New York: Penguin Books.

202 Carvalho, L. M. (2019). *O cadete e o capitão: a vida de Jair Bolsonaro no quartel*. São Paulo: Todavia.

exemplo: "a vida privada",[203] "a lágrima", "moralidade"[204] e comportamentos de etnias.[205] Seja lá qual for a modalidade escolhida, ou que fatores ou fantasias moveram os historiadores a fazer a escolha (usualmente de que uma modalidade é superior à outra), parece-me que todos esses historiadores concordariam que irão *interpretar* os dados que possuem.

> *É comum pensar que um relato que tenha sido escrito em torno de uma hora depois dos eventos que supostamente descreve teria mais validade e superioridade, como se fossem "equipamentos de fábrica" embutidos, se comparado com aqueles escritos após meses, ou até anos. Suponho apenas que são dois relatos diferentes a respeito de um mesmo evento, sem qualquer implicação de que um seja superior ao outro. É necessária uma técnica que irá revelar a natureza das histórias contrastantes e dos elementos contrastantes internos a essas histórias. Historiadores estão familiarizados com usos da história "contemporânea"; e de uma história que tenha sido escrita depois de um tempo suficientemente longo para que "paixões tenham sido arrefecidas", permitindo amadurecimento nas perspectivas. Um psicanalista precisa de algum tipo de definição mais precisa das realidades subjacentes às formulações que distinguem essas mesmas realidades.*[206]

203 Ariés, P., & Duby, G. (1985). *História da vida privada* (versão brasileira por H. Feist). São Paulo: Schwarcz, 1990.

204 Todorov, T. (2003). *Hope and Memory* (versão em inglês por D. Bellos). Londres: Atlantic Book.

205 Snyder, T. (2010). *Bloodlands: Europe between Hitler and Stalin*. New York: Basic Books.

206 Bion, W. R. (1967b). *No entanto... pensando melhor* (versão brasileira de *Second Thoughts* por P. C. Sandler). São Paulo: Blucher, 2021. pp. 172-173.

5. Meritocracia técnica em psicanálise: o vértice psicanalítico

Nós, psicanalistas, não precisaríamos nos sentir desconfortáveis por usar o método interpretativo na prática de uma observação participante dos fenômenos que ocorrem durante o "aqui e agora" do *setting* psicanalítico.[207]

O método interpretativo tenta isolar qualidades, não quantidades. Estas últimas são parcialmente acessíveis por métodos estatísticos que descobrem taxas de erro. Outras disciplinas científicas se baseiam no método interpretativo.[208,209] Também são alvo de controvérsias destrutivas. Que surgem por uma questão real: interpretações, quando emitidas sem que se especifique claramente: (I) o vértice de observação; (II) descrições fenomênicas

---

207 Sandler, P. C. (2009c). *Dreaming, Transformations, Containment and Change* (vol. I de *A clinical application of Bion's concepts*). Oxford: Routledge, 2019. pp. 83, 145-149.

208 Merton, R. (1968). *Social Theory and Social Structure*. New York: The Free Press. p. 147.

209 Wertz, F. J.; Charmaz, D.; McMullen, L. M.; Josselson, R.; Anderson, R.; & McSpadden, E. (2011). *Five Ways of Doing Qualitative Analysis. Phenomenological Psychology, Grounded Theory, Discourse Analysis, Narrative Research, and Intuitive Inquiry*. New York: The Guilford Press.

precisas; (III) métodos de análise, desaguam no idealismo ingênuo. Constituem-se no exercício libertino de meras opiniões pessoais autoritárias: produtos do pouco saber, geradores inesgotáveis de preconceitos. No que se refere aos membros do movimento psicanalítico, decorrem de alguns fatores. Um deles: a falta de formação em psicanálise real.

Para obter essa formação, fazem-se necessárias pelo menos três ações acopladas entre si:

- submeter-se a uma psicanálise por necessidade ditada pelo enfrentamento das vicissitudes e sofrimentos, mas nunca por ordens nem conselhos advindos do corpo discente de cursos de graduação;
- exercer, ainda que muito parcialmente, uma autoanálise, a partir do que Freud denominou "elaboração";[210]
- é impossível levar a cabo as três ações com genuinidade sincera caso estejam dissociadas da vida real do candidato a psicanalista; Bion observa que "análise real é vida real" (ver Capítulo 3 – Transdisciplinaridade, notas de rodapé 123 e 124). Nunca se "é" psicanalista, mas há a possibilidade de se exercer psicanálise caso haja algum paciente disponível: é possível "estar sendo" um psicanalista, de modo temporário e parcial. Como temporária e parcial é a vida real.

No que se refere à ação (i), críticos violentamente destrutivos que também são ou foram acadêmicos de renome na meritocracia política de várias universidades famosas – não há escassez deles na academia – jamais se submeteram a uma psicanálise, exibindo esse fato com o mesmo orgulho de crianças que exibem medalhas de sucesso escolar. Atacam a obra de Freud por meio de uma série de crença racionalizadas – como toda crença. Uma delas, invariante

210 Freud, S. (1914c). Remembering, Repeating and Working Through. *SE*, vol. XII.

nesses trabalhos, é a de que Freud teria apenas executado uma prática ritualística iniciática; que seria produto de adições similares às das drogas psicoativas;[211] parecem ter se convencido de que poderiam substituir *formação* por *informação* obtida apenas por leituras de textos *sobre* psicanálise.[212,213,214]

Equivale à fantasia de que se poderia exercer algum esporte ou visitar uma localidade, ou cozinhar apenas lendo livros a respeito: confunde-se o *falar sobre* psicanálise com o *exercício* prático da psicanálise. Desconsideram o fato de que experiência em qualquer atividade prática que se considere é condição absolutamente necessária, mesmo que não suficiente por si só. Não é privilégio de membros do movimento psicanalítico, se considerarmos que nenhuma *tekné* ou ofício prático – medicina, engenharia, culinária, pintura, pescaria, pilotar aviões ou qualquer outro meio de transporte, ou algum de que o leitor se relembre por si – permite sequer acesso a uma porta de entrada, caso a pessoa não o experimente, que não tente exercê-lo "de próprio punho", para usar uma expressão idiomática vinculada a leituras. Menos ainda, que possa exercê-lo caso não tenha, além de o experimentado, *apreendido-o* minimamente, não apenas *aprendido* racionalmente. "O erudito sabe que um texto foi escrito por Freud ou Klein, mas fica cego para a coisa descrita".[215] A possibilidade de apreendermos fenô-

---

211 Eisenck, H. J. (1985). *Decline and Fall of the Freudian Empire* (prefácio de Sybil Eysenck). Londres: Routledge, 2014. pp. 25, 49.

212 Sulloway, P. (1978). *Freud, Biologist of the Mind: Beyond the psychoanalytic legend*. New York: Harper Collins, 1980.

213 Wilson, E. O. (1988). *Consilience: the unity of knowledge*. New York: Vintage Books (Random House).

214 Grunbaum, A. (1984). *The foundations of Psychoanalysis: A philosophical critique*. Berkeley: The University of California Press; Seattle: Kindle Edition.

215 Bion, W. R. (1975). O sonho. In *Uma memória do futuro* (Vol. I, P. C. Sandler, Trad. Prefácio de Frank Phillips). São Paulo: Martins Fontes. p. 9.

menos inclui necessariamente intuição sensível, definida por Kant;[216] talvez seja necessário, para apreensões da natureza humana e de suas vicissitudes o exercício de intuição ultra e infrassensorial.[217]

A segunda ação (ii) parece-me merecer menção obrigatória: não pode ser procurada apenas no meio externo; liga-se umbilicalmente à diferença entre meritocracia técnica e científica no movimento psicanalítico, e desde o início foi colocada como a teoria da técnica psicanalítica. Há muitos exemplos na obra de Freud; talvez os mais claros estejam nas recomendações sobre o exercício da técnica da psicanálise para médicos,[218] que não tinha nenhum aspecto autoritário nem partidarista, pois ilustrava uma colaboração mútua entre as duas áreas de atuação; e também nas recomendações para a prática de pessoas que não tivessem treinamento em medicina, em sua época, denominados leigos[219] – palavra hoje pouco usada. Depois de ter sido vista como pejorativa por muitos membros do movimento, e também por acadêmicos das áreas de psiquiatria e psicologia, entre outras, criando mais um ponto beligerante, especialmente sensível na meritocracia política que cuidava da formação em psicanálise, adentra no momento em proibições para seu uso, implícitas e explícitas. Tal diminuição do uso parece estar ligada às mudanças quantitativas na formação dos psicanalistas, em termos de sua graduação universitária anterior à formação. Essa é uma questão atual, que será discutida adiante e faz parte de um trabalho anterior organizado por Gley Pacheco Costa e o autor deste livro, a pedido do Comitê de Publicações

---

216 Kant, I. (1781). Crítica da razão pura. In *Os pensadores* (versão brasileira por V. Rohden). São Paulo: Abril Cultural, 1980.

217 Sandler, P. C. (2005d). Ultra-sensorial, infra-sensorial, ultra-humano, infra-humano, ultra-lógico, infra-lógico, infra-conceitual, infra-intelectual, infra-visual. In *A linguagem de Bion: um dicionário enciclopédico de conceitos*. São Paulo: Blucher, 2021. pp. 1163-1203.

218 Freud, S. (1912). Recommendations to Physicians Practising Psycho-Analysis. *SE*, vol. XI, pp. 109-120.

219 Freud, S. (1926). The Question of Lay Analysis. *SE*, vol. XX.

da International Psycho-Analytical Association.[220] Mudanças quantitativas no movimento psicanalítico tornaram maioria o que antes era minoria. Está refletida intensamente na composição das duas meritocracias; e atualmente, na orientação da meritocracia técnica quanto ao seu trabalho clínico.

Questões técnicas, alertadas por Freud, foram mais especificadas pelas gerações posteriores; podem ser vistas nas obras de Menninger,[221] Bion, Giovacchini[222] e Green.[223]

O grupo social circundante

Generalizações não científicas tomam a parte pelo todo. Uma pessoa tem uma experiência, por exemplo, em um bairro, cidade ou país diverso do seu e julga que essa experiência foi agradável ou desagradável. Usualmente, agradável e desagradável são sentidos sob juízos de valor, como bom e ruim, respectivamente. Generalizam essa experiência dizendo que o bairro, a cidade ou o país é bom ou ruim. Essa é uma das bases para a "psicologia das massas", em que vicejam preconceitos e pouco saber. Outros mecanismos promovem escolhas de líderes messiânicos.[224] No que se refere à prática em psicanálise,

---

220 Sandler, P. C., & Costa, G. P. (2018). *On Freud's "The Question of Lay Analysis.* Oxfordshire: Routledge.

221 Menninger, K. (1960). *Teoria de la* técnica *psicoanalitica* (versão em espanhol por M. Gonzalez). México: Editorial Pax-Mexico.

222 Giovacchini, P. (1972). *Tactics and Techniques in Psychoanalytic Therapy*. New York: Science House.

223 Green, A. (1995). *Propedeutique de la metapsychologie revisitée*. Seyssel: Champs Vallon. p. 70.

224 Freud, S. (1921). Psychology of Groups and Analysis of the Ego. *SE*, vol. XVIII, p. 79.

> *De modo geral, pode se dizer que o pano de fundo cultural em relação ao qual o trabalho analítico precisa ser feito dificilmente se constitui como um assunto no qual o analista, individualmente, poderia levar em consideração; mas a cultura pode levar o analista em consideração. Excepcionalmente – um caso notável foi o do próprio Freud – o trabalho psicanalítico afeta profundamente o panorama social. Portanto, uma questão importante para analistas é que a imagem pública de nosso trabalho não seja deturpada, ao ponto de produzir um clima de opinião que intensifique as já consideráveis dificuldades. Esta imagem será influenciada pelos pacientes; por seus analistas; e pelas sociedades e grupos formados por analistas.*[225]

Essa observação, publicada em 1965, foi desenvolvida, dez anos depois:

> BION: Você poderia dizer que ser um psicanalista é como usar um sortimento de roupas mentais – a pessoa poderia escolher qualquer personagem que gostasse de ser e vestir o uniforme apropriado. O problema é que a pessoa precisa ser um psicanalista, não simplesmente aprender um papel com o objetivo de encenar.
>
> ROSEMARY: Não sou de ficar encenando. Por isso mesmo, não vou te beijar.
>
> BION: Alguns beijos ficaram famosos. Um deles é chamado "beijo de Judas", por causa de um personagem notoriamente famoso. Beijos, como outras ações, falam mais alto que palavras.
>
> EU MESMO: A interpretação, de modo semelhante, depende tanto da qualidade como da quantidade, e o mesmo ocorre com as coisas

225 Bion, W. R. (1965). *Transformações* (versão brasileira por P. C. Sandler). São Paulo: Hirondel. p. 25.

interpretadas. "Sonoridade", expressando "quantidade", não é suficiente nem mesmo no domínio dos sentidos físicos e de outros fenômenos; tudo aquilo a que o termo "fenômeno" se aplica pertence, por definição, ao domínio dos sentidos. Nós, junto com os muitos que têm a intenção de existir ou dos quais há registro de que existiram e ainda existem, acreditamos que existe algo "mais" que pode ser chamado "ultra" ou "infra"sensorial. É esse algo mais, ou "algo +", que, supomos, torna-se significativo por meio do refinamento proporcionado pela psicanálise na prática.[226]

Um exemplo de consequências de um ato realizado pela meritocracia técnica no movimento psicanalítico

Vou me referir às contribuições feitas por Freud, Klein, Winnicott e Bion que exerceram apenas funções na meritocracia técnica.

Há uma profusão de pessoas que escreveram livros, dentro e fora do movimento psicanalítico, afirmando sem sombra de dúvida – uma das diferenças entre meritocracia técnica e a meritocracia política, pois a atitude científica é baseada na dúvida, que propulsiona investigação que possa se aproximar do que é verdade – que Freud teria sido uma pessoa que exerceu funções políticas no movimento psicanalítico.

Um exame histórico isento de preconceitos das fontes disponíveis – cartas, cujo estoque é profuso, no caso de Freud, e biografias –, ou seja, feito sob o vértice científico, mostra a falsidade dessa afirmação. Até o ponto que sabemos por várias fontes, mais[227] ou menos[228]

226 Bion, W. R. (1975). O sonho. In *Uma memória do futuro* (Vol. I, P. C. Sandler, Trad. Prefácio de Frank Phillips). São Paulo: Martins Fontes. p. 217.

227 Jones, E. (1955). *Sigmund Freud: Life and Work* (vol. II, Years of Maturity). Londres: The Hogarth Press and the Institute of Psycho-Analysis, 1956.

228 Grosskurth, P. (1991). *The Secret Ring: Freud's Inner Circle and the Politics of Psychoanalysis*. Massachusetts: Addison-Wesley.

isentas e, portanto, mais ou menos confiáveis sob o vértice histórico-científico, foi instado a ter a função presidencial do primeiro clube associativo de psicanalistas por vários de seus primeiros estudantes. Também foi instado a ter função ditatorial – moda, em sua época, e que retornou na atualidade. Em todas essas fontes, é possível perceber um cuidado que Sigmund Freud passou a ter, na maturidade, com situações políticas internas e externas ao movimento.

Nunca se elegeu "presidente" de nenhuma associação, nem de congressos ou eventos. A situação que se encontrou era única e peculiar: teve a função histórica de descobridor; muitos tentaram tratá-lo como se fosse um líder messiânico.

Sobre a qualificação "mais ou menos isento", considero que ninguém conseguirá ser totalmente isento, caso tenha conhecido a pessoa em questão. Parece-me que os que *não* conheceram estarão em situação ainda pior: o preço que pagarão pela isenção é o desconhecimento. Suponho haver um espectro imaginário de isenção. Haveria um polo nesse espectro que pode ser considerado o mais isento possível, mas é desconhecida a magnitude do outro polo, o de ser o menos isento, pois não há limites para a idealização, e menos ainda para a difamação por intenções destrutivas: os dois parecem-me não ter limites, como não há limites para situações alucinatórias e delirantes.

Retornando às contribuições da meritocracia técnica: nós, psicanalistas praticantes, temos um instrumento de trabalho primitivo. Para nos comunicarmos com nossos pacientes e colegas, usamos formulações verbais. Por parte dos pacientes, podem se comunicar conosco por formulações verbais e não verbais.

Formulações verbais são, em sua forma final, prevalentemente materializadas; podem ser inscritas em várias bases: pedra, papel etc. Sua origem é consciente e inconsciente, produto de longo aprendizado de linguagens. Formulações não verbais expressam-se por gestos, movimentos musculares e uma postura geral, prevalentemente inconsciente, e são produtos de longo aprendizado – genética e ambientalmente determinados.

Os dois casos merecem o qualificativo de serem instrumentos primitivos de trabalho; e, paradoxalmente, sofisticados por sua complexidade dada pela civilização, compondo um dos "mal-estares" descritos por Freud.

A complexidade intrínseca das formulações verbais e não verbais nos fornece um índice qualitativo da prevalência de imaterialização no ato analítico. Embora formulações verbais, em seu produto final, sejam materializadas, sua aquisição não o é. Caracteriza o que é denominado, no senso comum, de linguagem – etnicamente determinada.

Outros índices de sofisticação imaterial e transitória são dados por algo que Freud qualificou como transformações no primeiro capítulo de *A interpretação dos sonhos* – emergem sob a forma de associações livres e sob a forma de imagens visuais, partindo de experiências (estímulos) originadas enquanto a pessoa está acordada ou dormindo, envolvendo pesadamente a memória.

Associações livres são transformações do estímulo original, interno ao paciente – a realidade última do paciente, inatingível, incognoscível de modo último e inefável (não pode ser colocada sob forma de palavras). No entanto, associações livres, emanações do sistema inconsciente, permitem aproximações em graus variáveis a essa realidade última, sempre parciais, transitórias e, até certo ponto, evanescente sob o vértice do sistema consciente; que, por sua vez, sempre está sob a ação dos mecanismos de defesa do ego, o equivalente diurno dos mecanismos do trabalho onírico.

Tanto o trabalho onírico como as ações infiltradas de irrealidades psíquicas, manifestadas por ilusões, alucinações, alucinoses e delírios, ocorrem quando dormimos e quando estamos em estado de vigília.[229]

---

229 Freud, S. (1900). The Interpretation of Dreams. *SE*, vol. V, pp. 25, 79, 127, 264, 295.

A intuição analiticamente treinada[230] nos permite elucidações parciais de estruturas ditas edipianas, produzidas pelo aparato psíquico dos pacientes. Isso é feito de um modo correlacionado com o aparato psíquico de seus analistas, que exercem uma observação participante. Uso a definição de intuição dada por Kant: uma apreensão da realidade sem a interveniência do pensar racional; parto do princípio de que há, como descreveu Kant, intuições sensíveis e considero a hipótese de intuições não sensíveis, cuja ocorrência evidenciável clinicamente e na vida de cada pessoa tem uma tentativa de descrição em outros estudos.[231,232]

Nossos instrumentos de trabalho também incluem interpretações ou, se usarmos a nomenclatura final proposta por Freud, construções[233] conjugadas (relacionadas) às recepções e às apreensões de nosso aparato psíquico. São efetuadas no exato momento em que atendemos o paciente que nos procurou. Parece-me altamente adequado que os psicanalistas respeitem, em sua experiência clínica, a analogia feita por Freud a respeito da postura de um psicanalista, idêntica à postura decisiva de um cirurgião.[234]

Quais seriam esses fenômenos?

Tanto na história da psicanálise como na história pessoal daqueles que procuram o auxílio de um psicanalista, parece-me necessário incluir no eventual rol desses fenômenos, pelo menos uma quantidade mínima de descrições das vicissitudes e dos sofrimentos na realidade material e psíquica da natureza humana.

---

230 Bion, W. R. (1965). *Transformações* (versão brasileira por P. C. Sandler). São Paulo: Hirondel. p. 35.

231 Sandler, P. C. (2000). Intuições não sensíveis. In *As origens da psicanálise na obra de Kant.* Rio de Janeiro: Imago. pp. 140-141.

232 Sandler, P. C. (2018). Wirkliche Psychoanalyse ist wirkliches Leben. *Jahrb. Psychoanal.*, *76*: 181-220.

233 Freud, S. (1937b). Constructions in Analysis. *SE*, vol. XXIII.

234 Freud, S. (1912). Recommendations to Physicians Practicing Psycho-analysis. *SE*, vol. XII, p. 118.

Esse é um modo generalizador de compreender os vários fenômenos com os quais Freud e todos os analistas que buscaram utilizar o método psicanalítico tentaram e ainda tentam lidar: sentimentos, afetos, emoções e experiências emocionais, e relacionamentos com outras pessoas, eventos (relacionamentos sociais) e coisas.

Dados históricos são, em grande parte, desconhecidos, inter-relacionando-se de modo complexo. Parte da complexidade é que a maior parte desses dados pertence ao sistema inconsciente do aparato psíquico do historiador. Tanto para quem os vive diretamente, como para os que viverão suas consequências, que podem demorar séculos para se desenvolver ou degenerar. Todas as vezes em que se modificam necessidades básicas para sobrevivência, expressas por mudanças genéticas, depois selecionadas naturalmente, então aparecem mudanças na raça humana; ou *Homo*. Foi isso que ocorreu para o surgimento do *Homo sapiens*, substituindo o *Homo erectus*, e vários outros. Da mesma maneira, é inconsciente a realidade última dos dados materiais – da realidade material, como a chamava Kant – e imateriais, cujas formulações são pertinentes aos estudos de movimento, sob um rótulo geral: energia. São estudados, atualmente, pela físico-química e pela psicanálise, sob algumas formulações verbais, respectivamente, dados quânticos; relativísticos (até agora, não unificados em apenas uma teoria) e dados psíquicos.

Propus anteriormente que pudéssemos considerar que o sistema inconsciente do aparato psíquico, um dos três sistemas de uma teoria proposta por Freud, equivale ao espaço-tempo numênico dos antigos gregos, "habitado" pelas formas ideais, definidas por Platão.[235] Apresentações – e não apenas representações – no âmbito dos fenômenos são feitas por meio do sistema consciente, o nosso órgão sensorial para a apreensão de qualidades psíquicas.[236] Requerem interpretação do próprio indivíduo para ele mesmo.

---

235 Platão (c. 350 a.C.). Parmenides. In *The Great Books of Western World*. Chicago: Encyclopaedia Britannica, 1994. pp. 131-132.

236 Freud, S. (1900). The Interpretation of Dreams. *SE*, vol. VI, p. 610.

Parece-me oportuno relembrar a hipótese de Freud sobre o aparato psíquico. O sistema inconsciente forma com outros dois sistemas – sistema pré-consciente e sistema consciente – o quadro de descritores parciais do funcionamento do aparato psíquico na teoria proposta por Freud ao longo de trinta anos de investigação em psicanálise.

Para os que aceitam, por terem experiência em psicanálise, a veracidade contida na hipótese de Freud de que o sistema consciente tem a função de órgão sensorial para a apreensão das qualidades psíquicas, originalmente inconscientes, torna-se possível executar o trabalho psicanalítico a partir da análise de sonhos e atos falhos e do exame detido e microscópico das formulações verbais e não verbais, enfocando suas funções individuais, conforme emergem em sessões de psicanálise. Permitem desfazer o trabalho onírico (leitores familiarizados com a obra de Freud e de alguns continuadores, como Klein, Winnicott, Fairbairn, Bion e Green, conhecem esse modo, descrito em *A interpretação dos sonhos* e nos casos clínicos), discriminando-o de ações e transformações alucinatórias e delirantes.

Há um precoce esquecimento, por parte importante dos membros do movimento psicanalítico, de que os três sistemas são parte dessa teoria proposta por Freud; que, por sua vez, inclui os dois princípios do funcionamento psíquico – do prazer-desprazer e da realidade; as três instâncias – id, ego e superego; e, para os que não são idólatras nem beligerantes, o movimento em tandem entre as duas posições que o aparato psíquico pode ocupar, iluminadas por Melanie Klein.

A teoria dos instintos é um dos "habitantes" da realidade material e psíquica do sistema inconsciente, assim como as estruturas psíquicas edipianas e as relações de objeto.

Uma das aquisições do desenvolvimento da prática clínica em psicanálise foi a descoberta da possibilidade de descrevermos o objeto de estudo de uma psicanálise no aqui e agora de uma sessão, do *objeto psicanalítico* e dos *elementos básicos em uma psicanálise.*

É a herança de duas aquisições feitas na Grécia Antiga, sendo parte fundamental na tentativa de expansão da obra de Freud por Bion, integrando-a à obra de Melanie Klein. Está descrita em dois livros: *Aprender da experiência* e *Elementos de psicanálise*.

Teorias são, em si, prevalentemente imateriais. Demandam intuição e experiência para uma apreensão mínima das contrapartes na realidade (materializável e imaterial) à qual se referem e tentam indicar – no caso da psicanálise, por formulações verbais. Teoria, etimologicamente, tem o significado de espelhar. Teorias em psicanálise tentam espelhar e apresentar fatos imaterializados da natureza humana, que se expressam por comportamentos cujo produto é materializável no ambiente fenomênico. Podem ser captáveis por intuição.

Sumarizando: a materialização de teorias se dá pelas palavras, ou formulações verbais. Há outras formulações, mais ou menos verbais, que têm sido consideradas como científicas – por exemplo, formulações matemáticas.

Pode-se recordar que há muitos ofícios em que os praticantes também tentam lidar com os mesmos fenômenos da natureza humana e de suas vicissitudes que os psicanalistas. Por exemplo: historiadores, jornalistas, médicos, antropólogos, paleontólogos, sociólogos, psicólogos, artistas e, especialmente, os literatos. Contudo, a semelhança não poderia, sob o vértice científico, empanar ou ignorar o fato de que também há diferenças fundamentais.

Uma delas é que psicanalistas percebam sua condição de herdeiros da tradição médica na mesma proporção que percebem que seu alcance – como foi o alcance da medicina – tem potência limitada, pelo menos de modo direto. Lidam com esses fenômenos conforme ocorrem em *indivíduos em particular*.

Aplicações da medicina em estatística, como ocorre em medicina social, epidemiologia e estudos de avaliação de resultado em tratamentos, poderiam prescindir do fato de que epidemiologistas e pesquisadores sejam clínicos? Existe a tendência, ditada por questões em que não poderei me alongar, de se considerar que sim. No entanto, enfatizo a percepção do fato de que não há, por exemplo, ginecologia, ou dermatologia, ou cirurgia de grupo, no que tange à observação da existência de doenças, ou de tentativas terapêuticas. Uma analogia pode ser dada com o estudo de impressões digitais: únicas, irreprodutíveis, a ponto de servirem, por quase dois séculos, como identificação pessoal. Foram ultrapassadas pela notável capacidade humana de falsificar, evadir e fabricar mentiras.

Psicanalistas fazem não apenas histórias de ideias individuais – Bion as denominou "mitos privados"[237] –, que podem ser transformações de mitos da espécie, além de outras alternativas a serem verificadas empiricamente em estudos de casos. Vamos além do historiador e do mitologista em nossa tentativa de auxiliar indivíduos com alternativas para lidar com essas ideias, que frequentemente contêm elementos falsos. Em termos técnicos: fazem parte do estudo das "fantasias inconscientes", descobertas por Freud em torno de 1900, que são aproximações psíquicas aos instintos, ativas desde a infância. Seu estudo mais profundo foi feito por Melanie Klein, Joan Riviere e Susan Isaacs.[238]

Pela expansão exponencial das informações disponíveis, houve uma especialização na história das ideias similar à ocorrida na medicina e em outras atividades científicas. Nessa especialização, a história das ideias sofreu várias clivagens, tornando-se correspondente às várias disciplinas científicas: matemática, física, religião, filosofia, psicologia, filologia, antropologia, sociologia, psicanálise, linguística etc. Estou

---

237 Bion, W. R. (1963). *Elementos de psicanálise* (versão brasileira por E. H. Sandler e P. C. Sandler). São Paulo: Hirondel. p. 25.

238 Isaacs, S. (1946). The Nature and Function of Phantasy. In *Developments in Psycho-Analysis*. (M. Klein, P. Heimann, S. Isaacs, J. Riviere, Eds.). Londres: The Hogarth Press; The Institute of Psycho-Analysis, 1952.

respeitando o que me parece ser uma ordem histórica, no tempo; o elenco não coloca prioridades nem superioridades de nenhuma disciplina.

Minha investigação, tanto em psicanálise como em história das ideias (ou do conhecimento) mostra a necessidade de incluirmos não apenas evoluções, mas involuções ou degenerações do conhecimento.

Os termos construtivo e destrutivo são aqui usados de modo que pretende estar isento de juízos de valor. Preferiria não usar o termo "ideias", pela penumbra de significados que encerra. Não encontro nenhum outro termo que poderia substituí-lo. Em *Elementos de psicanálise*, Bion faz um uso que pode ser considerado breve dos termos *ideia* e *razão*, evita definir o primeiro, mas apenas coloca uma eventual função: seria o título para todo o instrumento "Grade", a proposição central do livro.

Parece-me que o termo "ideia" se tornou um lugar-comum banalizado. Os prováveis significados tornaram-se individuais, tomados como se fossem dados indiscutíveis. Sua correspondência na realidade é muito variável: quando há uma apreensão realística ou uma hipótese científica a ser testada, e seu negativo, uma falta de apreensão, ou uma alucinação, ou delírio, ou algo arriscado – em todos esses casos, aplicamos a qualificação "ideia". Muitas vezes, a compreensão do termo ideia é vista como autoevidente; tornou-se de uso consagrado pela tradição entre os cientistas e pela população geral. Esse fato recomenda que não seja substituído, mesmo que alguém encontre algum termo que possa ser considerado "melhor" sob algum ponto de vista – por exemplo, gramatical.

Suponho que a obra que contém a primeira investigação em história das ideias na civilização ocidental possa ter sido elaborada por Giambattista Vico nos anos 1600. Sem dispor de método melhor, usou a filologia: um dos métodos mais antigos utilizado pelos que estudam o desenvolvimento da própria ciência e dos métodos usados para que se possa afirmar que determinada disciplina possa ser qualificada como ciência. Acho útil englobar esses investigadores sob o rótulo de teóricos da ciência. Muitas pessoas com formação em filosofia preferem chamá-los de epistemólogos. Suponho que, em uma análise histórica retrospectiva, Vico pode ser colocado como um dos primeiros *teóricos da ciência* na civilização ocidental na época pós-inquisicional, resgatando e continuando o trabalho de Platão e Aristóteles.

Teoria da ciência pode ser definida como uma elaboração verbal sumária para a descrição de pensamentos, comentários, reflexões, desenvolvimentos, implicações e aplicações da ciência. Ciência é sinônimo de conhecimento. Caso essa definição do termo possa ser aceita, *teoria da ciência* (teoria = espelho) poderia ser considerada uma disciplina cujo início, em termos de sistematização teórica, pode ser atribuído aos antigos gregos. De modo especial, com o trabalho daqueles que os historiadores da filosofia qualificam como "pré-socráticos", enfatizando o desenvolvimento obtido pela obra de Sócrates, conforme divulgada por Platão e aperfeiçoada por Aristóteles.

Firmou-se uma tradição que pode ser comprovada por relatos históricos: aperfeiçoamentos ou evoluções construtivas incitam, ou evocam, ou provocam reações na sociedade circundante que, mais cedo ou mais tarde, expressam-se por rompimentos destrutivos, muitas vezes feito por cooptação por parte da organização social circundante ao grupo de cientistas ou artistas. Esse movimento de vai-e-vem – a meu ver similar (e talvez originado do) ao movimento entre as posições do aparato psíquico, formuladas por Melanie Klein (posições esquizoparanoide e depressiva) – apareceu muito antes da civilização grega na antiguidade: foram registradas por mitos da tradição judaico-cristã, como os da expulsão do Jardim do Éden e da Torre de Babel.

Muitas gerações entre os anos 700 e 1800, especialmente Muhammad ibn Mūsā al-Khwārizmī, Moses Maimônides, Giambattista Vico, Baruch Espinoza, Francis Bacon, Jean d'Alembert, Denis

Diderot, Immanuel Kant, J. W. von Goethe e Charles Darwin, fizeram "retornar" o interesse por teoria da ciência.

Al-Khwārizmī, matemático persa que viveu nos anos 900, descobriu a possibilidade de desenvolver os métodos matemáticos descobertos na Grécia: sequência de regras que permitiram o cálculo, ou a descoberta, de novos números para vários usos na vida real. Um exemplo de uma dessas sequências – hoje chamada algoritmo – é o "máximo divisor comum": o maior número que pode ser usado para dividir dois ou mais outros números sem deixar restos fracionários. Al-Khwārizmī latinizou seu nome para Agaritmi e desenvolveu a geometria e a matemática euclidianas de modo notável, livrando-as das amarras sensoriais; descobriu a "álgebra", que permitiu cálculos sequenciais onde antes havia figuras desenhadas em papel. Os nomes "álgebra" e também "algarismo" e "algoritmo" foram dados por outras gerações de matemáticos em sua homenagem. Algoritmos, ou passos sequenciais e consequenciais, formaram a base para a descoberta da teoria computacional dois milênios depois – e fazem parte da linguagem coloquial na atualidade.[239]

Talvez não incida em erro ao afirmar que Immanuel Kant foi um dos inauguradores do Século das Luzes, propondo o estudo crítico dos métodos utilizados pela ciência para se aproximar de verdade, denominando-o "criticismo". Como ocorre no direito, onde os sistemas jurídicos promulgam leis para fatos sociais que podem ter ocorrido séculos antes das promulgações, tentando acompanhar o movimento das massas, a filologia nos ensina que fatos ocorrem primeiro e a nomenclatura para descrevê-los aparece depois. Nesse sentido, segue o que denomino necessidade empírica que forma uma ciência: não é a ideia de alguém, de uma "mente brilhante" que inventa alguma coisa pela primeira vez, mas é um fato até então desconhecido que ocorre antes de poder ter sido nomeado.

---

239 Sandler, P. C. (1997g). Algoritmos. In *A apreensão da realidade psíquica*. Vol. 1. Rio de Janeiro: Imago. p. 211.

A elaboração de nomenclaturas surge quando há *noções* e *concepções*, na tentativa de delimitar o conhecer e as áreas ou disciplinas que permitem o conhecer. Algumas concepções alcançam *status* de conceitos, claramente limitantes ou definitórios.

Em ciência, noções, concepções, conceitos e teorias são descrições – verbais ou não – advindos de observação de fatos como eles são, como escreveram Bacon e Kant, em *Novum Organon* e *Crítica da razão pura*. São desenvolvidos por observadores que fazem parte do fato observado, interferindo nele.

Pelo menos seis ciências desenvolveram modos disciplinados de qualificação, por isso o nome "disciplina científica". Um "máximo divisor comum", uma equação pitagórica, um algoritmo, são métodos matemáticos disciplinados, bem como uma análise da química estequiométrica. Em pelo menos quatro disciplinas científicas é possível obter uma quantificação dessas interferências do observador no fenômeno observado: física (ou melhor, físico-química), biologia, medicina e antropologia (incluindo sociologia e economia); a filologia, em transdisciplinaridade com arqueologia, antropologia, linguística e etologia, também obteve métodos de quantificação.

Em contraste, a psicanálise lida com complexidades ainda maiores, por tratar de organismos vivos enquanto estão vivos. Até agora, não obteve métodos de quantificação à altura da complexidade envolvida em si mesma, totalmente desconhecida, a não ser no reconhecimento de que existe. Estudos inspirados em hipóteses advindas das práticas psicanalítica e psiquiátrica oferecem mensurações toscas, por analisar variáveis infinitesimalmente limitadas[240,241] ou excessivamente gerais – por exemplo, "personalidade autoritária". Tendem

240 Sandler, P. C. (1978). Esquizofrenia e ordem de nascimento. *Arq. Neuro-Psiq.*, *36*: 46-66.

241 Sandler, P. C., & Sandler, E. H. (1974). Composição familiar e doença mental. *Rev. Med.*, *6*: 59-81.

ao infinito quando se tenta defini-los, em suas penumbras de significados. Os métodos neuropsicológicos baseiam-se em inventários de sintomas, eliminando o contato direto com os pacientes ou probandos. Nós, psicanalistas, como ocorre com outras ciências, ainda nos encontramos na mais tateante infância: temos apenas métodos qualitativos e instrumentos qualitativos – formulações verbais.[242]

242 Sandler, P. C. (no prelo). *Instrumentos de um psicanalista*. Vol. II. São Paulo: Blucher.

6. Meritocracia

Mérito, meritocracia, tecnocracia e cleptocracia

Os quatro termos misturam a língua latina com a grega e ainda se constituem como neologismos. Ganharam o *status* de noções e concepções, talvez pelo fato de que já existia, antes de sua cunhagem, a correspondência na realidade material e psíquica, individual e social, indicada por essas palavras. São "pensamentos sem pensador" esperando que alguém os pensasse. E, pensando-os, contribuiu para uma aproximação ou conhecimento de alguns fatos que passarei a descrever. O nome de quem os pensou, ou parece ter sido o primeiro a pensá-los, aparece nessa descrição.

Mérito pode ser visto como expressão de gratidão ou reconhecimento individual ou social. Se for individual, da pessoa para com ela mesma, pode ser caracterizado como respeito por si mesmo e estará sob a égide de um dinamismo equilibrado e, portanto, harmônico, ainda que paradoxal na homeostase entre os instintos de vida e de morte, sem prevalência de nenhum. A manifestação no ambiente dos fenômenos, captáveis pelos órgãos sensoriais, e utilizando uma terminologia coerente com o sistema consciente aparecerá como orgulho.

Uma segunda situação, também individual, da pessoa para com ela mesma, pode ser caracterizada como arrogância, quando o indivíduo se arroga à condição de superioridade em relação a outros e a si mesmo. Originada de avidez, pode ser caracterizada como carência de respeito por si mesmo, ainda que disfarçado, assumindo as vestes aparentes de respeito por si mesmo. Estará sob a égide de um dinamismo desarmônico, introdutor de desequilíbrios na estrutura da personalidade pela prevalência dos instintos de morte às expensas dos instintos de vida. A manifestação no ambiente dos fenômenos, captáveis pelos órgãos sensoriais, e utilizando uma terminologia coerente com o sistema consciente, também aparecerá como se fosse orgulho. Em outras palavras: aparências enganam, e a discriminação das duas situações pode – e precisa – ser feita por meio de uma análise mais ampla, duradoura e profunda; não conheço outro método para fazê-la que não o psicanalítico. A discriminação entre orgulho e orgulho transformado em arrogância foi feita por Bion;[243] sobre ela, proponho a expansão descrita, no sentido de conferir-lhe maior precisão, promovendo uma alternativa a juízos morais – facilitados quando usamos o termo arrogância em uma terminologia da psicologia do sistema consciente, aparece como se fosse orgulho quando estiver sob a égide dos instintos de vida.

Mérito, na maior parte das vezes – segundo minha experiência –, pode ser conferido também externamente, pelo sistema social. Pode ser generalizado, de toda uma etnia; pode também ser conferido por um determinado estamento, ou ofício, ou profissão, para indivíduos que doam ao grupo social algo originado por uma "estrutura" de personalidade com vários "alicerces" inter-relacionados, semeados sobre

243 Bion, W. R. (1957). Arrogância. In *No entanto... pensando melhor* (versão brasileira de *Second Thoughts* por P. C. Sandler). São Paulo: Blucher, 2021. p. 123.

qualquer uma das duas alternativas internas aqui relacionadas. A metáfora sobre alicerces ou bases pode ser descrita a partir de formulações verbais correspondentes a comportamentos no ambiente dos fenômenos e traços de personalidade, determinando as várias realidades materiais e psíquicas desses indivíduos:

- experiência;
- talento;
- dedicação (ou doação pessoal) genuína a determinado trabalho (usualmente denominada esforço);
- habilidade física, ética ou de investigação artística ou científica;
- educação que esteja em acordos de compromisso com regras sociais determinadas pelo ambiente. De modo resumido: uma educação que seja submetida a códigos morais, que podem ou não se equacionar com princípios (ou valores) éticos civilizados. Se não estiverem equacionados, a pessoa se classificará como domesticada, a partir do que Freud denominou processos secundários. Se estiverem equacionados, a pessoa será classificada como civilizada, por processos superegoicos,[244,245] em parte inconscientes, por introjeção dos valores sociais. Corresponde ao imperativo categórico observado por Kant e, na tradição judaico-cristã, à lei mosaica.

Acoplar habilidades e talentos pessoais, naturais ou adquiridos, às funções de mando ou chefia – hoje chamadas de gestão e liderança – é algo conhecido pelo menos desde a Dinastia Han, na China, de 550 a.C.: foi pregado por Confúcio. Nas civilizações indo-europeias, na Mesopotâmia e na Grécia homérica, implicava finalidades militares.

Em 380 a.C., Platão estendeu o uso do que hoje chamamos mérito e meritocracia para outras atividades, somadas às militares. A transformação do Império Romano no ramo apostólico da Igreja Católica

---

244 Freud, S. (1923). The Ego and the Id. *SE*, vol. XIX.
245 Freud, S. (1938a). An Outline of Psycho-Analysis. *SE*, vol. XXIII.

Romana resultou em estagnação e degeneração de tendências meritocráticas. Em concubinato servil com a aristocracia, tornou-se mais uma entre as várias "escolásticas" autoritárias.

Entre os anos 100 e 1400, ocorreram algumas meritocracias sob as formas de matemática e medicina. Sobreviveram apenas pelas ações dos impérios sarraceno e persa, concentrando-se na região que hoje se chama Damasco e Iraque e na civilização Andaluz. Tiveram paradoxal impulso, aparentemente inesperado e indesejado pelo *establishment* escolástico-dogmático, na proibição de posse de terras para algumas etnias – por exemplo, as dos hebreus, persas e árabes.

Depois de 1500, o reconhecimento individual e social por "mérito" passou a ser resgatado do que pode ser visto como o sequestro da apreensão da realidade promovido pela tendência dogmática, sofrido em boa parte da Europa depois da queda do Império Romano. O resgate foi feito, de modo inesperado e paradoxal, em função da Reforma Protestante, que impôs uma ética específica, retornando à lei mosaica. Com isso, possibilitou-se a redescoberta dos métodos científicos, impulsionando as atividades do que proponho classificar como meritocracia técnica em muitos níveis de pesquisa e de modos de comportamento social. Foi reimplantado o desenvolvimento nutritivo e seu inverso de muitas práticas disciplinadas em matemática, medicina, engenharia e economia política, desaguando no Iluminismo, na Revolução Industrial e na formação do *ethos* do capitalismo.[246] Foi uma opção que livrou parte da humanidade do dogmatismo que escravizava o ato de pensar entre os europeus, feita de modo paradoxal e inesperado – ou seja, desconhecido. Não foi um plano racional nem intencional – pessoalmente, Lutero retornou rapidamente à violência dogmático-ditatorial. Se usarmos a teoria do aparato psíquico

246 Weber, M. (1905). *A ética protestante e o espírito do capitalismo* (versão brasileira por M. I. Szmrecsányi e T. J. M. K. Szmerecsányi). São Paulo: Livraria Pioneira, 1967.

proposta por Freud, ocorreu no sistema pré-consciente de alguns indivíduos, como Espinoza, Bacon, Kant, von Herder e outros, e pequenos grupos que, mais cedo ou tarde, foram se formando.

A dinâmica grupal permitia a reintrodução do princípio da realidade; e, nos termos que estou delimitando, a reintrodução das tentativas do conhecimento científico, em que agora havia a possibilidade do erro.

O espaço-tempo no qual essa ampliação ocorreu concentrou-se em partes do que hoje chamamos de Alemanha – o protesto de Lutero contra indulgências. Indulgências ao quê? Ao princípio do prazer-desprazer, ao ódio à realidade. E, logo depois, de modo simultâneo, na Inglaterra e na França, atingindo a época napoleônica. Ficou sendo chamada, em generalizações imprecisas, beirando a falsidade, por historiadores e filósofos, de Renascença, Século das Luzes ou Iluminismo e prolongou-se no que hoje reconhecemos como movimento romântico. Seria possível dizer que o "Século das Luzes" durou apenas um século no calendário gregoriano? Ou ainda segue existindo, perdurando, no mesmo calendário, por quase quatro séculos? O que é calendário gregoriano? Ou juliano? Invenções comerciais e financeiras de um *establishment* ou uma meritocracia política?

Reconhecimentos por "mérito" conheceram um apogeu na Inglaterra vitoriana, durante as administrações de William Ewart Gladstone e Benjamin Disraeli. Foi rapidamente implantada nos Estados Unidos e em outros países europeus e imitada em países latino-americanos e na Rússia tzarista e bolchevique. Está na origem e no avanço do desenvolvimento sociopolítico e industrial.

Tecnocracia

O reconhecimento por mérito foi encampado pelas universidades modernas. Durante a chamada Revolução Industrial, depois de séculos de esquecimento, o termo *tekné* foi revivido. Em 1920, o que proponho denominar meritocracia técnica recebeu seu primeiro nome: tecnocracia,[247] cunhado por William Henry Smyth, engenheiro, empresário, escritor e inventor nascido na Califórnia. Seu interesse – a meu ver nada modesto – foi a "reconstrução dos instintos humanos".

Tentou fazer uma "uma análise dos nossos impulsos e uma sugestão para seu direcionamento"; devotou, proporcionalmente, trabalho para desenvolver máquinas a vapor e para compreender "o parasitismo e a personalidade". Correlacionou a "grande crise mundial com a emergência da autoconsciência social" no pós-Primeira Guerra Mundial, propondo a criação de um "Conselho Nacional de Cientistas". Foi prontamente aceito por Albert Einstein, entre outros.

Confundiu-se com o movimento "futurista" dos artistas liderado por um poeta que obtinha meios para sua sobrevivência fazendo jornalismo, Filippo Marinetti Gabriele D'Annunzio. Movimento criticado acerbamente por outros artistas, como Friedrich Dürrenmatt, após 1945, que o viam responsável pela ascensão do fascismo, liderado por Benito Mussolini, e do nazismo, liderado por Adolf Hitler. Hannah Arendt e Michael Young evitaram intencionalmente o uso do termo tecnocracia.

Meritocracia

Como tecnocracia, trata-se de um neologismo, aparentemente introduzido como gíria, provavelmente militar,[248] durante a Segunda Guerra Mundial. Nos anos 1950, tornou-se lugar-comum na linguagem entre acadêmicos e universitários.[249]

247 Smyth, W. H. (1920). *Technocracy*. Berkeley: Gazette.

248 Sandler, J. (1974). Comunicação pessoal ao autor.

249 Grotstein, J. (1984). Comunicação pessoal ao autor.

Até o ponto que chegou minha investigação, a palavra foi publicada pela primeira vez em 1954, em um artigo pedagógico de natureza transdisciplinar por Hannah Arendt, a libertária refugiada alemã no ambiente universitário dos Estados Unidos. Seu estudo correlacionou meritocracia com taxas de natalidade, até então de interesse para médicos ginecologistas e epidemiologistas. Arendt, fortemente influenciada pela sociologia política aplicada à pedagogia, tinha um objetivo: obter um termo que pudesse representar "a essência da educação".[250]

Nós, psicanalistas, e alguns sociólogos e pedagogos não estranharíamos a correlação de meritocracia com taxas de natalidade.

Natalidade e educação constituem-se como manifestações sociais de um equilíbrio dinâmico, harmonizando instintos de vida com instintos de morte, em um sentido vetorial dotado de objetivo intrínseco: busca por uma homeostase entre as duas direções paradoxais dos instintos que caracterizam a natureza humana. Dispende-se a menor quantia de energia material e psíquica para tanto, estando de acordo com o princípio de Fechner.[251]

Oito anos depois, em 1958, o termo meritocracia parece ter atravessado o oceano Atlântico sob a forma de um alerta bem-humorado, resvalando várias vezes para a ironia daquilo que ocorria no Reino Unido, mas que parecia estar despercebido socialmente. O alerta foi redigido como uma genuína memória do futuro. Talvez por coincidência, talvez como expressão de um desenvolvimento social mútuo observado por duas pessoas, Wilfred Bion e Michael Young, sob vértices diversos – o primeiro, pela psicanálise aplicada à dinâmica de grupos, e o segundo, por ativismo político nutrido por sociologia –, perceberam, a meu ver, que provavelmente "era o Futuro moldando

250 Arendt, H. (1954). Crisis in Education. In *Entre o passado e o futuro* (versão brasileira por Mauro Barbosa). São Paulo: Perspectiva.

251 Freud, S. (1920). Beyond the Pleasure Principle. *SE*, vol. XX.

sua sombra antes; às vezes o Futuro fica disfarçado de Passado, moldando sua memória adiante".[252] Não pude saber se Bion conheceu a obra de Young; não encontrei nenhum exemplar em sua biblioteca particular, em 2004. Francesca Bion conhecia o ativismo político dessa pessoa e a autoria da obra e tinha quase certeza de que nunca fez parte do acervo de mais de mil livros.

No mesmo ano, sem que um conhecesse o outro, Bion escreve sua primeira cogitação, denominada "uma memória do futuro" – publicada postumamente por sua esposa em *War Memoirs*[253] (*Memórias de guerra*), enquanto Young terminaria de redigir um texto ficcional, *O ascenso da meritocracia*, sob forma imitativa à de uma tese de doutorado. O cenário "ocorria" no ano de 2034. Bion tinha 61 anos, tendo mais experiência de vida, parcimônia e recato social que Young, cuja combatividade política despontava aos 43 anos. A obra enfrentou percalços editoriais e do público leitor durante vários anos. O primeiro editor que procurou sequer percebeu que era uma imitação. Respondeu por carta, secamente: "não publicamos teses". Outro considerou-a como se fosse um manifesto comunista, que persistia assombrando o que ainda se chamava de burguesia capitalista.

Young mantinha a opinião de "o século XX tinha espaço"[254] para entender o neologismo e o conteúdo de seu livro:

> *Poderosos e privilegiados estavam mais prontos do que nunca para acreditar que a sociedade moderna [. . .] é regrada não pelo povo, mas pelos mais espertos; não mais pela aristocracia herdada; não mais pela*

---

252 Bion, W. R. (1979). A aurora do esquecimento. In *Uma memória do futuro*. Vol. III (versão brasileira por Paulo Cesar Sandler. Revisão de Ester Hadassa Sandler). Rio de Janeiro: Imago. p. 37.

253 Bion, W. R. (1916-1919). *War Memoirs* (editado por F. Bion). Londres: Routledge, 1997.

254 Young, M. (1958). *The Rise of Meritocracy*. New Brunswick: Transaction, 2008. p. xii.

> *plutocracia locupletada de dinheiro, mas pela verdadeira meritocracia do talento.*

Young notou, de imediato, na experiência aparentemente frustrada com editores, uma confusão entre os termos meritocracia e aristocracia; sentiu que essa confusão era "particularmente favorável", já que

> *alguns aristocratas gostam de fazer congratulações mútuas por serem aristocratas; prazer maior quando aristocratas conseguem poder e privilégios por mérito. Aristocracia deu errado porque a maior parte dos integrantes obteve poder simplesmente por herança; estavam claramente inabilitados para exercer o poder.*[255]

A partir da página 150 de sua obra, há uma ilustração mítica sobre uma provável origem do que Young pensou ser a única ou a maior "causa" do fracasso dos aristocratas em seu hábito de escolha de quem poderia deter méritos. Pode ser colocada por meio de um empréstimo da terminologia usada em genética: endogamia. Young não usa esse termo, que me parece adequado para resumir o que ele pensou ser a "causa". Tal origem pode ser encontrada nos escritos de Francis Galton sobre hereditariedade. Tipifica o *Zeitgeist* no qual Galton e Young viveram.

Galton foi uma pessoa que agiu como sua família: revoltou-se contra a aristocracia – *não* por convicções ideológicas ditas "de esquerda", mas por motivos pessoais e, como tentarei demonstrar, personalistas. Ele mantinha um desejo absoluto de fazer parte da classe aristocrática. Nesse sentido, aproxima-se da "tese" de Young feita setenta anos depois. Considero válido o aviso expresso pelo ditado popular de que "quem desdenha quer comprar", a respeito de situações

---

255 Young, M. (1958). *The Rise of Meritocracy*. New Brusnwick: Transaction, 2008. p. xii, nota de rodapé 7.

psíquicas de avidez, rivalidade e inveja.[256] Um exemplo social que incrementa os efeitos dessa situação psíquica individual na mesma proporção da massa que assim age é o aproveitamento oportunista feito por meritocracias políticas demagógicas, usufruindo de uma característica (ainda) "demasiadamente humana", promovendo ações de uma parcela expressiva da massa – constituída de pessoas que podem ser localizadas dentro de um espectro. Em um polo, por aqueles indivíduos que são diagnosticados por psiquiatras, juristas e sociólogos como revoltados psicopatas ou sociopatas. No outro polo, pessoas que são vistas, por elas mesmas e pela sociedade circundante, como rebeldes idealistas, adeptos fáceis e impensados, na adolescência, de movimentos políticos apresentados como se fossem revolucionários, de todos os matizes.

Há uma invariância nos dois: o ardente desejo, mais ou menos consciente, de derrubar os que acham que são "os poderosos". Para, ato seguinte, ocupar os cargos ou as funções, ou sentir, caso sejam bem-sucedidos em suas ações, que já as ocupam; ou ocuparam, caso seja um texto de memórias. Podem cercar-se do escudo de racionalizações; ou não, no caso dos psicopatas.

Tanto no caso do grupo formado por aristocratas violentos como no caso do grupo formado pela massa revoltada, há o exercício de crueldade, por fantasias de superioridade: paranoia e paúra, ou temor aterrorizado, são pares complementares: duas faces da mesma moeda, cuja essência é a violência das emoções. Os dois grupos sentem-se justificados, e sempre vão tecer racionalizações explicativas, dizendo que suas ações pertenceriam à normalidade, ou seriam naturais, como reação jurídica; ou necessárias, por sobrevivência.

Michael Young acrescenta um fator educacional movendo sua escrita – além do fator ideológico suspeitado pelos primeiros editores de sua obra. Pessoalmente, a partir dos dados biográficos de sua

---

256 Klein, M. (1957). *Envy and Gratitude*. Londres: Tavistock Publications.

trajetória profissional, Young parece ter sido um ativista libertário. A análise crítica de Young emerge não de um modo que só consigo descrever lançando mão do título de uma seita religiosa do protestantismo: "não conformista", aparentemente destilado das características de ódio racionalizado que sempre se pode encontrar em partidários de ideologias políticas.

Por coincidência, no mesmo ano de 1958, um advogado interessado em economia e história política, Raymundo Faoro, descreveu em um texto histórico-sociológico a existência de "donos do poder" em seu país, o Brasil.[257] O ambiente acadêmico parecia mais adequado pelos sofrimentos sintetizados nas obras de Sanford e colaboradores e de outros, como Toynbee, Russell e autores franceses, a respeito dos totalitarismos personificados pelo estalinismo e pelo nazismo e suas influências em outros países onde havia elites autoritárias dominantes impondo, aberta ou sub-repticiamente, ordens político-econômicas de interesse exclusivo particular dessas mesmas elites.

O leitor poderá estranhar a falta de menção a estudos alçados à popularidade entre os acadêmicos em boa parte do mundo, provenientes de centros alemães, franceses e britânicos irradiadores de estudos de filosofia, teoria da ciência e sociologia política e econômica. Não se trata exatamente de falta de informação pessoal, mas da necessidade de limitar o presente texto, que não tem a intenção de ser uma obra exaustiva a respeito dessas críticas. Alguns exemplos: os estudos da chamada Escola de Frankfurt, de onde despontaram os nomes de Theodor Wiesengrund Adorno e Jürgen Habermas. E também de teóricos da ciência, como Karl Popper, austríaco de cultura alemã que migrou para a Inglaterra, e Imre Lakatos, húngaro de nascimento; ambos tiveram a experiência de padecer sob o nazismo e o estalinismo, respectivamente. Os dois tentaram alertar publicamente

257 Faoro, R. (1958). *Os donos do poder: formação do patronato político brasileiro.* Porto Alegre: Globo.

Thomas Kuhn[258] a respeito do *ethos* autoritário central na doutrina que lhe deu notável fama na Academia: a dos "paradigmas científicos".[259] A trajetória histórica de Thomas Kuhn serve de exemplo claro de uma transformação visceral, degenerativa, de meritocracia técnica em meritocracia política, mas mantendo aparências de meritocracia técnica, por habilidades mais semelhantes, a meu ver, para mímica.

Parece-me que toda situação de fama social traz em seu bojo pelo menos a ameaça ou a semente da infâmia, já que "fama não viceja em solo mortal",[260] na observação poética de John Milton. Ele mesmo, experiente em fama e, depois, em infâmia social,[261] que lhe causou meses de prisão na queda de Oliver Cromwell e restauração da monarquia. Atualmente, o que nos anos 1990 se chamou de patrulhamento ideológico, equivale a uma cadeia requentada: Jürgen Habermas, como vários outros escritores e filósofos, ao ter seu passado na Juventude Hitlerista de Baldur von Schirach propagandeada, tentou omitir por quase meio século – conheceu o mesmo sobe-e-desce social.

Arendt e Young acreditavam na possibilidade de medir inteligência. Julgavam que esforço somado ao coeficiente de inteligência individual resultava em mérito. Proponho que adotemos uma notação quase-matemática para essa equação:

$$\text{QI} + \text{esforço} = \text{mérito}.$$

Equação que se tornou lugar-comum como recomendação geral, de conteúdo moralizante, em todo o mundo. Vou utilizar o linguajar

258 Larvor, B. (1998). *Lakatos: an introduction*. London and New York: Routledge.

259 Kuhn, T. (1970). *The Structure of Scientific Revolutions*. Chicago: Chicago Universities Press.

260 Milton, J. (1638). Lycidas. In *The Portable Milton*. London: Harmondsworth, 1982.

261 Milton, J. (1654). Second Defense of the English People. In *The Portable Milton*, *op. cit.*

da época em que viveram Arendt e Young: mundo desenvolvido e mundo subdesenvolvido.

De onde teria se originado essa equação? A ideia de que seria possível medir inteligência e as definições de inteligência, cujas contrapartes na realidade são mais complexas que as várias definições que podemos dispor, tornaram-se moda na época em que Arendt e Young foram educados, quando havia uma influência de regras éticas estritas e modismos (*fashion*) cujas consequências assassinas ainda não haviam emergido com maior clareza – verdadeiros ovos de serpente (descrito na página 197 do Capítulo 7).[262]

As origens dessa equação e sua aprovação ou reprovação no meio acadêmico podem ser encontradas na obra de Max Weber, *A ética protestante e o espírito do capitalismo*. Há evidências indiretas que permitem inferir que também foi influenciada por algumas propagandas de modas (*fashion*) ideológicas: o "espírito Stakhanovista"[263] da ditadura soviética, aplicação violentamente intestina da teoria de mais-valia de Karl Marx[264] pelo estalinismo imposta sobre a classe mais desfavorecida financeiramente, a operária: um juro capitalista contraditório com a propaganda; e da distorção nazista daquilo que Arthur Schopenhauer[265,266] denominou *wille*, degenerado no "dinamismo destrutivo" violentamente imposto pela ditadura alemã.[267]

262 Shakespeare, W. (1598). *Julius Cesar* (II. ii).

263 Polyakov, Y. A. (1968). Fome e recuperação. In Roberts J. M., & Taylor, A. J. P. (eds.). *História do Século XX*. Vol. III. São Paulo: Abril Cultural. pp. 1109-1117.

264 Marx, K. (1867). The Capital. In *The Great Books of Western World*. Chicago: The Encyclopaedia Britannica Inc., 1994.

265 Schopenhauer, A. (1819). O mundo como vontade e representação. In *Os pensadores* (versão brasileira por W. L. Maar). São Paulo: Abril Cultural, 1980.

266 Sandler, P. C. (1999). *Formulazione della psicoanalisi. Schopenhauer, Brentano, Niezsche e Freud* (versão em italiano por Luca Trabucco). Roma: Alpes, 2023.

267 Kershaw, I. (2008). *Hitler, the Germans and the Final Solution*. New Haven: Yale University Press.

Parece-me, também, que uma possível origem da equação que estou colocando sob forma quase matemática pode ter aparecido na interpretação distorcida de nossos tempos de um verso de Décimo Juvenal, o poeta romano que viveu nos anos 50 após o nascimento de Cristo: *mens sana in corpore sano*.[268]

Por que estou qualificando a versão atual como distorcida? Quem, na atualidade, se interessaria em saber a respeito dos dois fatores que podem justificar o que me parecem ser danos para o conhecimento da realidade, efetuados por alguns *establishments* ao longo dos tempos? De minha parte, além de qualificar, posso, pelo menos, descrever esses fatores com base no mecanismo de defesa contra a ansiedade do ego, denominado clivagem, conforme descrito inicialmente por Freud:[269]

(i) houve uma clivagem na extração de um verso, perdendo o sentido real, dado pelo todo da poesia (Décima Sátira) do "satírico indignado", na visão da professora Mônica Costa Vitorino, que me pareceu mais adequada;
(ii) os antigos romanos tentaram – e, a meu ver, tiveram sucesso – iniciar a clivagem daquilo que denominavam "corpo" e daquilo que denominavam "psique", que hoje chamamos de "mente", uma palavra de origem indo-europeia e germânica, cujo sentido original, em sânscrito, igualmente perdido atualmente, era o ato de ficar remoendo, na memória.

Tudo isso coincidiu com o surgimento do estudo do comportamento de grandes grupos por E. Durkheim, G. Le Bon, Wilfred Trotter e S. Freud, compondo o *Zeitgeist* do rescaldo do período

268 Vitorino, M. C. (2003). *Juvenal, o satírico indignado*. Belo Horizonte: Faculdade de Letras.

269 Freud, S. (1938b). Splitting of the Ego in the process of defense. *SE*, vol. XXIII.

renascentista-iluminista-movimento romântico. Mesmo que não nos atenhamos a essas qualificações histórico-filosóficas que enunciei, podemos observar que a meritocracia compôs um *Zeitgeist* propício para o aparecimento de um Bach, um Beethoven, um Hume, um Kant, um Freud, um Einstein, um Dostoiévski, um Van Gogh, um Machado de Assis. Cada leitor poderá fazer sua lista de preferências biográficas; de minha parte, sugiro um vértice não idolátrico, mas restrito a descobertas científicas e artísticas reais. A realidade é evidenciada por transcendência da obra a espaços-tempos.

Como é possível notar, outro termo que usarei no original é *Zeitgeist*. Foi cunhado por Johann Gottfried von Herder, considerado fundador da disciplina de crítica literária, ao fazer um exame não sacralizado dos textos bíblicos, observando-os como mitos. Foi também o primeiro a observar um fato histórico de forma crítica, ao mostrar influências decisivas de ambientes sociais que determinam o surgimento de novas ideias ou o resgate de ideias já existentes, mas esquecidas. Ao longo deste texto, não usarei o significado popular e mais recente desse termo. Concluí que esse significado é uma expropriação corrupta do sentido original, conforme definido por Von Herder.

A expropriação foi feita na geração seguinte a Von Herder por Georg W. F. Hegel. As duas pessoas, que nenhum de nós conheceu, fizeram uma obra que pode ser conhecida. Suponho que essas obras são representativas do espaço-tempo hoje denominado Iluminismo e romantismo alemães.

A obra de Hegel, importante em alguns aspectos, parece-me estar repleta de fantasias de superioridade – uma delas aparece na expropriação do termo. Hegel lhe dá um significado marcado por autoritarismo, e não por uma autoridade conferida pela observação de fatos. Hegel afirma que "ninguém jamais supera seu próprio *Zeitgeist*".[270]

270 Hegel, G. W. (1822-1830). Philosophy of History. In *The Great Books of the Western World*. Chicago: Encyclopaedia Britannica Inc., 1994. p. 119.

Minha investigação da obra de Hegel demonstra sua fascinação pelo trabalho de Fichte, um dos maiores divulgadores do idealismo ingênuo, e desprezo pelas visões típicas do Iluminismo praticado por Von Herder.[271] Sob o vértice da psicanálise, os textos de Hegel mostram que ele alimentou duas visões contraditórias sobre o que ele mesmo denominou "o absoluto". Algumas vezes, esse termo parece indicar que existe uma transcendência das aproximações humanas da realidade material e psíquica; outras vezes – um dos exemplos é a apropriação indébita do termo *Zeitgeist* –, Hegel sucumbe à tentação exercida pelo idealismo autoritário. No modo pelo qual Hegel distorce o sentido do termo *Zeitgeist*, não há possibilidade de que uma realização científica ou artística possa transcender o espaço (expresso por um lugar geográfico ou étnico) e o tempo (expresso por uma linhagem de autores). Se uma pessoa nunca ultrapassa seu próprio *Zeitgeist*, fica impossível aproximar-se de qualquer realidade, pois a visão da realidade seria predeterminada pelo ambiente sociocultural, e sempre seria dependente apenas da visão de uma pessoa em particular.

A figura histórica e a obra de Georg W. F. Hegel tornaram-se populares. Foram utilizadas por pelo menos duas meritocracias políticas de apelo demagógico, alçadas ou impostas à condição de governos nacionais na Rússia soviética e na Alemanha nazista.[272,273] Em contraste, a obra e a figura histórica de Von Herder estão hoje quase esquecidas.

---

271 Sandler, P. C. (2003). *Hegel e Klein: a tolerância de paradoxos* (vol. VII de *A apreensão da realidade psíquica*). Rio de Janeiro: Imago.

272 Niehbur, R. (1943). *The Nature and Destiny of Man: A Christian Interpretation*. Louisville: Westminster John Knowx Press, 1996.

273 Russell, B. (1946). *History off Western Philosophy*. Londres: George Allen & Unwinn.

Meritocracias técnicas e políticas: definição dos termos e suas funções grupais

Sugeri anteriormente[274] a necessidade de especificarmos pelo menos dois ramos de "meritocracias": técnicas e políticas.

Emprestei os dois nomes – técnica e política – da obra escrita por Platão. Se confiarmos na afirmação de Platão, que teria se limitado a escrever apenas o que ouviu de Sócrates, então empresto os nomes da obra de Sócrates. Nesse caso, a obra de Platão seria produto de uma meritocracia política feita em um grupo de duas pessoas: Sócrates e Platão.

Outro argumento em favor de afirmar que Platão fazia parte dessa meritocracia política primeva é dado pelo fato de que ele organizou a primeira academia – e cunhou esse nome. Com as características atuais das academias universitárias, não foi feita apenas para impor direitos canônicos religiosos, mas por respeito à sabedoria (*sofus*) e respeito atemorizado à falta de sabedoria, ou ignorância. Respeito atemorizado resgatado no Iluminismo e expresso pela confecção prática da primeira "Cyclopaedia" por E. Chambers (em sua p. 2), colocada sob forma verbal em um dos ensaios críticos de Alexander Pope a respeito do "pouco saber" – algo perigoso (na p. 44); e, de modo mais sofisticado, sob o vértice literário, na *Enciclopedia* e nas peças teatrais de Denis Diderot e na crítica de costumes de Voltaire. No século XX, o temor respeitoso com a ignorância aparece em iniciativas como as das várias enciclopédias nacionais pós-Iluminismo: Britânica, Brockhaus, Larousse, Bolshaya Rossiyskaya, Wikipedia, entre outras.

---

274 Sandler, P. C. (2012). Publicações, psicanálise e o movimento psicanalítico. In *Dimensões psicanálise. Brasil, São Paulo* (coletânea organizada por Plinio K. Montagna, Cintia Buschinelli, Heloisa Helena Sitrângulo Ditolvo, Iliana Warchavchik, Magda Guimarães Khouri, Milton della Nina, Sandra Maria Gonçalves e Silvana Rea). São Paulo: Diretoria da SBPSP e do Instituto de Psicanálise, biênio 2011-2012. pp. 485-500.

Parece-me que Platão também fazia parte da meritocracia técnica: considero-o o iniciador da teoria da ciência. Levo em conta que teve antecessores na Grécia Antiga, como Empédocles e os chamados "pré-Socráticos", que, por sua vez, tiveram como antecessores os escritores dos mitos, inclusive bíblicos; mas minha classificação precisa ser limitada pelo princípio da realidade: não estou escrevendo uma enciclopédia, mas tentando elaborar um texto cuja analogia pode ser o de uma bússola para a orientação em um microestamento formado pelos membros do movimento psicanalítico e pelo leigo interessado em ciência, notadamente a medicina e dois de seus herdeiros ou derivados por pura necessidade: a psicanálise e a psicologia clínica.

Os dois valorizaram sobremaneira o portador da *tekné*, termo que hoje tem sido mais traduzido por "artesão". Para os objetivos do presente texto, prefiro considerá-lo "o praticante". Inclui o artista, o artesão, o técnico em qualquer disciplina que pratica, de modo minimamente competente, no mundo real.

Defino o termo "atividade prática" como todas as atividades auxiliares e, paradoxalmente, fundamentais, dadas as deficiências naturais de todos nós, seres humanos, com a função de mantermo-nos vivos em um ambiente hostil – tornado ainda mais hostil por outro paradoxo, denominado por Freud mal-estar da civilização.[275] Na época das antigas civilizações, os praticantes seriam pescadores, tecelões, caçadores, médicos, matemáticos, comandantes militares, arquitetos.

Penso ser útil distinguirmos pelo menos quatro meritocracias técnicas: artísticas, científicas, esportivas e econômico-comerciais. As duas últimas tentaram, e ainda tentam, sem que tenham conseguido, civilizar estados de violência beligerante e criminosos. Um mote para essas meritocracias, em paráfrase inversa a um lugar-comum, poderá ser: "o que conta é o que você sabe, mas não *quem* você conhece".

---

275 Freud, S. (1929). Civilization and its Discontents. *SE*, vol. XXI.

Platão desejava aplicar *tekné* à sabedoria (*sofia*) e à política, na qual retórica seria a ciência prática que a embasa.[276] O aspecto desumano da realidade humana o frustrou. Historicamente, pode-se citar o assassínio institucionalizado de seu mestre e amigo, Sócrates. Depois, a revolta do seu discípulo mais brilhante: o jovem Aristóteles, assustado com a imaterialidade das formas ideais. Aristóteles recaiu no sistema de relacionamento social mais primitivo que se conhece – e que persiste – de "amigos ou inimigos". Não é de se espantar: foi mentor de Alexandre IV, um dos poucos governantes aptos para a função: ficou conhecido como "O Grande"; Aristóteles arriscou sua vida por ter aceitado a função. Seu pupilo foi assassinado demasiadamente jovem.

Para finalidades psicanalíticas, penso ser útil adotar-se o nome "pensador" ou até mesmo "sábio" – em grego antigo: *sofus*. Seria alguém que procura sabedoria (*sofia*). Estou utilizando um critério descritivo que possa ser usado cientificamente. E que possa ser visto como isento de juízos de valor morais; de fantasias de superioridade.

Até o ponto que pude investigar, Sócrates e Platão mantiveram restrições sérias para o uso da palavra *filósofo* – o amigo da sabedoria. O nome foi dado pelos pitagóricos; não sei, mas isso pode ter sido falha em minha investigação, se foi adotado por Pitágoras.

Platão criticou o nome filósofo por perceber a tendência de atribuir superioridade partidária – política – aos "amigos" da sabedoria. Se há amigos, há inimigos. Certamente há – e nisso reside uma diferença entre meritocracia técnica e política, quando a segunda se destaca e prepondera, à custa da primeira. No entanto, ao se fazer uma qualificação interna ao grupo das pessoas que procuraram *sofia*, ou seja, que até então eram qualificadas como *sofus*, implicou que

---

276 Platão (c. 380 a.C.). The Sofist e The Statesman World (versão em inglês por B. Jowett). In *The Great Books of Western World*. Chicago: The Encyclopaedia Britannica Inc., 1994.

haveria inimigos internos, e que seriam inferiores aos outros, que seriam os superiores. No diálogo, *O sofista*, Platão alerta para essa situação, que estaria em seu *status nacendi*. O destino dos pitagóricos pode ser uma evidência da verdade contida nos alertas de Platão.

Nos processos do pensar racionalístico, dominado por um "super" ego, tantas vezes um superego assassino, existe um lugar-comum simplista de julgamento de valor, que tenta impor a outros, mas não a si mesmo, um "certo" e um "errado". Pode marcar a diferença entre um ser humano domesticado e um ser humano civilizado; relembra as tentativas de introdução do sistema jurídico, inicialmente canônico-religioso, e depois civil. Nos dois casos, contatar-se-ia o fato de que o imperativo categórico descrito por Kant em *Crítica à razão prática* seria uma preconcepção inata, e que caracterizaria a natureza humana. No entanto, Kant, o sempre ambivalente, chega à conclusão de que "do torto madeiramento da humanidade, nunca se pode fazer uma tábua retificada".[277]

> *É um superego sem praticamente nenhuma das características do superego conforme compreendido em psicanálise: é um "super" ego. É uma asserção invejosa de superioridade moral sem qualquer moral. Em suma, é o resultado de um despojamento ou uma espoliação invejosos de todo bem e destina-se propriamente a continuar o processo de despojamento [. . .] como existe, em sua origem, entre duas personalidades. O processo espoliativo prossegue até que −♀ e −♂ representem pouco mais que*

277 Kant, I. (1784). *Ideia de uma história universal de um ponto de vista cosmopolita* (versão brasileira por Rodrigo Novaes e Ricardo R. Terra). São Paulo: Martins Fontes, 2016.

> *uma superioridade-inferioridade vazia, que, por sua vez, degenera em nulidade.*[278]

Exemplifico a situação com o ditado de um meritocrata político brasileiro que cedo assumiu a função ditatorial, Getúlio Dornelles Vargas, homem de pouco saber, mas de muita astúcia. Retirada, segundo ele mesmo, da obra de Maquiavel: "para os amigos, tudo; para os inimigos, a justiça".[279,280]

Da discórdia que remonta pelo menos aos tempos de Platão nasceu aquilo que sugiro denominar uma distorção que provou ser muito popular, a da meritocracia política, cujos motes podem ser: "como fazer amigos e influenciar pessoas" ou o lugar-comum "o que conta é *quem* você conhece, não *o que* sabe".

No final do século XIX, a meritocracia espraiou-se aos países escandinavos. Após a Segunda Guerra Mundial, também em outros países europeus, notadamente na Alemanha e na Itália. De modo distópico e quase-escondido, em poucos países sob o império soviético, por tradição anterior: Polônia, Checoslováquia e Hungria.

A meritocracia técnica e política se espalhou, ainda que de modo ambivalente, na Ásia, principalmente em Israel, Singapura e China. Em todos esses locais, obteve desenvolvimento ímpar em todos os níveis: na tecnologia, na ciência e, talvez surpreendentemente para alguns, na arte. O "espírito do capitalismo", mais ou menos influenciado pela ética religiosa da tradição judaico-cristã, parecia ter se espraiado. Um soluço na história? Pois também nesses países, a meritocracia política passou a prevalecer, à custa da meritocracia técnica, com resultados indescritivelmente destrutivos, em que a beligerância impera.

---

278 Bion, W. R. (1962b). *Aprender da experiência* (versão brasileira por Ester Hadassa Sandler). São Paulo: Blucher, 2021. p. 162.

279 Campos, R. O. (1994). *Lanterna de popa*. Rio de Janeiro: Topbooks.

280 Fausto, B. (2006). *Perfis brasileiros: Getúlio Vargas*. São Paulo: Companhia das Letras.

Em alguns países, houve uma relativa expansão da meritocracia em um de seus aspectos básicos: combater a tendência de escolha de líderes baseada em laços familiares e em baronatos na seleção de atividades práticas e funções burocráticas de organização.

Um exame histórico revela que países influenciados pela educação inglesa "meritocrática" se tornaram tradicionalmente acolhedores para cientistas e artistas perseguidos no estrangeiro. Em outras áreas, como na tecnológica, os Estados Unidos, o Canadá e a Austrália incrementaram exponencialmente essa mesma tendência. Alguns países na América do Sul – Brasil, Argentina, Chile e Uruguai – tiveram e ainda mantêm "ilhas" grupais onde a tentativa continua.

Exemplos notáveis nas artes e ciências, incluindo a psicanálise, foi a preservação da obra e, em alguns casos, da pessoa, quando se tratava do caso de perseguidos étnicos e políticos. Um ambiente meritocrático costuma ser mais inclusivo do que exclusivo, mesmo que nas segundas e terceiras gerações passe a ser dominado por fantasias de superioridade, formando "ilhas do saber e do poder".

No movimento psicanalítico, vou citar agora apenas a Inglaterra. Peco pela exiguidade da lista: autores como Sigmund Freud, Melanie Klein, Ronald Fairbairn, Donald Winnicott, John Bowlby, Herbert Rosenfeld, Michael Balint, Elliott Jaques, Hanna Segal e Wilfred Bion são exemplos eloquentes da tendência meritocrática.

Não por mera coincidência, também foi nessa mesma Inglaterra, hoje praticamente desaparecida, que, impulsionado pela necessidade tragicamente criminosa, a Segunda Guerra Mundial, desenvolveu-se a técnica de manejo de pequenos grupos – hoje chamada "dinâmica de grupos". Intimamente ligada à psicanálise, o desenvolvimento se deu pelo trabalho de Eric Trist, Wilfred R. Bion, S. Foulkes, John Rickman, J. Sutherland, Elliott Jaques e R. Hargreaves, no serviço de escolha de oficiais para o Exército e para a Força Aérea Britânica. De modo ainda mais específico, no serviço de reabilitação para o que se denominava "neuróticos de guerra" (na classificação internacional de doenças psiquiátricas da atualidade, "transtorno pós-traumático") do Hospital Militar de Northfield. De modo quase independente, mas no mesmo hospital, S. Foulkes contribuiu para a dinâmica de grupos sem usar o método psicanalítico acrescentado pelas contribuições de Melanie Klein.

Nasceu de uma necessidade prática, de sobrevivência: até então, os britânicos estavam perdendo o que os historiadores denominam "a batalha da Inglaterra". França, Bélgica, Holanda, Noruega e Dinamarca já haviam sido invadidas.

Os jovens comandantes de esquadrões de caças que afugentaram a poderosa Luftwaffe passaram a ser escolhidos por seus comandados e colegas, e não mais pelos métodos militares tradicionais – antiguidade na força militar e posição social da família do piloto de aviões. Marinha e Aeronáutica eram consideradas "superiores" às unidades do Exército, então teriam que ter as funções ocupadas pelas "classes superiores". Uma vez mais, função se confundiu com cargo financeiro – a necessidade obriga a um percurso reverso.

Frank M. Richardson, brigadeiro da Força Aérea Real, escreveu que a técnica de grupos de Bion, aplicada para a seleção de oficiais militares, foi uma arma muito mais importante do que o melhor canhão da época; a meu ver, pelo salvamento das Ilhas Britânicas da invasão nazista,[281] ressaltada no discurso emocionante para os ouvintes da época, e para alguns até hoje, de Winston Churchill. Tornou pública a gratidão coletiva ao fato de que "nunca tantos deveram tanto a tão poucos".[282] Parece-me evidência eloquente da verdade contida no sistema político que não teme o desenvolvimento de uma meritocracia técnica. Durante a

281 Lyth, O. (1980). Obituary for WR Bion. *Int. J. Psycho-Anal, 61*: 269-273.

282 Churchill, W. S. (1949). The National Coalition. In *Their Finest Hour*. Vol, II. *The Second World War*. Boston: Houghton Mifflin, 1951. pp. 25-26 (discurso preferido na Câmara dos Comuns, 10 de maio de 1940).

Segunda Guerra, Francesca Bion trabalhou para o Corpo Feminino de Guerra do exército real britânico (WAC – *Women Army Corps*) como estaticista, no *bunker* que serviu de escritório temporário para o comando de guerra e para o primeiro-ministro, W. Churchill – que pouco o utilizou. Perguntei-a se havia cruzado com ele. Respondeu-me, até o ponto que vai minha memória de nossa conversa, que Churchill:

> *não queria entrar lá– cruzei mais vezes com ele na calçada. Ficava em algum lugar perto dos sacos de areia, cheio de gente em volta, coisa que também o deixava irritado. Cumprimentava todas as pessoas que lá trabalhavam e por vezes perguntava o nome. Raramente se esquecia e muitas vezes fazia algum comentário bem humorado, como "você vai entrar aí dentro? É claustrofóbico, o ar está viciado". Como não podia ficar, com o charuto? Uma vez falou: "Se todo o povo não pode entrar, por que eu vou ser privilegiado?" Muitas vezes recusava-se entrar, mesmo quando alguém saía aflito, dizia que iriam começar uma reunião do gabinete de guerra. Entrava em poucas reuniões e saía o mais rápido possível, ficava semanas e até meses sem vir; soube que marcava algumas em sua casa, para desespero dos ministros que preferiam ficar protegidos.*

Mantinha enorme respeito e indizível gratidão pela pessoa do primeiro-ministro – compartilhada totalmente com seu marido.

Meritocracia política

> *Para os gregos da época de Sócrates, Platão e outros, exercer a política, e nela, a retórica, era mais uma dentre as várias modalidades de tekné. No diálogo A república, Platão diz reproduzir uma conversa, sob o método da maiêutica, entre Sócrates e dois discípulos: Trasímaco e Glauco (um irmão de*

> *Platão). Avisa Trasímaco que "não é imediatamente aparente o fato de que nenhuma arte ou ofício (tekné) fornece o que é benéfico para o artista ou técnico" por mais competente e dadivoso que o sejam. Ao se referir à Polis e principalmente aos que são solicitados, ou instados, ou até mesmo compungidos a aceitar funções governamentais, contra seus próprios desejos, prossegue no alerta esclarecedor: "nenhum homem competente e dadivoso, o homem de bem, escolherá, nem irá, por vontade própria, governar e ocupar cargos para cuidar dos problemas de outras pessoas [. . .] mas precisará consentir em fazê-lo quando requisitado por outros e se o fizer adequadamente, não o fará o que é melhor para si mesmo, não ordenará ou comandará a não ser para fazer melhor para os que lhe estão sujeitos. Essa é a razão, ao que parece, pela qual o pagamento deve ser fornecido para aqueles que consentem em governar, mas apenas quando instados, seja sob forma de dinheiro ou honra ou uma penalidade se eles recusarem [. . .] mas a principal penalidade que o competente e dadivoso paga, toda vez que fica indiferente à política, é ser governado pelos incompetentes, cruéis e malignos".*[283]

Na obra final de W. R. Bion, *Uma memória do futuro*, há uma profusão de descrições e comentários sobre os dois tipos de meritocracia – embora ele não as mencione sob essa terminologia. Por exemplo, o diálogo imaginário entre os objetos parciais no "diálogo" interno de Bion, denominados P. A., que é um acrônimo para "psicanalista". "Edmund" é o nome de um astrônomo, uma referência respeitosa a Edmond Halley. "Robin" é um fazendeiro, ex-combatente de alguma guerra mundial, e "marido" de um falso casamento com "Alice". "Roland" é um crítico ácido de quase tudo; pode ser visto como

283 Platão (c. 375 a.C.). The Republic. In *The Great Books of the Westen World*. Chicago: Encyclopaedia Britannica, 1994. p. 123.

um portador daquilo que Bion denomina de "super" ego (definido anteriormente). "Robin" e "Roland" representam ex-combatentes de guerra que se tornaram fazendeiros. Os dois são objetos parciais de Bion, correspondentes a um cidadão capaz de se comportar socialmente, pertencentes ao que se chama de "normal".

P. A: "Dar asas à imaginação" pode provocar, em todos nós, um acordar terrível.

EDMUND: Esses desastres cósmicos – por exemplo, as supernovas – ocorrem de um modo que nós *conhecemos*, mas não podemos *imaginar*. O Sol, em umas poucas centenas de milhares de anos, pode vir a explodir.

ROBIN: Que tal um mergulho no mar, antes do *breakfast*?

ROLAND: Amanhã de manhã? Sim – não é, em uns poucos milhões de anos.

EDMUND: É isto que o P. A. queria dizer. Um mergulho no mar ajuda a nos mantermos bem atrelados à nossa ignorância. Podemos nos aferrar a ela como um manto; não podemos suportar que seja arrancado dos nossos ombros.

ROLAND: Você está sendo muito duro conosco, plebe ignara... Não lhe faria mal nenhum dar um mergulho conosco.

EDMUND: Não duvido, mas quero continuar com os meus *hobbies* astronômicos.

P. A.: Não há nada que lhe impeça de continuar com seus hábitos astronômicos, caso você não se aterrorize excessivamente com sua imaginação, ou com sua atividade científica, e chegue ao ponto de ficar impedido de pensar.

ROBIN: O governo ia ficar tão apavorado que iria barrá-lo. No entanto, talvez eles sejam excessivamente ignorantes para chegarem a ficar apavorados;

o que acabaria funcionando como um manto para proteger os tenros raminhos da especulação científica até que eles se tornem "teorias".

ROLAND: Caso tornem-se teorias muito fortemente estabelecidas, irão se tornar excessivamente fortes para os tenros raminhos da especulação social. O pânico pode ser um solvente poderoso da disciplina.

ALICE: Nenhum governo iria ousar impedir que os astrônomos fizessem pesquisa astronômica.

P. A.: Se eu fosse o governo e quisesse frear a pesquisa astronômica, tenho certeza de que conseguiria fazê-lo de modo tão sutil que escaparia às críticas. Poderia dizer que não há papel para imprimir pesquisas astronômicas. Poderia atacar a disponibilidade de material essencial para a fabricação de determinados instrumentos. Poderia fazer com que não se liberassem as verbas destinadas à formação de estudantes de astronomia potencialmente bem-dotados.

ROLAND: O que demonstra que não é aconselhável deixar você ocupar postos no governo que detenham poder!

ALICE: Acho que seria muito bom se um astrônomo se candidatasse para o parlamento.

ROBIN: Mas o princípio permanece – é perigoso permitir que homens dotados de uma força tão nociva tenham autoridade, pois podem usá-la para impedir o crescimento mental.

P. A.: Suponha que os astrônomos pudessem convencer a maioria dos seres humanos de que o Sol mostrou sinais de uma catástrofe iminente; que seríamos envoltos por redemoinhos de temperaturas intensas. Você permitiria que isso fosse divulgado quando nada pudesse ser feito?

ROBIN: As pessoas religiosas já alertaram que o fim do mundo está próximo; que Deus é um fogo que a tudo consome, e assim por diante.[284]

---

284 Bion, W. R. (1977). *Uma memória do futuro* (versão brasileira P. C. Sandler). Rio Janeiro: Imago, 1986. p. 61.

7. Uma história natural das cinco meritocracias políticas

Sugiro que façamos uma distinção entre cinco tipos de meritocracia política em todas as épocas que possamos considerar e em todos os locais, de modo mais ou menos sofisticado, com maiores ou menores números de membros. A divisão é artificiosa; na vida real, aparecem mescladas, e, no mais das vezes, em confusão:

1. meritocracias militares beligerantes de agressão;
2. meritocracias militares beligerantes de defesa;
3. meritocracias burocráticas;
4. meritocracias econômico-comerciais;
5. meritocracias esportivas.

Mencionei, anteriormente, que (iii), (iv) e (v) são três atividades grupais que podem ser consideradas alternativas quase-civilizadas à guerra invasora sangrenta. Até o momento, todas as meritocracias, técnicas e políticas, fluem, ainda que com exceções, para propósitos ávido-destrutivos. Parece-me útil considerar que beligerância invasora é uma expressão social do ciclo psíquico individual autoalimentante de avidez-inveja.[285]

Não é seguro que, sob o vértice psicanalítico, possa-se afirmar, sob o vértice científico de aproximação à verdade, que meritocracias militares de defesa possam ser vistas como exceção. Seria necessário levar a cabo estudos individuais – por exemplo, nos Alexandres, Theodores e Franklin Roosevelts, Winstons Churchills e Volodimers Zelenskys que existiram ou ainda existem na história da humanidade e, por necessidade científica, seus pares paradoxais contendores, muito mais conhecidos, ovacionados e odiados: Stalins, Hitlers, Putins e outros.

Esses estudos precisariam ter massa crítica sob o vértice matemático para que pudessem ser considerados amostras representativas da sociedade. Seriam passíveis de comprovações ou refutações estatísticas – algo, a meu ver, impossível de ser feito.

Temos disponível pelo menos uma sugestão prototípica desse tipo de estudo no trabalho de Eliott Jaques, apresentado após uma experiência que precisou de sessenta anos para ser desenvolvida. Não posso me alongar na exposição desse estudo, feito por alguém que nasceu no Canadá, fez medicina em Toronto, residência na Escola Médica Johns Hopkins, completando sua formação com os maiores mestres de sua época em sociologia, antropologia e psicologia clínica em Harvard. Contingências beligerantes da época o levaram, por meio do exército canadense, ao esforço de guerra dos Aliados contra as potências do Eixo. Após a guerra, foi um dos fundadores do Instituto de Relações Humanas Tavistock, trabalhando com W. R. Bion, John Bowlby e John Sutherland. Submeteu-se a uma análise com Melanie Klein e foi, com Joan Riviere, um dos dois de seus colaboradores que realmente a auxiliaram a desenvolver e elaborar seu trabalho, não se limitando a repeti-lo. Trabalhou em duas empresas do grande capital (uma, siderúrgica,

285 Klein, M. (1957). *Envy and Gratitude*. Londres: Tavistock Publications.

onde, pela primeira vez no mundo inteiro, os operários diminuíram seu salário para manterem seus empregos; e outra, de mineração, na Austrália); e em empresas estatais, como o Serviço Nacional de Saúde Britânico. Nos vinte anos finais, atuou no Instituto de Pesquisa de Ciências Sociais e Comportamentais do Exército dos Estados Unidos. Exerceu o magistério na Universidade Brunnel, em Londres, e na Universidade George Washington, sobre ciências administrativas. A meu ver, trata-se de um trabalho ainda excessivamente desconhecido e submetido a um precoce esquecimento.[286] Não sei se terei tempo para executar o mesmo trabalho de divulgação que tenho feito em torno da obra de W. R. Bion, mas fica registrada minha intenção – já expressa mais timidamente em outras publicações. Fica o convite para outros colegas, caso me veja impossibilitado.

Os propósitos de Sócrates e Platão para o futuro da humanidade, em retrospecto, provaram-se impossíveis, talvez ilusórios, talvez delirantes, sob a égide do princípio do prazer-desprazer – sendo todos nós, seres humanos, até agora, quem somos e quem temos sido. Os benéficos e dadivosos permanecem vistos como trouxas e fracos; boa parte deles teve morte física precoce e injusta. Têm existido mais Robespierres do que Dantons em todas as denominadas, por propaganda posterior tipificando patriotadas, "revoluções". Governantes competentes e generosos sempre foram mais raros do que matemáticos, físicos, químicos, médicos, músicos e literatos competentes e generosos – e, demasiado humano, competência nem sempre caminha com generosidade, mesmo que Roberts Wagners pareçam exceções.

Francesca Bion termina a edição das "cogitações" de seu falecido e amado marido com um comentário à margem do exemplar de *The*

286 Jaques, E. (2002). Values for a Living World: Freedom and Constraint, and Mutual Trust and Morals. In *The Life and Behaviour of Living Organisms*. Westport: Praeger.

Future of an Illusion (1927).[287] A passagem seguinte foi escrita no final do Capítulo II:

> *A leitura desse capítulo parece mostrar o quanto o avanço da psicanálise torna obsoleta sua própria formulação. Freud tem como alicerce de sua discussão, como sua realização, suas próprias conjecturas sobre a natureza da civilização. A partir daí ele tem teorias sobre as conjecturas. As conjecturas merecem atenção, pois são conjecturas de um homem genial. Mas não há reconhecimento do status de conjecturas ou do status de teorias sobre conjecturas. Em psicanálise assume-se que uma teoria é falsa se ela não parece estar a serviço do "bem" da maioria da humanidade. E como ideia de "bem" é uma platitude, a ideia toda de "cura", de atividade terapêutica, permanece sem escrutínio. É amplamente determinada pelas expectativas do paciente, embora isso seja questionado em uma boa análise (conforme eu a conheço). Mas em física nuclear uma teoria é considerada boa se ela ajuda a construção de uma bomba, que destrói Hiroshima. Muitíssimo do pensamento sobre psicanálise impede a possibilidade de considerar como boa uma teoria que poderia destruir o indivíduo ou o grupo. Ainda assim, nunca haverá um escrutínio científico de teorias analíticas até que essa investigação inclua a apreciação crítica de uma teoria que por sua própria consistência poderia levar à destruição da estabilidade mental; por exemplo, uma teoria que incrementasse memória e desejo a um ponto que eles impossibilitassem a sanidade.*[288]

---

287 Freud, S. (1927). The Future of an Illusion. *SE*, vol. XXI.

288 Bion, W. R. (1990). *Cogitações* (editado por Francesca Bion; versão brasileira por Ester Hadassa Sandler e Paulo Cesar Sandler). Rio de Janeiro: Imago. p. 389.

Será uma questão genética, da natureza humana, esperando alguma catástrofe tão violenta e trágica, aguardando o aparecimento probabilístico de alguma mutação genética que seja selecionada conforme a ciência descoberta por Darwin? Ou mesmo essa hipótese é mais do mesmo, vinho velho, socrático-platônico em odres novos, darwinianos?

Todas as meritocracias, técnicas e políticas, têm provado ser institucionalizáveis. Mais cedo ou mais tarde, tornam-se *establishments* autoritários-totalitários. O móvel subjacente sempre tem sido financeiro.

Degeneram e decaem, deixando vestígio destrutivo, material e psíquico. Permanece a casca, como a de uma ostra, onde a pérola para alguns é uma fama popular da malignidade.

Até hoje, a destruição da casca materializada, por meio de demolição de estátuas e edifícios, não teve sucesso na destruição da malignidade: transcendência imaterializada, integrante dos numena da natureza humana. Apenas posterga seu ressurgimento, material e psíquico, no indivíduo e em seu grupo. Os momentos no espaço-tempo em que há desenvolvimentos construtivos, ou nutritivos, ou úteis, ou não destrutivos (o leitor pode escolher o sinônimo que mais lhe aprouver) como se fossem um soluço, ou uma célula imaterializável que serve de abrigo ecológico temporário, ou reserva natural, logo é substituído por mais algum *establishment,* que servirá de jaula fantasiada como se fosse eterna. Quanto tempo, e onde durou a Civilização Grega da Antiguidade? Quanto tempo, e onde durou a Civilização Andaluz e o Sultanato de Saladino? Quanto tempo e onde durou o Iluminismo? Quanto tempo durou o que hoje chamamos de pós-Segunda Guerra Mundial?

Há muitos exemplos de ereção e destruição de estátuas de líderes violentos e autoritários de meritocracias políticas assassinas. Vou escolher aqueles que até hoje não tiveram suas cascas destruídas materialmente, mas não incluo os hoje mais populares, como os campos de extermínio genocida erigidos pelo governo da ditadura alemã do nazismo. Escolho os menos populares e, por isso, mais factíveis de serem apreendidos sensorialmente. Todos eles me parecem ter seguido o espaço-tempo alemão que vai do Iluminismo e Movimento Romântico até o final do que ainda chamamos de Segunda Guerra Mundial.

- A municipalidade de Berlim abriga o maior edifício de escritórios da Europa. Construído para satisfação de Herman Goering e seu séquito burocrático-político alojado no Ministério da Aviação de Invasão Armada (*Luftwaffe*). Hoje usado, reveladoramente, pelo ministério das finanças; e também como sede de um departamento policial especializado em falsificação de moedas estrangeiras e outros departamentos da polícia secreta.
- A municipalidade de Munique mantém o opulento apartamento na Casa Marrom da Rua Breiner, comprado por doações de milionários ao partido nazista, mas diretamente para o uso privado de Adolf Hitler, para uso duplo, como dormitório e escritório eleitoral. Atualmente é ocupado por uma delegacia de polícia.[289]
- Também em Munique, o partido e o governo nazista construíram um gigantesco escritório, para uso exclusivo de Adolf Hitler, na Königsplatz (Praça do Rei). Está ocupado por uma escola de música. Dirigida de modo ditatorial, de 2003 até 2016, por Siegfried Mauser, musicologista e filósofo hermeneuta – atividades de prática teórico-pedagógica, mas não de técnica instrumental. Durante esses treze anos, serviu para abrigar, em silêncio sepulcral, práticas sexuais abusivas, onde "ninguém iria tropeçar".[290] A péssima acústica e a depressão emocional dos alunos que se interessavam em conhecer a história do edifício jamais importou aos membros da aristocracia política que escolheu o local.

---

289 Stratigakos, D. (2015). *Hitler at Home*. Yale: YUP.

290 Stumberger, R. (2012). *In München darf niemand stolpern: Stolpersteine zur Erinnerung an die Opfer der Nazi-Diktatur sind auf städtischen Grundstücken verboten*. ND, Neues Deutschland. https://www.nd-aktuell.de/artikel/806081.in-muenchen-darf-niemand-stolpern.html

- Na baixa Saxônia, há uma gigantesca fábrica, mantida por uma empresa mista, de capital privado e estatal. Cópia melhorada de um projeto norte-americano, foi construída pelo governo nazista intencionalmente para ser a maior produtora de aparato bélico do mundo, e também de outros artefatos metalúrgicos, por ideia de Robert Ley,[291] doutor em química e um dos três doutores universitários que compunham a reduzidíssima elite mandante do partido nazista. Os outros foram o doutor em engenharia, Alfred Rosenbeg, e o doutor em filosofia, Joseph Goebbels. O nazismo havia expropriado violentamente o dinheiro do então poderoso Banco dos Trabalhadores Alemães da República de Weimar, congregando contribuições de todos os sindicatos da democracia liberal, desde 1924, suficientes para armar um exército. Ley, premiado com o cargo de chefe do sindicato único no nazismo pela Frente Alemã para o Trabalho (*Deutsche Arbeitsfront* - DAF), foi um sicário ávido e bajulador. Aconselhado por outro bajulador, Bodo Lafferentz, eficiente administrador com verbas a fundo perdido, casado com uma neta do compositor Richard Wagner, e em conjunto com o ministro da propaganda e da *Schutzstaffel* – milícia responsável por esquadrões paramilitares de extermínio, e depois de campos de extermínio e de trabalho escravo – criou e dirigiu um departamento que prometia turismo marítimo e terrestre, além de parques de diversões para todo o povo alemão, e não apenas para milionários. Foi denominado KdF: acrônimo de *Kraft-durch-Freude*, expressão intraduzível, cujo equivalente aproximado é "energia de trabalho por meio da alegria". O intuito do nome e do departamento era apenas demagógico. As promessas jamais foram cumpridas. O que eles chamavam de "povo alemão" se reduziu aos poucos membros da elite minoritária, ou meritocracia política do nazismo.

291 Smelser, R. (1988). *Robert Ley: Hitler's Labor Front Leader*. Oxfordshire: Berg Publishers.

O departamento KdF anunciou retumbantemente o plano de fazer trinta transatlânticos. Fez dois, que viajaram poucas vezes por quase dois anos, lotados por membros do partido nazista.

Entre as várias expropriações, roubos financeiros e cooptação da meritocracia técnica, com adesões, algumas vezes espontâneas de associações de engenheiros, médicos, advogados, administradores e industriais ao partido nazista, outras vezes, instituídas por violência e assassínio, mas apresentadas como se fosse legal, por meio de decretos governamentais, estava o projeto de um carro popular, denominado Volkswagen (carro do povo).

Hitler tinha algumas opções, pois algumas indústrias de automóveis de capital privado estavam trabalhando para fazer um carro para o povo, de baixo preço. Optou pela realização de uma equipe de engenheiros longamente reconhecidos, chefiada por um projetista de automóveis, já famoso por ter projetado veículos para uso civil, para competições e bélicos, chamado Ferdinand Porsche. O departamento KdF cooptou a equipe de engenheiros a, literalmente, "peso de ouro", apropriando-se do projeto do carro do povo dessa equipe. Já havia protótipos oferecidos para indústrias privadas, Zundapp, Gutbrod e NSU. Proibiu, ou aprisionou, outras equipes de engenheiros: só o partido podia fazer o carro do povo. O governo nazista decidiu que o DAF de Robert Ley e o KdF de Bodo Lafferentz iriam administrar a fábrica de material bélico, e que lá também seria produzido o carro para o povo. Lafferentz decidiu pessoalmente que a fábrica seria instalada em uma enorme gleba ao longo de um trecho da maior hidrovia alemã, cujo início de construção ocorreu em 1901: o Canal Mittelland, no rio Elba. Expropriou pessoalmente, mas em nome de Adolf Hitler, terras perto da cidade de Braunshweig. Abrigava uma mata milenar e um castelo medieval, chamado de Wolfsbug, até então propriedade da família Von Shulenburg. Hitler mudou, abruptamente e sem aviso para ninguém, a não ser Lafferentz e Ley, o nome do carro, para "KdF wagen", ou carro KdF. A meritocracia técnica, representada pela equipe chefiada por F. Porsche e os administradores, incluindo Lafferentz, não gostou da ideia, mas, devidamente cooptados e também por bajulação, não expressaram sua visão para Ley e Goebbels. Que, por sua vez, idealizaram uma pomposa cerimônia militar para comemorar o início da construção da fábrica. O conde Von Schulenburg, que havia expressado descontentamento, não foi preso, mas também não foi convidado para a cerimônia militar, na qual Hitler fez um discurso para promover a venda de cotas do consórcio e anunciar "mais uma vitória do nazismo".

Bodo Lafferentz idealizou uma pedra inaugural: um enorme paralelepípedo de granito de três metros e meio de altura, com o desenho de uma roda denteada e a cruz gamada nazista, esculpidas em alto relevo nas seis faces. Importou operários italianos para mandar construir rapidamente a fábrica, dotada de enormes *bunkers* no subsolo para suportar bombardeios. Acrescido a isso, idealizou o primeiro consórcio de automóveis do mundo. A fábrica fez três protótipos do automóvel, para serem usados como propaganda demagógica para vender cotas do consórcio, por meio de apresentações de natureza circense em algumas cidades alemãs, para subtração de dinheiro da população. Anunciou que faria 200 mil unidades do automóvel por ano. Tornou-se atração popular – o povo alemão, conhecido por fazer anedotas às suas próprias custas, dizia, "o KdF-wagen é como Deus – todo mundo fala dele, mas até hoje ninguém o viu". A fábrica fez pouco mais de 600 unidades, "doadas" aos altos funcionários da meritocracia política do nazismo. Em vez de cumprir as promessas demagógicas, Hitler e sua meritocracia política preferiam iniciar mais uma guerra mundial. A meritocracia política prevaleceu sobre a meritocracia técnica: o resultado foi que nenhum dos poupadores, que pagaram entre vinte e oitenta por cento do preço, recebeu o carro; menos ainda, qualquer devolução do dinheiro. Parte do numerário foi levado para a Suíça, país onde Bodo Lafferentz e sua família prefeririam morar. A fábrica KdF sequer ficou pronta; além da pequena série de 600 carros, passou a servir como oficina de reparo de aeronaves de guerra e para fabricação de bombas e do primeiro míssil teleguiado na história militar. Os engenheiros projetistas tornaram-se empregados de manutenção, supervisionando o transporte do maquinário pesado para o subsolo e terrenos adjacentes, com o intuito de evitar sua destruição por bombardeios. A equipe de engenheiros adaptou o automóvel KdF para transportar a meritocracia política do *establishment* militar alemão em terrenos não pavimentados. Tratou-se de uma cópia alemã de um automóvel rústico, projetado pelos engenheiros de três fábricas norte-americanas privadas (Bantam, Willys e Ford). Foi denominado Mk II, MA e MB e GPW: acrônimo de General Purpose Wagon (caminhão para finalidades gerais), logo abreviado pelos soldados – a meritocracia técnica das forças armadas – para "GP", cuja pronúncia em inglês é "Jeep". Nome que se tornou universalizado, pois os norte-americanos fizeram 650 mil unidades durante a guerra. O veículo passou a ser vendido para a população civil sem adaptações; foram feitas cerca de 400 mil unidades, mais de 50 delas em outros países. Em contraste, o KdF-wagen militar, chamado de Kübelwagen (carro banheira), teve 50 mil unidades produzidas apenas para uso da meritocracia política militar. Jamais foi colocado para serviço civil.

Depois da Segunda Guerra, o nome KdF-wagen foi suprimido e o carro voltou a ser batizado com o nome original, Volkswagen. O retorno do nome se deu pelo fato de que a produção em série finalmente começou, por obra dos engenheiros – meritocracia técnica – das Forças de Ocupação Britânica. Isso se deu em 1948, quando as forças de ocupação de Estados Unidos, Inglaterra e França nomearam um antigo membro da meritocracia política alemã de um partido liberal, Konnrad Adenauer, para presidir o país. Ele havia sido poupado pelo governo nazista por motivos até hoje não conhecidos. Os engenheiros ingleses descobriram um engenheiro alemão, Heinz Nordhoff, que morara nos EUA e voltou para a Alemanha, sendo ex-funcionário administrativo da General Motors, empresa que havia colaborado comercialmente com o governo nazista. Pediram-lhe que presidisse a fábrica, que produziu o automóvel em quantidades inauditas, tornando-o um fenômeno mundial e responsável pelo "milagre econômico alemão", fornecendo divisas estrangeiras ao novo governo.

A fábrica, hoje, abriga, em silêncio e invisibilidade temporários, a pedra inaugural, o imenso paralelepípedo de granito com o símbolo nazista. Alguns funcionários, antigos membros do partido nazista, após o conflito, decidiram mergulhar o pedregulho no Canal Mittelland. Alegaram que iriam aguardar tempos diferentes para colocá-lo em terra novamente.[292]

O que seriam esses tempos diferentes, no futuro? Seriam tempos melhores para alguns descendentes de pessoas que se intitularam nazistas e hoje se intitulam neonazistas? Ou seriam tempos nos quais não haveria tantas restrições e ódio ao sistema genocida? Ou seriam tempos nos quais haveria apenas interesse histórico, como justificou Barbara Nordhoff Cantacuzino, filha do primeiro presidente da fábrica no pós-Segunda Guerra?[293] Qual poderia ser o *establishment* de elites meritocráticas políticas que prezaria seu nome, sem ter seus "-istas"? Ou sem estabelecer um "-ismo"? Ou serão tempos piores, para os que nunca tenham integrado essas meritocracias políticas?

Até o ponto que foi minha investigação, o auge – até agora obtido – da prevalência da meritocracia política sobre a meritocracia técnica ocorreu nas mais cruéis ditaduras já existentes, caso o critério seja a estatística (macabra para alguns, prazenteira para outros) que mede a incidência de assassinatos em série no século XX: o estalinismo e o nazismo. Há muitas evidências confirmando o fato de que um dos fatores contribuintes para a derrota da ditadura alemã foi a certeza

292 Mommsen, H., & Grieger, M. (1996). *Das Volkswagenwerk und seine Arbeiter im Dritten Reich*. Dusseldorf: ECON Publishing.

293 Sandler, P. C. (2011). *Porsche: o homem, o carro, o mito*. São Paulo: Alaúde.

dos governantes de que investigações de micropartículas seriam invenções judaicas e, portanto, pseudociência;[294] o estalinismo impôs a prática de pseudociências, como a antropologia e a agronomia inventadas ideologicamente por Trofim Lysenko.

O *establishment* acadêmico fornece indicações a respeito da tendência de transformar o que apareceu como meritocracia técnica em meritocracia política.

As primeiras gerações que integravam os membros de grupos congregando pessoas dedicadas a questões práticas, hoje agrupadas dentro das disciplinas de medicina, psiquiatria, psicologia e psicanálise, foram compostas por meritocracias técnicas.

Até hoje, no estado de desenvolvimento de todos nós, seres humanos, tem ocorrido uma escolha, natural ou não, de algum tipo de submissão a alguém que foi qualificado por W. R. Bion, em *Experiência em grupos*, líder messiânico.

Segundo a experiência de Bion e Jaques, líderes messiânicos, tanto na meritocracia técnica como política, são escolhidos pelo grupo por vários fatores, e sempre em estados de alucinose compartilhada; sob o vértice psicanalítico, movidos por fantasias transferenciais. Isso ocorre até mesmo nos casos em que o líder messiânico possa ter realizado, ou possa realizar no futuro, ou até mesmo durante o período em que o grupo se forma, algum tipo de trabalho que pode ser qualificado, ainda que toscamente, mas da única forma possível para mim, como um trabalho real; ou útil; ou nutritivo para o próprio grupo, ou para o grupo social circundante. E não destrutivo para o desenvolvimento minimamente harmônico do grupo ou do grupo social circundante. De modo mais específico, sob o vértice psicanalítico: o grupo pode estar o mais isento possível de estímulos paranoides ecoando no próprio indivíduo e no grupo: fantasias faustianas do saber absoluto, de estados de onisciência e

294 Hilberg, R. (1985). *The Destruction of the European Jews*. New York: Holmes & Meier.

onipotência, que se constituem como incitações para o ciclo de avidez e inveja, tantas vezes consciente, quando há tendências psicopáticas para ingratidão beligerante.

Até o momento, conhecem-se poucos dentre esses fatores – três, denominados "pressupostos básicos". Sugeri a existência de um quarto pressuposto em outro estudo,[295] (ver página 255 do Capítulo 9), no qual estão citados outros pesquisadores que propuseram outros "pressupostos básicos", mas sem dispor de nenhuma origem na experiência clínica em psicanálise.

Os fatores funcionam em um todo complexo, desconhecido, totalmente específico, de modo que pode ser visto à medida que está funcionando. Parece-me obedecer à observação metafórica de Otto Neurath,[296,297] um dos membros do movimento neopositivista em teoria da ciência, a respeito de uma vicissitude recorrente em todo trabalho científico. Fez uma analogia a uma embarcação que sofre danos enquanto navega e que precisa ser restaurada enquanto está navegando. Nunca é possível iniciar o trabalho partindo daquilo que é novo: já houve algo antes. A própria analogia encontra correspondentes prévios na literatura sobre teoria da ciência – corresponde à observação de Bacon que dá o moto para este texto.

---

295 Sandler, P. C. (2001). A roupa nova do rei: um quarto pressuposto? *Rev. Bras. Psicanal.*, *35*: 907-934.

296 Pepe, D (1989). Um grupo de discussão aberta sobre a linguagem e a ciência: o Círculo Filosófico de Viena. In *A Emoção e a Regra. Os Grupos Criativos na Europa de 1850 até 1950* (organizado por Domenico de Mais; versão brasileira por Elia Ferreira Edel). Rio de Janeiro: José Olympio, 1999. pp. 205-228.

297 Cunha, I. F. (2015). Uma discussão sobre a unidade da ciência: Neurath e a utopia da ciência unificada. *Scientiæ studia*, *13*(1): 97-122. https://doi.org/10.1590/S1678-31662015000100005

Sob um vértice que considera as experiências emocionais vinculando os membros do grupo, há várias observações, sob o vértice psicanalítico, de que o líder messiânico reúne funções de paternalidade – conforme observado por Freud em *Totem e tabu*, *Psicologia de grupo e a análise do ego*, *Mal-estar na civilização* e *Moisés e o monoteísmo*.

Talvez falte um estudo que observe e descreva, com exemplos práticos, o quanto um líder messiânico pode exercer funções de maternalidade, fato que pode ser indicado pela existência de sociedades matrilineares;[298] um estudo desse tipo, caso escape dos modismos de feminismo e seja feito sob o vértice psicanalítico, poderá considerar um fato da realidade material e psíquica da natureza humana: a bissexualidade. Maternalidade e paternalidade podem ser exercidas de modo independente do sexo biológico ou de escolhas do que hoje em dia se denomina "gênero", vinculadas diretamente ao princípio do prazer-desprazer.

Podemos identificar um período inicial no funcionamento dos grupos quando ainda estão em uma situação gestacional. Nesse período, em nossa cultura, originária da Antiguidade na Mesopotâmia e influenciada pelas culturas indo-europeias, prevalece a meritocracia técnica. Tanto na história racial como na história de todas as disciplinas científicas e de todas as associações, clubes ou grupos que já foram erigidos e nomeados para congregar aquelas pessoas que exercem alguma *tekné*, ocorre um modo de funcionamento intergrupal, ou entre os membros do grupo que Émile Durkheim denominou "solidariedade orgânica". O estudo pode ser estendido e aprofundado se aliarmos as noções e correspondentes concepções advindas dos trabalhos de dinâmica grupal sob o vértice psicanalítico, oferecidos por W. R. Bion e J. Rickmann, e depois desenvolvido por E. Jaques.

---

298 Hurtado, A., Katherine, N., & Franco, A. V. (2021). La sociedad matrilineal asante: género, poder y representaciones sociales. *Revista Colombiana de Sociología*, *44*(2): 169-188. https://doi.org/10.15446/rcs.v44n2.87907

Emerge no funcionar grupal algo que Bion chamou de um grupo transitória e fragilmente coeso por um dos "pressupostos básicos": é um grupo que pensa ter encontrado ou encontrou um líder messiânico. Nesse caso, esse líder inicial já existia antes do grupo ser organizado quase que espontânea e funcionalmente, pois os membros do grupo tinham algum tipo de necessidade, ou urgência, também existente antes da organização grupal. Por mera probabilidade, encontram aquele que elegem, inconsciente e conscientemente, como líder messiânico. Enquanto a solidariedade orgânica mantém-se pela meritocracia técnica, o pressuposto básico se transforma, e surge o que Bion denominou "grupo de trabalho", unido por uma finalidade comum: um trabalho técnico. O grupo não decai – como grupo de trabalho – até que surjam outros pressupostos básicos, também descritos por Bion: de luta-fuga e de acasalamento.

Relembro que minha suposição é a de que a meritocracia técnica poderia ser considerada como tendo uma origem histórica anterior ou precedente à história da criação da meritocracia política. O fator fundamental na necessidade grupal da criação de meritocracias políticas me parece ser numérico, e a necessidade é dada pelo crescimento do número de membros.

Há meritocracias políticas organizadas anteriormente às meritocracias técnicas em todas as vezes nas quais alguma técnica funciona financeiramente de modo excepcional, e o fator principal pode ser visto sob o vértice psicanalítico: há uma evocação, ou provocação, ou incitamento ao ciclo de avidez-inveja individual e grupal, resultando em situações de rivalidade (individual e social); usando a nomenclatura proposta por Freud, a emergência de narcisismo. Usando a nomenclatura proposta por Klein, a prevalência de ocupar-se a posição esquizoparanoide, impedindo o livre movimento em tandem com a posição depressiva. Caso haja a interferência do que na nomenclatura psiquiátrica se denomina psicopatia, ou sociopatia, e delinquência, a prevalência da posição esquizoparanoide emerge por ingratidão assassina; ou, no caso de delinquência, assassina e suicida. Em termos de comportamento, caracterizam estados maníaco-depressivos. Resultam, sob o vértice sociológico, em exageros do capitalismo privado e estatal, sempre exercidos por minorias autoritárias dominantes.

Uma interpretação baseada em experiência psicanalítica poderia ser resumida por intermédio de um moto: o que eu não posso ter naturalmente (competência técnica) vou poder ter por expropriação, roubo, imitação e plágio.

Alguns exemplos:

- Sob o vértice artístico: quantos pintores "impressionistas" surgiram, por imitação, mas sem obter o impressionismo real?
- Sob o vértice comercial-financeiro: a tentativa de George B. Selden de patentear o desenho de todos os automóveis do mundo sem nunca ter sido engenheiro nem ter construído um veículo.[299]
- Sob o vértice pedagógico, na disciplina médica: no Brasil, florescem escolas médicas fundadas por grupos do grande capital em concubinato de corrupção com membros da minoria autoritária governamental. São destituídas da base hospitalar e de professorado minimamente competente, mesmo que "autorizado" por certificações oficiais, para qualquer atividade que não a política. Faço a suposição, mesmo sem ter o benefício de uma prova real, de que o mesmo exemplo pode ter ocorrido na China de Mao Zedong, onde a meritocracia política do moderno mandarinato impôs a prática dos "médicos de pés descalços" e ideias de superioridade da acupuntura sobre a "medicina capitalista".[300] Isso mudou com o espraiamento rapidíssimo de universidades em megalópoles nos últimos trinta anos? Minha suposição é de que os mortais enganos diagnósticos e terapêuticos da covid-19 – uma doença cuja base

299 Stein, R. (1967). *The Automobile Book*. Midddlessex: Paul Hamlyn.

300 Miyasaka, L. S. (2011). Minha visão da prática médica na China. *Diagn. Tratamento, 16*: 42-43.

é uma reação inflamatória violenta acompanhada de coagulação intravascular disseminada, e não primariamente uma doença respiratória – sejam produtos da prevalência de meritocracia política sobre meritocracia técnica, agravada por fantasias de superioridade nacionalista ou patriotagem – "o último refúgio do canalha", na observação do dr. Samuel Johnson.[301] A marca assassina da prevalência da meritocracia política talvez apareça mais claramente no preço pago pelo verdadeiro médico, Li Wenliang, pela ousadia de avisar o mundo da invasão do vírus da covid-19: morreu aos 25 anos, em circunstâncias duvidosas e nunca esclarecidas, havendo hipótese de assassinato por desobediência a regras da meritocracia política. Querer responsabilizar a cultura chinesa pelo assassinato implicaria a afirmação preconceituosa e consequentemente falsa de que só se assassina na China, escondendo a prevalência da meritocracia política sobre a meritocracia técnica.

- Sob o vértice de psiquiatria e psicologia social: em mais uma entre as inumeráveis ironias da história, a meritocracia política prevaleceu na divulgação – mas não na confecção – do mais abrangente e esclarecedor estudo sobre o fenômeno do totalitarismo e do autoritarismo, enfocando o protótipo mais pernicioso (segundo alguns) e benéfico (segundo outros, em número crescente na atualidade). Foi feito por R. N. Sanford, em *A personalidade autoritária*, e Hannah Arendt, em *A condição humana*. Hannah Arendt obteve um local nas duas faces da meritocracia, política e histórica, e seu nome dispensa apresentações. Arrisco colocar um pequeno teste para o leitor. Quem foi R. N. Sanford? Qual foi sua obra? Fiz o teste em alguns cursos que pude ministrar, no Brasil e em algumas cidades no exterior. Mesmo no estado da Califórnia, só encontrei uma pessoa no movimento psicanalítico que tinha

301 Boswell, J. (1791). Life of Samuel Johnson. In *The Great Books of The Western World*. Chicago: Encyclopaedia Britannica Inc., 1994.

uma lembrança a respeito dele.[302] Em contraste, um dos vários colaboradores do estudo, Theodor Wiesengrund Adorno – auxiliado por R. N. Sanford de um modo que apenas filhos podem ser –, assim que pôde, abandonou os Estados Unidos e passou a ser idolatrado pelo *establishment* que se autoproclama "de esquerda" na Europa. Ganhou fama e ficou conhecido como se tivesse sido o principal autor e organizador do estudo inspirado pela psicanálise a respeito da personalidade dos líderes autoritários (formulação verbal que os autores preferiram a "totalitários"). Isso não coloca em dúvida as capacidades literárias e filosóficas de Theodor Adorno, que deixou sua marca na historiografia da música, mas questiona a interferência da meritocracia política: Sanford, idealizador, organizador e principal responsável, seguiu as regras da meritocracia política então vigentes de colocar seu nome no final da lista de autores, espaço reservado para os verdadeiros idealizadores.[303,304,305] Os poucos autores na atualidade que citam essa obra – a meu ver, de estudo necessário para todos os psicanalistas, como acréscimo às suas análises pessoais – afirmam que foi "feita" por T. W. Adorno.

Críticas sociais, teológicas e políticas a ditadores e totalitários parecem ser tão antigas quanto a instituição da beligerância ávido-invasiva e do escravagismo, remontando à época de Genghis Khan, Júlio Cesar, Calígula, Cômodo, abrangendo quase todos os papas e a maior parte dos mandamentos de Martinho Lutero, mais um entre

---

302 Sanford, R. N. (1958). Freud and American Psychology. *The Sociological Review*, 6: 49-66.

303 Adorno, T. W., Frenkel-Brunswlk, E., Levinson, D. J. & Sanford, R. N. (1950). *The authoritarian personality*. New York: Harper & Row and University of California.

304 Arendt, H. (1959). *The Human Condition*. New York: Anchor Books.

305 Arendt, H. (1961). *Eichmann in Jerusalem: A Report of the Banality of evil*. New York: Penguin Books, 1977.

os muitos críticos do poder político, cuja crítica se fazia apenas e tão somente pelo seu motivo, consciente ou não, declarado por eles ou não, mas historicamente constatável: almejavam atingi-lo e lá se aboletar. Para isso, precisavam de conluios e cumplicidade com outros – formando outra meritocracia política. Na seguinte observação de Bion, sob forma de diálogo entre dois de seus objetos parciais, denominados P. A. e A TERMO, onde P. A. significa "psicanalista", e A TERMO significa, como todo leitor que tenha passado pela experiência de maternidade ou paternidade, ou tenha tido experiência obstétrica, certamente reconhece, um feto que estaria no momento de seu nascimento, ou expulsão do útero:

> P. A.: Todos os institutos são mortos; portanto, como todo objeto inanimado, seguem leis e subleis compreensíveis dentro dos limites do entendimento humano. Entretanto, como essas instituições são compostas de pessoas e indivíduos, que são suscetíveis a desenvolvimento, a instituição começa a ceder à pressão.
>
> A TERMO: Foi o que fez meu útero; tive o bastante disso – o medo de ter a minha vida extorquida compeliu-me a compelir o útero a se submeter à minha contrapressão.[306]

No crucial ato do nascimento, quando as vidas do bebê e da mãe estão sob risco, é o bebê que envia, hormonalmente, o sinal para que o útero comece a fazer o trabalho de expulsão.

Idolatria e iconoclastia: gênios

No senso comum social, costuma-se mensurar, qualitativa e quantitativamente, determinadas pessoas como "grandes": artistas, cientistas,

306 Bion, W. R. (1978). A aurora do esquecimento. In *Uma memória do futuro*. Vol. III (versão brasileira por Paulo Cesar Sandler. Revisão de Ester Hadassa Sandler). Rio de Janeiro: Imago. p. 6.

políticos, esportistas, criminosos, em uma extensão do campo semântico às qualificações de tamanho corpóreo. A formulação verbal, portanto, tornou-se plena de penumbras de significados. Passou a expressar posturas nada isentas de juízos de valor; embora nas duas situações extremas – nascimento e morte – haja uma igualdade incontestável: todos nascemos e morremos nus. O que se pode dizer de deficiências materiais e psíquicas inatas ou adquiridas por desastres e tragédias, biológicas e/ou ambientais?

A época atual é plena de campanhas que apregoam e, em alguns casos, agem efetivamente de um modo que pode ser visto como *pró* pessoas, cuja natureza ou contingências ambientais tenha sido madrasta. Determinam que sejam portadoras de carências ou deficiências em sua realidade material e psíquica, limitando-as, por vezes seriamente, para exercer a vida em grupo nas várias áreas de necessidade social para sobrevivência pessoal e da espécie. De modo geral: são deficientes ou incapazes de obter e manter trabalho e acasalamento. E também somos herdeiros de uma época igualmente plena de campanhas e ações efetivas *contra* pessoas com essas mesmas características, de deficiências em sua realidade material e psíquica (ver Capítulo 6 – Meritocracia).

O fato de haver campanhas a favor não esconde a continuidade da existência daqueles que são contra, do mesmo modo que não há acordo de paz quando não há guerra, em surdina ou não. Uma das campanhas que ganhou fama, iniciada há quatrocentos anos, tinha o *slogan* "Igualdade, liberdade e fraternidade", que virou lema nacional da triste e pobre Revolução Francesa, apregoada como alegre e rica, ou prometendo alegria e riqueza para todos. A verdade histórica é que não durou nem um mês, para ser substituída pelo criminoso horror. Quem hoje se recorda dos intentos democráticos e antiescravagistas de Luís Filipe II, Duque de Orleans; do Rei Luís XVI, um dos poucos imperadores democratas no mundo; de Joseph de Bologne, Chevalier de Saint-George? Quem se recorda de que os dois primeiros foram guilhotinados, e o terceiro, mais resistente, padeceu dez anos nas cadeias dos pseudorrevolucionários? Até o ponto que sei, ficou lugar-comum repetir que Luiz XVI era um homem despótico e injusto socialmente, e que teria sido o "Rei Sol". No entanto, a verdade é que esse apelido foi dado a seu avô; Luiz XIV, que escolhera a figura desse astro para representá-lo. Os qualificativos violentos valiam para o avô e também para seu pai. A história mostra que Luiz XVI aprendeu com os erros criminosos de seu avô e pai, para não os repetir. O resultado foi o mesmo crime, mas com outro nome, e cometido contra ele, e não apenas contra o sistema criminosamente injusto. Que prossegue hoje, sempre transformado nas aparências fenomênicas, com outros nomes: capitalismo selvagem, capitalismo de estado, comunismo etc. Na "Revolução Francesa" que durou pouco mais de um mês, emergiram ditadores com a dotação de criminalidade autoritária, para prosseguir uma carreira de assassinatos, onde ficaram famosos Marat e Danton. Tomaram "o poder".

Quem se recorda hoje do trabalho de um homem chamado Charles Péguy, questionando a "igualdade", mas não a liberdade e a fraternidade? Pessoalmente, e certamente por defeitos na minha formação escolar e universitária, soube dos textos desse homem a partir de um misto de lembrança e alerta de Bion, recuperado por sua esposa.[307]

Invenção e descoberta

Essas duas formulações verbais têm sido usadas no lugar-comum social como intercambiáveis, por serem gramaticalmente consideradas sinônimas. Sugiro, para finalidades operacionais em psicanálise, discriminá-las. A mesma discriminação poderia ser usada em outras disciplinas, que uso neste livro transdisciplinarmente, mas não sou

307 Bion, W. R. (1977-1979). Apêndice A de *Verdades Básicas*, de Charles Péguy. In *Seminários na Tavistock Clinic* (editado por Francesca Bion; versão brasileira por P. C. Sandler). São Paulo: Blucher, 2020. p. 95.

especialista nelas e, portanto, não me sinto autorizado para isso. Para tal discriminação, parece-me necessário definir, o mais precisamente possível, as duas. Sugiro que usemos, operacionalmente, uma definição para "invenção": poderia servir de qualificação para algo (pode ser uma ação materializada, incluindo o ato de se fazer formulações verbais; ou delírios, ou alucinações) dotado de pouca ou nenhuma potência para fornecer aproximações à realidade material e psíquica da natureza humana. Exemplos disso abundam em escritórios de patentes e invenções. Por exemplo, engenhocas que se propuseram a ser motos contínuos.

A possibilidade de fazermos invenções ocorre pela nossa capacidade de fazer ferramentas, fornecida pelo fato de termos, por seleção natural, polegares oponíveis: a região hipotenar da mão humana se opõe à região tenar, dando-nos um movimento que é imitado por pinças e alicates. São ferramentas artificiais, ou seja, conjugam arte com ofício (*tekné*) e, tendo uma contraparte na realidade, mostram-se úteis. No entanto, temos também outras capacidades, e uma delas, descrita anteriormente, é a de fazermos racionalizações, usadas para explicações e, complicando ainda mais a situação, ao aliar racionalizações à capacidade de fazermos ferramentas, podemos dar forma concretizada, externa, a algo que inexiste na realidade material e psíquica, mas onde há preponderância não da realidade, mas da não realidade psíquica, denominados pelos psiquiatras, psicanalistas e psicólogos clínicos de alucinação; ou alucinose; ou delírios.[308]

Voar, como no mito de Ícaro, é uma manifestação de uma invenção. Formulações verbais, como bruxa, belzebu, asmodeu, crocotó,[309] jaguadarte e babassurra[310] (no original, *jabberwocky* e *bandesnatch*)

308 Sandler, P. C. (1997h). Realidade e verdade. In *A apreensão da realidade psíquica*. Rio de Janeiro: Imago. pp. 55-57.

309 Lobato, M. (1932). *Viagem ao céu*. São Paulo: Brasiliense, 1960.

310 Carrol, L. (1871). *Alice através do espelho e o que ela encontrou lá* (versão brasileira por Sebastião Uchoa Leite e Augusto de Campos). São Paulo: Summus, 1980.

correspondem a invenções: não têm contrapartes na realidade material e psíquica, pois têm contraparte na irrealidade psíquica, correspondendo a prazeres alucinatórios. Obedecem ao princípio do prazer-desprazer, ignorando ou negando o princípio da realidade.

Descobertas, por sua vez, podem ser definidas como algo com potência mínima de aproximação à realidade material e psíquica da natureza humana, tendo contrapartes nessa realidade, que tentam indicar e manejar. Permitem a introdução do princípio da realidade. Voar, segundo o método tecnológico descoberto por George Cayley, por formulações matemáticas aplicadas à física, a respeito da diferença de pressão hidrostática em um plano inclinado submetido a uma aceleração e velocidade definidas, é exemplo de uma descoberta. Obras de ficção, como as escritas por Ítalo Calvino, entre muitos e muitos outros – não há escassez – que conseguem ser mais reais do que julgamos ser realidade, sonhos, isentos de racionalizações, são caminhos para descobertas. Se tiverem consequências tecnológicas, também dependem de nossa capacidade de fazer ferramentas, aliadas à intuição; sensível ou não. O conceito sobre intuições sensíveis foi definido por Kant; a partir daí, e baseado na experiência clínica em medicina e psicanálise, propus a hipótese sobre a existência de intuições não sensíveis, a ser acrescentadas à hipótese de Kant.

Descobertas podem ser feitas por artesãos – que dominam minimamente as várias *teknais* –, cuja criatividade é momentânea, imanente, transitória e puramente individual – como o é a criatividade fundamental, de natureza sexual, feita por um casal parental. Difere daquela que emerge, inopinadamente, tantas vezes de modo impactante ou surpreendente, nas pessoas que poderiam ser denominadas de "descobridores". Esses últimos têm sido qualificados como se fossem "gênios". Essa palavra admite uma penumbra de significados; na maioria, pelo menos na minha visão, infelizes, na medida em que podem impor, ou pelo menos sugerir, a presença de fantasias de superioridade. Pode também ser um reconhecimento a um conjunto complexo e raro, formado, até o ponto que vai minha experiência em análise e de vida, de habilitações materiais e psíquicas inatas, por herança filogenética e seleção genética, altamente específicas. São produto de pura probabilidade, que lhes legou capacidades de atenção intuitiva ao detalhe e ao todo dos fenômenos. Podem ser impulsionadas, ou refreadas, ou até mesmo impedidas, se a pessoa nasce em um certo espaço-tempo adequado ou inadequado à expansão dessas habilitações filogenéticas e capacidades. São determinadas também por criação familiar, que lhes qualificou fazer parte das meritocracias técnicas (ou científicas, ou artísticas). Cada um de nós pode fazer sua lista particular para alguma meritocracia científica e para alguma meritocracia artística. Tudo que escrevi no parágrafo anterior pode ser resumido pela teoria das séries complementares de Freud.

Genialidade, ou gênios, chamados por Bion de "místicos", têm originado sérias dissenções. São manifestadas por instituições por meio de situações conhecidas genericamente como se fossem grandes "prêmios". Aparecem também em corridas por cargos, quando funções são esquecidas. Cedem lugar a competições rivais idolátricas, à memória de um futuro iconoclástico – "quem é o melhor"; "o máximo", o "*top*". Seguem as regras para alucinose, conforme elencadas por Bion em *Transformações* e que, em minha experiência e na de outros, precisa também ser vista como grupal: seriam estados de alucinose compartilhada em grupos – objeto de um estudo anterior (ver "o quarto pressuposto", página 261). Mostram o triunfo da crença de que receber é superior a dar; de que distorções na apreensão são superiores a apreensões. Parecem-me estados em que há prevalência de transformações de alucinose, compartilhada entre a maioria dos membros do grupo.[311] Se há um melhor, há um pior; se há um máximo, há um mínimo. Se há um *top*, há um *bottom*.

---

311 Bion, W. R. (1965). *Transformações* (versão brasileira por P. C. Sandler). São Paulo: Hirondel. pp. 109, 130-131, 201, 205-210.

Competição pelo quê? Para quê? Entre quem? Em uma análise, quem é o melhor? O paciente? O analista?

Quais são os fatores que motivam ver diferenças sob o vértice de superior-inferior? Superioridade racial? Étnica? De classe social? De erudição? Coloração epidérmica, mera aparência sensorialmente apreensível, pelos nossos limitados órgãos sensoriais, ou de qualquer outro órgão do corpo, como artérias, veias, vasos linfáticos ou nervos? O século XX marcou o maior recorde de destruição em massa jamais visto nessas bases racionalizadas, mergulhadas em racionalizações[312] e negação.[313]

Parece-me que um dos alicerces clínicos para a descoberta da psicanálise foi a elaboração desse tipo de fantasia ávida e destrutiva. Sugiro denominá-la idolatria; sob o vértice da clínica psicanalítica, foi chamada por Freud de transferência.

Falsidade prevalece quando um membro do movimento psicanalítico sente, ou sente-se obrigado, ou pressupõe que precisará sentir e apregoar que suas interpretações serão "julgadas como demonstrando como seu conhecimento, sua experiência, seu caráter são necessários para formular aquele pensamento daquela maneira que foi formulado, mais razão haverá para supor que a interpretação é psicanaliticamente inútil".[314]

Seu aparato psíquico estará em um estado monopolar, nunca hétero, denominado por Freud "narcísico". Se usarmos a extensão fornecida pela obra de Melanie Klein: ocupando a posição esquizo-paranoide, estaticamente, em tempo integral e dedicação exclusiva.

---

312 Freud, S. (1911). Psycho-Analytic Notes on an Autobiographical Account of a Case of Paranoia. *SE*, vol. XII.

313 Freud, S. (1925). Negation. *SE*, vol. XIX.

314 Bion, W. R. (1970). *Atenção e interpretação* (versão brasileira por P. C. Sandler). Rio de Janeiro: Imago, 2007. p. 114.

As duas meritocracias têm permitido esse tipo de movimento violento, com requintes de crueldade interpessoal. Uma evidência na academia é a prevalência da instituição dos *peer-reviews*, reflexo editorial das teorias de Thomas Kuhn a respeito de "paradigmas" científicos.

A meritocracia política parece ter sido, na antiga Grécia, baseada na pólis, sonho idealizado por Sócrates, Platão, Péricles, Alexandre e alguns de seus discípulos, como Aristóteles, jamais tornada realidade estável. Sucedeu entidades governamentais mais primitivas da horda, como os clãs, sultanatos e reinados, mas novamente foi substituída por elas. Pode ser baseada em capacidades individuais de estabelecer relacionamentos pessoais construtivos e realísticos para a formação do que pode ser visto como "grupos de trabalho": elaboração, promoção ativa e manutenção de sociedades e agremiações.

Seria impossível uma burocracia organizadora sem a competência e a dedicação de indivíduos talhados para esse tipo de trabalho.

Questionei anteriormente sobre a possibilidade de existirem dotes genéticos, naturais. Talvez, no futuro, estudos advindos do Projeto Genoma[315] possam iluminar essa possibilidade. Não há dúvidas a respeito da existência de necessidade, tampouco de métodos de formação profissional.

Mais provavelmente, haveria todos esses fatores agindo em conjunção complexa, ainda não explorada. O fato parece-me estar iluminado, em termos de um caminho a ser explorado, pela teoria das "séries complementares". São componentes da realidade material e psíquica da natureza humana e de suas vicissitudes e sofrimentos. A mesma teoria pode ser vista sob o vértice genético[316,317] na diferencia-

315 Collins, F. S., & Fink, L. (1995). The Human Genome Project. *Alcohol Health Res. World*, *19*: 190-195. https://www.ncbi.nlm.nih.gov/pmc/articles/PMC6875757/ PMID: 31798046; PMCID: PMC6875757

316 Beiguelman, B. (1968). *Citogenética humana*. São Paulo: EDART.

317 Kemble, H., Nghe, P., & Tenaillon, O. (2019). Recent insights into the genotype-phenotype relationship from massively parallel genetic assays. *Evol Appl.*, *12*: 1721-1742. doi: 10.1111/eva.12846. PMID: 31548853

ção entre genótipo e fenótipo. Freud, como Darwin, não dispunha de pesquisas genéticas.

Sinto-me grato a alguns poucos entre os colegas que exercem funções na meritocracia política de instituições. De modo geral, parecem-me mais movidos por impulsos que não podem ser qualificados como científicos nem artísticos. Espero que meu próximo comentário possa se desatualizar e que o objeto do mesmo prove ser apenas uma questão de moda. Outros colegas nessas funções, na atualidade, têm defendido a substituição de psicanálise pela arte. Parecem-me idênticos, no seu propósito, daqueles que já defenderam, e daqueles que ainda defendem, a substituição da psicanálise por outra que tem certeza ser melhor, nas "dissidências"; por fenomenologia; por estruturalismo; por existencialismo; por pós-modernismo; por outras psicoterapias etc. Ou o futuro provará que essas substituições marcadas não por complexidade, mas por caos, tenderão ao infinito?

De modo específico, sinto-me grato a alguns que organizaram e continuam organizando as associações que congregam os membros do movimento psicanalítico, que promove cursos, congressos e reuniões. Em princípio, têm a oportunidade de levar a cabo serviços de utilidade pública.

Há algumas questões tão antigas: quantas dentre as pessoas que exercem essas funções são competentes para realizar esse tipo de serviço? A competência pode ser vista como capacidade e disponibilidade, tanto técnica como política. Quantas dessas pessoas podem ser vistas, por elas mesmas e por outras, como isentas ou plenas de corrupção financeira ou de honrarias por vaidades pessoais, expressões fenomênicas de ocupar-se a posição esquizoparanoide?

No entanto, mesmo organizações burocráticas que, de início, voltaram-se para o que talvez possa se denominar como bem nutritivo comum nunca foram infensas a uma situação específica, análoga à de uma "célula solitária, onde espreita a inveja, apenas aguardando para se tornar maligna",[318] inimiga mortal daquilo que "é infinito enquanto dure, posto que é chama".[319]

Talvez seja esse um dos fatores altamente problemáticos em instituições, ou o *establishment*. Quantos podem adentrar a imaterialidade que caracteriza o que Freud denominou realidade psíquica?

O adentrar pode ensejar o comunicar e o ensinar – esse último uma das atividades impossíveis, segundo Freud, junto ao governar e à atividade médica, o "curar". Tenho visto o erro, que só posso creditar à meritocracia política, de substituir a redação do prefácio de Freud ao livro de August Aichhorn,[320] pessoa que, historicamente, ocupou primeiro uma função na meritocracia política de uma instituição penitenciária para depois ocupar a primeira função na meritocracia técnica em psicanálise aplicada à pedagogia. O erro é substituir "cuidar", como Freud escreveu, por "psicanalisar". Prefiro não citar exemplos, são tantos... Só posso dizer que nunca vi a citação original, a não ser no prefácio de Freud – o que pode ser um engano em minha pesquisa.

O ensinar – mas não o aprender, emanação de amor – precisa se materializar, por vezes perdendo suas expressões de amor, mas nunca as de ódio.

A meritocracia técnica no uso de força física, tanto de contenção como de invasão, com efeitos paradoxalmente construtivos, se utilizada de modo reativo, na defesa de sobrevivência de etnias, tem sido admitida para o estamento militar, umbilicalmente ligada à outra meritocracia, que propus denominar política.

Vou especificar um pouco mais um dos trabalhos de Eliott Jaques, que citei algumas vezes neste livro. Foi um entre os membros da Sociedade Britânica de Psicanálise, analisado por Melanie Klein.

---

318 Bion, W. R. (1975). O sonho. In *Uma memória do futuro* (Vol. I, P. C. Sandler, Trad. Prefácio de Frank Phillips). São Paulo: Martins Fontes. p. 16.

319 Moraes, V. (1939). *Soneto de fidelidade*. São Paulo: Ediouro, 2002.

320 Freud, S. (1925). Preface to *Wayward Youth*, by Auguste Aichhorn. New York: Viking Press, 1935. p. viii.

Aproximou-se, aparentemente de modo espontâneo e natural, de Wilfred Bion: os dois tornaram-se amigos. Entusiasmou-se com os trabalhos feitos no Northfield Hospital para reabilitação de soldados e com o mesmo método usado para seleção de oficiais no Exército e na Força Aérea Britânica. Introduziu, em 1950, a técnica grupal de Bion em uma empresa metalúrgica privada – Glacier Metal Company, liderada por Wilfred Brown, um empresário generoso e culto. Com a ajuda de líderes sindicais, obtiveram fato único, em época de gravíssima depressão econômica, motivada pela perda das fontes financeiras ultramarinas do império britânico, esfacelado com o esforço de guerra. O fato único consistiu em manter emprego para o operariado por meio da diminuição de salários e horas de trabalho, resolvidas por toda a força de trabalho, "de baixo para cima", e não como imposição de uma liderança piramidal.

Não será injusto afirmar que, a exemplo da maioria dos autores em psicanálise que nos forneceram contribuições reais, a obra de Jaques tem sido largamente desconhecida em muitos meios – inclusive no movimento psicanalítico no Brasil, usualmente aberto. Quase todos os livros que escreveu tornaram-se clássicos em ambientes empresariais – governamentais ou privados, que assinalei no Capítulo 1 – A diferença entre meritocracia técnica e meritocracia política.[321] Apontados como responsáveis por crescente interesse no funcionar da mente individual, originaram fenômenos como o estudo da psicologia por administradores de empresas e financistas.

Entretanto, outros fatores se ajuntaram pelo crescimento exponencial da população mundial, refletido em toda e qualquer área de atividade que se possa considerar. É dificílimo que aumentos quantitativos se acompanhem por desenvolvimento qualitativo em qualquer atividade.

---

321 Jaques, E. (1976). *A General Theory of Bureaucracy.* Londres: Heinemann, 1981.

Mais fácil é demonstrar esse fato nas áreas comercial e industrial, nas quais ficam óbvios os efeitos mais destrutivos dessa difícil integração. No entanto, a complicada equivalência entre qualidade e quantidade ocorre de modo ainda mais destrutivo em área educacionais e de cuidados a pessoas que sofrem. Produzem "pouco saber".

Alguns, imortalizados por Umberto Eco no personagem caracterizado como um monge de nome Jorge, no romance *O nome da rosa*, pensavam que nenhum saber seria melhor que pouco saber, ordenando a destruição de livros sérios. Em nossa observação, fator principal na emergência de degeneração dos processos envolvidos nessa necessidade humana, a do conhecer.

Banalização – na época expansionista da Igreja Católica, denominada vulgarização – tem sido consequência obrigatória. Predomina em grupos com grande quantidade de membros e torna-se atração, na medida em que é um estímulo para que haja perda de oportunidades para exercer-se criatividade individual; e além disso, é um fator poderoso para que se mantenha essa perda. Facilita a introdução de ritualizações e automatismos, poupando os integrantes do grupo do enfrentamento daquilo que não conhecem, do que seria novo, por temerem mudanças catastróficas.[322]

Criatividade real foi substituída por fenômenos de massa? Foram descritos por Gustave Le Bon, inspirador para muitos sociólogos, jornalistas[323] e também para Freud.

Progressos na iluminação dos comportamentos individuais e nos princípios do funcionamento mental, todos devidos à obra de Freud e alguns de seus continuadores, demonstram a complexa interferência

---

322 Sandler, P. C. (2009d). Catastrophic change or fear of change felt as catastrophe? In *Dreaming, Transformations, Containment and Change* (vol. I of *A clinical application of Bion's concepts*). Londres: Routledge, 2019. pp. 317-342.

323 Mackay, C. (1841/1995). *Extraordinary Popular Delusions and the Madness of Crowds*. Ware: Wordsworth.

dos três instintos humanos básicos (epistemofílico, de vida, de morte, além de uma variação do último, colocado como um terceiro princípio do funcionamento psíquico, o "princípio do Nirvana"), descobertos ou propostos por Freud em 1909, 1910, 1920 e 1923 nos percursos historicamente confirmáveis das duas meritocracias, a técnica e a política.

Nossa observação e investigação na história das ideias demonstra que uma (pode haver outras) interferência degenerativa ocorre quando a meritocracia política passa a prevalecer sobre a meritocracia técnica.

> *Estou convencido da força da posição científica da prática psicanalítica. Acredito que a prática dos psicanalistas em fazer da psicanálise uma experiência essencial de treinamento lida com as dificuldades fundamentais no momento, pois disponibiliza o consciente e o inconsciente para correlação; mas não considero menos premente a necessidade de investigar a fragilidade que se origina de uma construção teórica defeituosa, da insuficiência da notação e de falhas no cuidado metodológico e na manutenção do equipamento psicanalítico.*[324]

O princípio de Fechner[325] da constância de energia interna, formulado em 1839, pode – e, a meu ver, precisa – ser considerado à luz do vértice psicanalítico, do modo proposto por Freud. Tenta mensurar as relações entre quantidades de excitação a partir de estímulos, externos (por exemplo, luz ou som) ou internos (sentimentos e afetos, no esclarecimento feito por Bion sobre o trabalho de Freud). O princípio se baseia em um sentido vetorial, descoberto por Fechner e seu colega

---

324 Bion, W. R. (1962b). *Aprender da experiência* (versão brasileira por Ester Hadassa Sandler). São Paulo: Blucher, 2021. p. 135.

325 Fechner, G. T. (1860). Elements of Psychophysics (versão em inglês por H. S. Langfeld). In *Readings in the history of psychology* (editado por Wayne Dennis). East Norwalk: Appleton-Century-Crofts, 1948. pp. 206-213.

um pouco mais idoso, Ernst Heinrich Weber, que não tinha o mesmo interesse de Fechner sobre fenômenos psíquicos nem por sistema vivos, estando mais interessado na propagação de estímulos sonoros e luminosos de modo geral. Qual é o sentido descoberto que possibilitou a formulação de um princípio geral de funcionamento? A busca do menor dispêndio energético e, portanto, de uma constância dinâmica de energia pelos sistemas vivos e sua proporcionalidade com as quantidades de sensações. O princípio de Fechner parece-me já estar contido, mas não especificado claramente, no conceito de homeostase orgânica reconhecido desde os antigos gregos. Inclui um conceito muito mais popular, o de entropia, originado da termodinâmica, a respeito da dissipação de calor – a forma mais degradada de energia – formulado por Rudolf Clausius onze anos depois (1850) e depois colocado em termos do funcionamento interno de corpos "a respeito do efeito que os átomos do corpo exercem uns sobre os outros" e do "trabalho exterior [. . .] que surge de influências estranhas sob as quais o corpo pode ser exposto".[326] Clausius falava de corpos de modo geral, mas não encontrei nenhuma análise que pudesse proibir a extensão do estudo para entidades vivas. Nesse sentido, minha investigação encontra uma identidade com aquela procurada por Eliott Jaques; é possível que a formação psicanalítica possibilite a rejeição da clivagem entre realidade material e a realidade psíquica, mas permita a consideração da realidade material e psíquica. Os conceitos de homeostase, o princípio de constância e o conceito de entropia referem-se a sistemas de produção irreversível de energia, que respeitam o segundo princípio da termodinâmica, em que há apenas um sentido, unidirecional, que não permite retorno nem recuperação. Não vou me alongar no segundo princípio da termodinâmica no momento, por ter expandido o assunto

326 Girolami, G. S. (2020). A Brief History of Thermodinamics, as illustrated by Books and People. *J. Chem. Eng. Data*, 65: 298-311. doi: 10.1021/acs.jced.9b00515

anteriormente.[327] Dentro dos objetivos do presente estudo sobre a diferença entre meritocracia técnica e meritocracia política, os fenômenos que denominamos morte e a própria evolução de uma sessão de psicanálise caracterizam-se por transitoriedade[328] e irreversibilidade. O princípio de Fechner foi uma das origens da psicanálise; incluo nesse princípio o conceito de entropia.

Quando o princípio de constância de energia interna é desrespeitado – por exemplo, em estados de mania – a entropia do sistema social modifica-se: o grupo caminha resolutamente para sua destruição. Pode demorar um tempo que seria considerado excessivo por algum líder político, se a escala for o tempo efêmero de uma vida humana. Exemplos disso, em nosso país, tomariam um livro inteiro. Tem incluído novos vocabulários, ou "novilínguas", no dizer de George Orwell;[329] e, sem ter utilizado esse nome, a análise da língua imposta e rapidamente adotada, por moda, pela ditadura nazista, de Victor Klemperer,[330] em que há aviltamento do vocabulário; atinge aquilo que, em épocas anteriores, era considerado como se fosse uma palavra de baixo calão: de tanto dito, acabam não significando mais nada. Qual seria o sentido, hoje, da palavra "democracia", depois do império soviético? Da palavra "Hitler" e "nazismo", tornadas xingamento político quando enunciada por líderes ditatoriais e autoritários que se dizem sendo de direita ou de esquerda, que acusam outros de fazerem o que eles mesmos fazem, mas dizem que não fazem?

---

327 Sandler, P. C. (1997c). Indeterminismo. In *A apreensão da realidade psíquica.* Rio de Janeiro: Imago. pp. 180-181.

328 Freud, S. (1916). *On transience. SE*, vol. XIV.

329 Orwell, G. (1949). *1984* (versão brasileira por Wilson Velloso). São Paulo: Companhia Editora Nacional, 1954.

330 Klemperer, V. (1957). *The Language of the Third Reich: Ligua Tercii Imperii* (versão em inglês por Martin Brady). London: Bloomsbury Academic, 2013.

Um Hitler interno no cotidiano de cada um: adesão à tríade banalização, pouco saber e demagogia

Ambientes pós-uterinos são prevalentemente hostis à manutenção da vida. Ódio ao desamparo natural, expresso inicialmente por angústias reais de aniquilamento, primeiro descritas por Klein, é vivido por todos nós, seres humanos, há milhões de anos. Uma vicissitude da natureza humana que parece ter produzido e mantido um fato social que pode ser descrito como demagogia: o uso de retórica copulada com pouco saber, por personalidades psicopáticas, sempre originadas por mania constantemente conjugada a aspectos narcísicos, subservientes ao princípio do prazer-desprazer.

Abundam exemplos, muitos deles claros, como o experimento dito soviético, com a precocíssima dominância de um dos mais bem-sucedidos meritocratas políticos da humanidade, Josef Djugashvlli.

De modo similar ao que ocorre com pequenas crianças, demagogos oportunistas cruéis e ladrões são mais conhecidos por apelidos. Nos dois últimos casos, por preferência e auto-outorgados. Djugashvlli ficou conhecido como Homem de Ferro – Stalin, em russo. Imitado por Adolf Hitler, embora boa parte de historiadores afirme que Hitler teria copiado Benito Mussolini. No que se refere à forma, certamente, mas não em tudo. A propaganda política dos nazistas diz que o nazismo seria o oposto de comunismo soviético. Em terminologia matemática, seu negativo. No entanto, a violência da imposição criminosa de superioridades – em um caso, de uma classe social sobre todas as outras, e no outro, de uma raça alucinada – promovendo assassinatos genocidas em série permitem levantar dúvidas quanto à afirmação propagandística. Clones proliferaram no mundo inteiro, mais ou menos bem-sucedidos; o Brasil, que historicamente nunca se recusou a criar imitações, teve e continua tendo um estoque de clones bem sortido.

Faço a hipótese da existência de uma tríade comportamental caracterizando determinados indivíduos bem-sucedidos na meritocracia política, composta por banalização, pouco saber e demagogia.[331] Mostrou-se instrumento utilíssimo para dominação grupal por prevalência de meritocracia política às expensas da meritocracia técnica, ainda que tenha usualmente adotado o disfarce de que seria uma meritocracia técnica. Será que alguém, entre os eventuais leitores deste texto, já estudou algo escrito por um indivíduo chamado Belarmino Maria Augusto Austregésilo de Athayde, que apregoou ter sido "incapaz de ser a favor de homens", mas "a favor de ideias, de pontos de vista"?

Em sua biografia, feita sob seu próprio mando, relata que seria "dono de uma bibliografia literária pequena e não deixou uma obra ficcional à altura da fama que conquistou", mas reinou com mão de ferro na Academia Brasileira de Letras por mais de quatro décadas – tanto como eminência parda, como abertamente, exercendo a "presidência". A mesma biografia, feita pela mesma academia, afirma: "No entanto, é praticamente impossível que haja, na história da literatura e mesmo do jornalismo de nosso País, alguém que tenha escrito mais do que ele". Gabava-se de ser o mais antigo editorialista e articulista em atividade, em todo o mundo. "Não me interesso em publicar livros", disse ele em entrevista. "Como jornalista, eu fiz literatura. Sou jornalista e quero ser jornalista, intérprete do meu tempo e profeta do futuro de meu País".[332] A mesma mão de ferro provou ser mestra em empreitadas financeiras, como a construção de uma sede própria para a Academia Brasileira de Letras. Foi um acólito financeiro de outro político duradouro e consumado: Francisco de Assis Chateaubriand Bandeira de Mello, alcunhado Assis Chateaubriand, magnata de empresas jornalísticas e "colaborador das artes". Feitor de um grande museu cuja história, ainda mal contada, inclui extorsões

331 Sandler, P. C. (2011). *The Analytic Function and the Function of Analyst* (vol. II of *A Clinical Application of Bion's Concepts*). Londres: Routledge, 2021.

332 https://www.academia.org.br/academicos/austregesilo-de-athayde/biografia

e ameaças de fofocas, algo extensamente comentado na época em que esteve vivo, não só pelos extorquidos, mas pela população, e que fica subentendido em pelo menos um livro biográfico que se tornou *best-seller*, feito por Fernando de Morais e sua equipe. "Chatô", como era chamado em surdina pelos colegas e pelos extorquidos, foi também embaixador brasileiro em Londres. Entre vários acontecimentos que lhe deram fama – pelo menos nos jornais e revistas de sua propriedade – insistiu em montar um jegue, substituindo a condução protocolar tradicional na Inglaterra. Passeou perturbando o já difícil trânsito de uma Londres ainda discreta, ostentando um chapéu de cangaceiro ao tomar posse no cargo para o qual só tinha uma qualificação. Não era de diplomata – hábito comum no Itamaraty, extremamente submetido à meritocracia política governamental, mas de propulsor financeiro do ditador brasileiro. Alguns órgãos de imprensa o qualificaram como "folclórico", disfarce eufemístico para alguém que expôs seu próprio país ao ridículo: outra tradição que acabou se firmando. Além de outras ações não tão escalafobéticas, ainda que tenham sido mais criminosas.[333]

As elites minoritárias autoritárias dominantes – eficazes em construir redes (*networks*) constitutivas de idolatria a "líderes políticos", tantas vezes intitulando-se como "revolucionários", escondendo o mesmo segredo de polichinelo de sua liderança: corrupção financeira ou promessa dela sobre os liderados – raramente se dão conta, de modo imediato, de que sem elas, o líder é nada. A qualificação "financeira" pode parecer muito restritiva, por concretude, caso se considere que o "financeiro" tenta abranger a realidade material e psíquica e alguns aspectos fenomênicos (comportamentais) dos liderados, fazendo parte de sua economia psíquica (conforme definida por Freud em vários estudos, ao longo de toda sua obra); cito apenas duas, uma

---

333 Morais, F. (1984). *Chatô, o rei do Brasil*. São Paulo: Companhia das Letras.

inicial e outra tardia.[334,335] Historiadores demonstram uma contínua formação de ditaduras do pouco saber, disfarçadas de libertárias. O *network* representa apenas a si mesmo. A tentativa é eternizar-se naquilo que vê, assim como a sociedade circundante, como um "poder" destrutivo e impeditivo de democracias representativas. A existência de elites minoritárias dominantes tem sido estudada por muitos autores; para exemplificar, acho necessário citar o nome de Arnold Toynbee.[336] Além de ter cunhado a expressão verbal, elaborou o que me parece ser uma das melhores obras a respeito. A qualificação "melhor" é questionável, por reduzir-se à minha ignorância sobre outras que possam ser melhores – mais amplas e profundas – que eventualmente existam. Entre os autores mais abrangentes que escreveram em língua inglesa nos últimos sessenta anos sobre efeitos destrutivos impostos pela meritocracia política, ressalto as obras de A. J. P. Taylor,[337] Raymond Niehbur, Hanns Mommsen, Antony Beevor,[338] Tony Judt,[339] Norbert Frei,[340] Timothy Snyder[341] e David King.[342]

Uma história a respeito de meritocracia política confunde-se com uma história da burocracia. Pelo menos durante a Grécia Antiga, há indicações de que a meritocracia política tenha nascido para organizar e manter o funcionamento da meritocracia técnica. Transformou-se

334 Freud, S. (1900). The Interpretation of Dreams. *SE*, vol. V-VI, pp. 402, 561, 575-579.

335 Freud, S. (1924). The Economic Problem of Masochism. *SE*, vol. XIX.

336 Toynbee, A. (1947). *Um Estudo em História* (versão brasileira por I. S. Leal e M. Silveira). São Paulo: Martins Fontes & Universidade de Brasília, 1987.

337 Taylor, A. J. P. (1943-1955). *Europe: Grandeur and Decline*. Londres: Penguin Books, 1991.

338 Beevor, A. (2022). *Russia: Revolution and Civil War*. Londres: Viking.

339 Judt, T. (2005). *Postwar: A History of Europe since 1945*. Londres: Penguim.

340 Frei, N. (2002). Adenauer's Germany and the Nazi Past (versão em inglês por Joel Golb). New York: Columbia University Press.

341 Snyder, T. (2010b). *Bloodlands: Europe between Stalin and Hitler*. New York: Basic Books.

342 King, D. (1997). *The Commissar vanishes*. New York: Metropolitan Books.

em seu maior oponente, alcançando o ponto de promover assassinato de indivíduos. Um ponto crucial pode ter sido o assassinato de Sócrates. A partir daí, a lista ficou longa e só cresceu ao longo dos séculos. Teria sido em função do crescimento populacional, ou seguiu seu ritmo próprio – usualmente denominado "lógica própria"? Seria uma expansão logarítmica, em termos grupais, do evento observável clinicamente em crianças, do ódio ao seio nutriente, por temor criminoso de intolerância à dependência? Existe alguma relação amorosa independente de independência? A fêmea pode ser independente do sêmen prodigamente fornecido pelo macho? Analogicamente, meritocracia política nasce do útero da meritocracia técnica. Exemplos tão notáveis quanto lamentáveis podem ter sido o percurso social de Giordano Bruno; ameaças contra Espinoza, Galileu, Pascal e muitos outros depois. Pode ser utilizado como mais uma evidência, no âmbito dos fenômenos, para o mito primordial intuído e explicitado verbalmente por Freud com o assassínio do patriarca primitivo, em *Totem e tabu* e em *Moisés e o monoteísmo*?

Até o ponto que pude investigar, Bion, utilizando a experiência nos grupos que pôde vivenciar, parece ter acrescentado uma iluminação fundamental ao descrever que de fato existiram períodos de convívio menos destrutivo entre a meritocracia política e a meritocracia técnica, mesmo que com uma prevalência da primeira sobre a segunda. Observações psicanalíticas contidas em *Memórias de guerra*, *O fim de semana prolongado*, *Experiências em grupos* e *Transformações* permitiram-lhe o desenvolvimento – em *Atenção e interpretação* e em *Uma memória do futuro* – de uma ênfase na presença e na importância dos mentirosos em um grupo social, favorecidos nas vezes em que há uma procura até hoje inevitável de sensações de bem-estar grupal.

Podem ser resumidas por uma máxima: "todo grupo funciona por alucinação", que resume o que pude apreender a partir da leitura e da tradução de seis obras de W. R. Bion: *Experiências em grupos*, *Transformações*, *Atenção e interpretação*, *Uma memória do futuro*, *The Long Weekend* e *War Memoirs*. Acrescento ao que pude apreender que o fator principal é uma subserviência ao princípio do prazer-desprazer, tendo como consequência ódio à emergência e introdução do princípio da realidade. As expressões comportamentais decorrem de negação, clivagem, projeção para a área fenomênica externa e racionalização, aplicadas como se fossem medidas para impedir tal emergência. Tem algum sucesso a curto prazo em indivíduos, e a médio e longo prazos em grupos, até se esfacelar por esquecimento, mas tem, até hoje, dado lugar a "novas" produções concretizadas, mas meramente na aparência externa. Melanie Klein observou que o único efeito real da identificação projetiva é a clivagem nos processos de pensar; isso ocorre, *a fortiori*, em grupos, caso possa se dizer, como dizem os sociólogos, que haveria um "pensamento grupal". É possível que o termo *Zeitgeist* seja uma expressão desse pensamento grupal. Um pensamento sem pensador, mas para o qual o pensador nunca aparece, sendo substituído por um "atuador". Autorizaria a um acréscimo no ditado popular, sob o vértice psicanalítico e socioeconômico: "atuações valem mais do que o pensar".

A eleição de líderes messiânicos em grupos se faz em função de sua quantidade individual de idiotia, na experiência de Bion,[343] replicada por outros autores. No que se refere ao vínculo que todos nós, seres humanos, podemos manter com os processos de conhecer, denominado por Bion vínculo K, constata-se que

> *O pressuposto subjacente à fidelidade ao vínculo K é que as personalidades do analista e do analisando podem sobreviver à perda de sua capa protetora de mentiras, subterfúgio, evasão e alucinação, e podem até ser fortalecidas e enriquecidas pela perda. É uma suposição fortemente questionada pelo psicótico, e a fortiori pelo grupo, que*

343 Bion, W. R. (1961a). *Experiences in Groups*. Londres: Tavistock Publications.

> *se baseia em mecanismos psicóticos para sua coerência e sentido de bem-estar.*[344]

Em *Atenção e interpretação*:

> *Durante a época em que Jesus estava vivo, cresceram os problemas da Instituição Cristã. Houve delineamento das fronteiras do grupo, seleção, treinamento e estabilização da hierarquia. Comecemos pelo último ponto. No relato do evangelho de Marcos (10:35-45), Tiago e João colocaram claramente o problema ao solicitar posições mais importantes no grupo. Jesus parece sugerir em sua resposta um tipo de iniciação ou teste, mas a presteza com que os dois aceitaram as condições torna difícil saber no que consistia a iniciação, ainda que seja claro que Jesus considerava sua própria performance estando além da deles. Jesus delineia também uma mudança na função da Instituição, na relação desta entre os Gentios da época. A proposta de Tiago e João parecia ser por posição social; posição social parece ser um substituto para competência. Seus desejos seriam satisfeitos, ex officio. A resposta de Tiago parece indicar que ele e João preferiam a "posição" obtida ex officio do que passar pela experiência de ser o místico mesmo. Neste aspecto, a resposta não fornecida satisfaz uma das demandas da sociedade, ou seja, tornar os frutos do trabalho do místico disponíveis aos membros comuns a quem falta as qualificações do místico para estar-uno-à deidade. Muito cedo surgiu o problema de ser admitido no grupo, e como decidir se um homem poderia se denominar um Cristão. De modo característico, o problema girava em torno da*

344 Bion, W. R. (1965). *Transformações* (versão brasileira por P. C. Sandler). São Paulo: Hirondel. p. 201.

questão da eficiência terapêutica do Cristão e seu tipo de Cristianismo. O problema atingiu seu clímax através dos efeitos terapêuticos aparentemente bem-sucedidos obtidos por pessoas que não eram membros qualificados do grupo (Marcos, 9:38). No exemplo citado, o critério proposto por Jesus parece ser a cura bem-sucedida e a atribuição desta cura pelo terapeuta a Jesus. Os pontos em questão são: ser membro do grupo, em si, sendo um símbolo de posição social; posição social, expressa pela locução "em Teu nome" como agente terapêutico; resultado terapêutico como um critério para ser admitido no grupo. A solução foi empírica, mas aceitava o critério da eficiência terapêutica. Por enquanto, até que outro arranjo seja feito, o teste para ser membro parece ser duplo, ou seja: médico ou terapêutico, e uma capacidade de conseguir resultados. Esta última exigência tem sido um problema através da história. Poder-se-ia descrevê-la como uma exigência de que o líder do grupo deveria ser capaz de prevenir o futuro, outorgar adequação a alguém já supostamente adequado e garantir sua adequação a futuras contingências.

A hierarquia Cristã logo se viu enfrentando os mesmos problemas que haviam derrotado o rabinato. As mesmas forças estavam envolvidas: de um lado, a necessidade de controlar a ideia messiânica e disponibilizá-la a outras pessoas por meio da formulação dogmática; de outro, a ideia messiânica ou sua encarnação rompendo perpetuamente as barreiras cuja intenção era controlá-la, e ameaçando despedaçar a sociedade na qual ficasse manifesta. A Reforma foi um exemplo espetacular disso.[345]

345 Bion, W. R. (1970). *Atenção e interpretação* (versão brasileira por P. C. Sandler). Rio de Janeiro: Imago, 2007. p. 119.

Bion elaborou uma fábula metafórica a respeito dos adeptos da mentira, ou daquilo que proponho denominar núcleo anticientífico e antiartístico da mente humana:

> *Na linguagem comum, abordagem científica é tomada como significando um pressuposto de que o mais importante de tudo é a verdade, e que para elucidá-la seria necessário controlar a razão. À guisa de preliminar, antes de tentar uma formulação mais sofisticada, a visão oposta a esta pode ser enunciada em termos de fábula.*

Os mentirosos demonstraram coragem e resolução em sua oposição aos cientistas. Parecia provável que os cientistas, com suas doutrinas perniciosas, extirpariam das vítimas do engano até o último fiapo de autoengano, deixando-as sem nenhuma proteção natural necessária para a preservação de sua saúde mental contra o impacto da verdade. Alguns mentirosos, conhecendo plenamente os riscos que corriam, sacrificaram suas próprias vidas enunciando mentiras de modo a convencer os fracos e inseguros por meio de sua convicção de que mesmo as afirmações mais absurdas eram verdadeiras. Não é exagero dizer que a raça humana deve sua salvação ao pequeno grupo de mentirosos preparados para manter a verdade de suas falsidades mesmo frente a fatos indubitáveis. Até mesmo a morte foi negada, desenvolvendo-se os argumentos mais engenhosos para sustentar afirmações obviamente ridículas de que os mortos viviam na mais perfeita alegria. Frequentemente estes mártires da inverdade tinham origem humilde; seus nomes desapareceram. Mas, para eles e para o testemunho trazido pela sua óbvia sinceridade, a carga imposta sobre a sanidade da raça deve tê-la destruído. Ao sacrificar suas vidas, sustentam a moral do mundo sobre seus ombros. Suas vidas, e as de seus seguidores, foram devotadas à elaboração de belos sistemas altamente complicados, nos quais se preservou a estrutura lógica por meio do exercício de um intelecto poderoso e raciocínio impecável. Em contraste, os frágeis processos pelos quais os cientistas repetidamente tentavam manter suas hipóteses facilitavam aos mentirosos demonstrarem a vacuidade das pretensões desses arrivistas e assim atrasar, quando não impedir, a divulgação de doutrinas cujo efeito seria unicamente o de induzir um sentido de desamparo e desimportância nos mentirosos e seus beneficiários.[346]

Conservo o termo "raça" pelo fato de que Bion o utilizou. Não podemos saber se usaria a classificação científica atual,[347] que prefere o termo espécie humana, ao constatar a existência de termos mais precisos e amplos para descrever grupos populacionais, se comparados com o termo "raça", na medida em que permitem o exame minucioso das etnias e culturas. Por enquanto, ainda estão menos tingidos de preconceitos eugênicos, ditos "racistas".

Bion traz à consideração dos membros do movimento psicanalítico o Evangelho segundo Marcos, que focaliza o aparentemente irado e desnorteado questionamento atribuído a João e Tiago e dirigido a Jesus (Yeshua em hebraico e aramaico; Josué, ou Judeu, em português), filho de José. Depois intitulado pelo *establishment* autoritário da meritocracia política romana de Jesus Cristo, o Rei dos Judeus (I.N.R.I – romanos apreciavam acrônimos, como os nazistas e outros da atualidade), e Yeshua Hamashia, Jesus o Messias, pelos primeiros cristãos, um grupo eclético de várias etnias da mesopotâmia, principalmente a judaica. O questionamento: o que fazer com os que apregoavam milagres "em nome de Jesus", mas não eram Jesus e sequer faziam parte do grupo pagante da congregação? A resposta de Cristo foi enigmática: "quem não está

---

346 Bion, W. R. (1970). *Atenção e interpretação* (versão brasileira por P. C. Sandler). Rio de Janeiro: Imago, 2007. p. 110.

347 Keita, S. O. Y., Royal, C. D. M., Bonney, G. E., Furbert-Harris, P., Dunston, G. M., Rotimi, C. N. (2004). Conceptualizing human variation. *Nature*, *36*: S17-S20. doi: 10.1038/ng1455

contra mim, está a favor". O *establishment* do apostolado garantiu um *locus* social para todos os seguidores isentos da criatividade material e psíquica de Jesus. A resposta de Jesus permanece objeto de discussões teológicas, por ter sido sentida como enigmática. Necessitou-se de poucos séculos para haver um santo para cada dia do ano, segundo o calendário gregoriano. Trata-se de um sistema de calendário diverso dos outros daquela época, como o lunar ou o de Zoroastro: outra invenção da meritocracia política do ramo católico apostólico romano do cristianismo que, segundo alguns, apelou para o paganismo romano na resolução do enigma, na medida em que o método jurídico de canonização, em si, extensamente concretizado, aliado à derivação do calendário gregoriano, a partir do calendário juliano, é visto por alguns teólogos como a adaptação do sempre popular paganismo à doutrina cristã. Parece ter sido um acréscimo à tradição judaica. As concretizações, sempre tipificando as ações da meritocracia política na instituição religiosa, em qualquer disciplina que se considere, foram questionadas violentamente por Martinho Lutero.

Bion compara essas questões com aquelas enfrentadas pelos membros do movimento psicanalítico, que parecem fazer questão de garantir algum lugar para pessoas que julgam ser "grandes autores". Também são chamados de "gênios"; Bion propôs denominá-los "místicos", para denotar um comportamento grupal. Não contempla autoatribuições. Qualificações – formulações verbais denominadas adjetivos – demostram os limites da comunicação verbal. No caso de gênios, místicos e grandes autores, abrem portas à consecução de fantasias idolátricas e iconoclastia. Sob o vértice psicanalítico, expressam a tendência infantil denominada por Freud de idealização, usualmente dirigida a um pai alucinado. Aqueles que o movimento grupal chama de "grande autor", "gênio" ou "místico" possuem uma característica (evito chamá-la de qualidade, uma formulação verbal que permite a inclusão de juízos de valor baseados em fantasias de superioridade). Qual é essa característica? Contribuíram ou contribuem para apreensões parciais da realidade material e psíquica da natureza humana. Até hoje, tem sido mais fácil e factível apreender sua "face" materializada. Persistem dificuldades em apreender e, mais ainda, em lidar com a "face" imaterial. Estou usando o termo lidar. Poderia usar o temo "manejar". Prefiro não o usar, mesmo que também possa ser adequado, na medida em que esse termo se baseia em uma analogia materializada com a mão humana, que tem polegares oponíveis. De modo mais preciso: temos uma região tenar e hipotenar em nossas mãos, permitindo-nos o movimento que pode ser comparável ao de uma pinça ou de um alicate. Trata-se de uma ferramenta embutida, ou autóctone, parte do *Homo sapiens*, que nos permite fazer ferramentas e instrumentos.

Estou usando o termo "movimento" – uma vez mais, um termo cujo correspondente na realidade é predominantemente imaterializado. Polegares oponíveis em conjunto com o incremento da região cerebral e do sistema nervoso e o desenvolvimento de nossa capacidade de linguagem parecem fornecer pistas para apreender melhor nossa diferenciação de todas as outras espécies vivas.

Até hoje, historicamente, é possível identificar um fato: sempre que ocorreram apreensões da realidade, ocorreu, em seguida, obliteração das percepções dessas apreensões, orientadas por ódio à realidade, intentando o extermínio da apreensão. Se e quando essas apreensões voltarão a ocorrer, ainda não podemos saber. Mas podemos saber que tinham todo o jeito de terem desaparecido, mas retornaram, ainda que de outras formas. Tentei sumarizar o fato com a ajuda de Francis Bacon, no início deste texto.

Meritocracias políticas aperfeiçoaram-se continuamente, a despeito de reações mortíferas contra seus exemplares mais significativos.

Sem futurologias, mas apenas constatando aquilo que se faz presente – tarefa típica de psicanalistas –, será lícito afirmar: atualmente, fazemos parte da geração de "intérpretes".

Vivemos em época nostálgica em todos os campos – como no do *design* –, em que se reeditam criações anteriores. No âmbito da psicanálise, Bion qualificou Freud como "místico", em *Atenção e Interpretação*.

As pessoas que tiveram a experiência de estar na zona central de um furacão relatam a sensação de que tudo rodopia à sua volta. No entanto, a zona central se modifica: o furacão descentra-se até encontrar outro centro – determinado por temperatura e pressão atmosférica. A pessoa irá participar do rodar até que escape; ou encontre a ruína, ou mesmo a morte, que irão separá-la do furacão. E o que dizer daquele que é visto, pelo grupo, como alguém que provoca furacões, semeia ventos e colhe tempestades, pródromos de furacões?

A instituição de critérios para publicação de trabalhos, rapidamente espraiada para atribuições de "prêmios", passaporte seguro para terras de vaidade, atrativas para vaidosos inatos ou por educação (Freud nos avisa a respeito do narcisismo primário), inclui a atribuição *a priori* dirigida para outras pessoas. Faz parte do processo da instituição desses critérios de distinção e mesma atribuição *a priori* de um conhecer suficiente para os julgadores, que vão julgar quais serão os colegas premiados e os despremiados. Em outros termos, a meu ver mais precisos em se tratando da realidade material e psíquica: são critérios para dizer quem é o melhor, quem é o "*top*", quem é "o máximo", e seus pares siameses inescapáveis, intrínsecos, mesmo que negados: quem é o "mínimo", o "desprezível".

Esse é um evento na sociedade circundante, logo copiada por agrupamentos específicos. Por exemplo, o movimento do qual nós fazemos parte. O que estou chamando de "nós"? Os que atribuem a si mesmos, junto, ou antes, ou depois à atribuição do movimento social, dito "oficial", a função de psicanalistas. E, querendo ou não, os pacientes que nos procuram. Todos nós fazemos parte daquilo que Freud chamou de movimento psicanalítico. Se há um máximo, há um mínimo. E um medíocre (que fica na média, na normalidade).

Publicações, prêmios, congressos e eventos públicos: armas e escudos da meritocracia política usados para mimetizar-se de meritocracia técnica

Uma sessão em psicanálise admite apenas um tipo de publicação real. É feita em um grupo de duas pessoas – uma com a função de paciente e outra com a função de analista. Ocorre em uma sessão – chamada de "consulta" em medicina, e demonstrando uma das heranças da psicanálise dessa atividade, pois continuamos chamando esse evento de "consulta". Também como ocorreu na medicina, uma consulta em psicanálise é feita em ambiente sigiloso e abrigado, na medida do possível, de alguns estímulos externos que danificam a observação e o trabalho de interferência nos processos observados. Esse é o trabalho da meritocracia técnica.

Publicações em audiências maiores e, mais ainda, a introdução de prêmios sociais, tantas vezes envolvendo questões financeiras, diretas ou indiretas, e também congressos e outros eventos são facilmente transformados em propaganda; e por pura propaganda. No início do movimento psicanalítico – e em todos os outros movimentos envolvendo cientistas e artistas –, congressos serviram de modo de comunicação a respeito de trabalhos e contribuições. Tinham a função de promover trânsito de contribuições ainda desconhecidas, que pudessem parecer úteis, ou que realmente fossem úteis para o desenvolvimento, e não para a decadência do conhecimento.

A história demonstra que emergiu um disfarce da intenção: em um certo momento, as contribuições úteis deixam de existir. Vou dar um exemplo geral: assim que se descobriu um modo de confeccionar tecnologicamente uma roda – podemos dizer, a transcendência ou invariância matemática, prevalentemente imaterial, denominada na geometria de círculo, que se materializou com o nome de "roda" –, não houve necessidade real de outra contribuição que pudesse ser mais útil. Talvez exista, mas até agora não foi descoberta. Variações ou transformações tecnológicas sobre "roda" apareceram – engrenagens, pneumáticos, rolamentos etc.

Exemplos predominantemente materializados, como o da roda, facilitam a apreensão do que tento comunicar. Seria possível dar exemplos em psicanálise? Podemos citar uma descoberta: aquela que foi denominada "*acting-out*" em português, "atuação". Corresponde a uma reação individual similar ao arco reflexo, descrito por Descartes. Foi descrita por Freud nos casos em que há uma reação frente a determinados estímulos internos e/ou externos, canalizada para expressões neuromotoras, nas quais a pessoa executa um salto direto, partindo da reação instintual e saltando diretamente a uma ação, sem interpolação do aparato de pensar, de um modo que pode ser visto como automático, visando a uma evasão do estímulo, sentido como doloroso ou desagradável, desafiando o princípio do prazer-desprazer, encarnando o princípio da realidade. Se pudermos colocar a teoria do *acting-out* sob as observações de Bion, ocorre uma neutralização ou impedimento do funcionamento da função alfa. O conceito de *acting-out* está espalhado na obra de Freud, desde os estudos sobre histeria. Foi revisto exaustivamente por Otto Fenichel.[348] No meu modo de ver, a melhor síntese didática a que pude ter acesso.

Houve congressos de psicanalistas que possibilitaram a comunicação teórica desse conceito, como houve anteriormente a comunicação de outras descobertas. No entanto, a comunicação, em tese,

---

348 Fenichel, O. (1945). Neurotic acting-out. In *The collected papers of Otto Fenichel*. W.W. Norton & Co, 1954.

precisaria, e poderia ter ocorrido, durante sessões de uma psicanálise minimamente bem-sucedida – sem que precisasse ser feita via linguagem técnica. Na verdade, a história do movimento psicanalítico demonstra que o uso do linguajar técnico dentro de sessões é contraproducente e deletério para a apreensão dos fenômenos que a teoria tenta espelhar e representar. Se pudesse haver a apreensão da realidade material e psíquica caracterizando o que Freud denominou "*acting-out*", a comunicação teórica no grupo poderia – considerando apenas a primeira comunicação – ser vista como um reconhecimento de um velho amigo, ou velho inimigo, ou os dois ao mesmo tempo, porém não como uma novidade, que poderia caracterizar uma descoberta pela pessoa que a apreendeu. Talvez possa permitir um aprendizado intelectual, ou racional, correndo o risco de substituir aquilo que é real, e "experienciável", por uma representação intelectualizada, suscetível de ser usada em jogos de racionalizações, ou, de forma sintética, de entendimentos racionais e composição de explicações palatáveis, mas não reais. Por outro lado, uma apreensão mínima da contraparte na realidade correspondendo ao termo teórico, "*acting-out*", poderia fazer cessar a necessidade real de comunicá-la por meio de congressos, eventos, publicações etc.? Qual seria a função de preservar a organização de congressos, eventos, publicações etc.? Será que sua ritualização – necessária para a manutenção de práticas religiosas – corresponderia a um "*acting-out*" compartilhado pelo grupo, tendente a fantasiar que se pode substituir a experiência de uma psicanálise pela experiência de fazer e frequentar congressos, eventos etc., que falam sobre psicanálise? A partir da descoberta, e depois, da comunicação da descoberta pela experiência viva dele, no aqui e agora de uma sessão de psicanálise, por um percurso que parte daquilo que é inconsciente, para o mesmo aquilo, ainda que transformado, passa a ser consciente, a situação a ser buscada é o modo de aplicação do que foi descoberto individualmente, na análise do psicanalista, para a prática individual de um outro casal analítico. Porque, "outro".

Pois não será mais do analista com seu próprio analista, chamado de "didata", mas desse mesmo analista com as outras pessoas. Que tentará ajudar na obtenção das suas análises.

Parece-me que houve descobertas, no movimento psicanalítico, entre os anos 1914 e 1980, creditáveis à meritocracia técnica. A meritocracia política organizou os eventos, as publicações, as associações, os centros de aprendizagem – denominados, no senso comum intragrupo, "institutos" de ensino.

A emergência da doutrina de Thomas Kuhn parece ter trazido uma alternativa ao enfrentamento real das dificuldades do *establishment* acadêmico, cujo crescimento de proporções oceânicas, em termos de número de membros, passou a exigir aportes financeiros. Muitos passaram a almejar a chefia que determina o destino das verbas, cada vez maiores, dedicadas à pesquisa científica. Como decidir sobre o objeto das pesquisas? Como lidar com a quantidade de pesquisadores? Quanto seriam esses "muitos"? No ditado popular, onde todos mandam, ninguém manda. Uma *pax romana* foi oferecida. O indivíduo na liderança foi substituído por uma entidade antropomórfica e animista chamada "paradigma", enfeitada pelo respeito à tradição de nomenclatura que rendia graças à herança clássica.

Criou moda avassaladora, aparentemente sem intenção consciente do idealizador, Thomas Kuhn, um homem que desejou ser físico, mas não tinha condições pessoais para tanto. Escolheu fazer carreira em teoria ou filosofia da ciência. Tratou-se de moda impondo crença doutrinária: o caminho dos cientistas se faria, a partir de então, sob "paradigmas" idealizados e combinados por uma reunião de pares (*peers*) brilhantes socialmente. Como se fosse uma versão do *politburo* soviético, os *peers* brilhantes e melhores socialmente decidiriam sobre os rumos futuros da pesquisa científica. A doutrina encontrou amplo apoio na massa formada pelos acadêmicos. Divulgada a partir de manipulação engenhosa de raciocínios que pareceram convincentes à massa acadêmica, fizeram parte de um livro, *A Estrutura das Revoluções Científicas*, que se tornou sucesso editorial.

No que se refere a publicações, estimulou e estruturou institucionalmente o que passou a se chamar de *peer reviews*, frente às mesmas polêmicas beligerantes na escolha dos autores a serem divulgados. Incorporaram de vez a endogamia destrutiva de natureza política em um trabalho que, séculos antes, era baseado em meritocracia técnica.

Retrospectivamente, e sempre sob o vértice psicanalítico, a ideia básica, muito antes de Kuhn, pode ser vista como um método que havia passado por uma fase original, espontânea e que pode ser vista como natural: estudantes procuravam professores que, supunham, tinham mais experiência e perícia, para conversar, apresentar e discutir suas próprias investigações, assim como crianças podem procurar os pais, irmãos ou amigos mais experientes. Quando crescem, dissolvem-se as fantasias transferenciais e cada um tentaria, idealmente, cuidar de sua própria vida, assumindo suas próprias responsabilidades sobre suas decisões. Sempre resta uma dependência, que pode ser dividida entre nutriente, de um lado, e tóxica, de outro – em graus variáveis. Algumas instituições são oportunísticas, atraindo oportunistas, estimulando e lucrando com sistemas de dependência tóxica.

A instituição de *peer reviews* na academia tornou-se dona absoluta dos rumos das publicações de periódicos sazonais, ou mensais, ou anuais etc., e de outras formas, uni ou multiautorais. Publicar virou critério de promoção universitária e de confiabilidade do periódico. O fato foi constatado cientificamente por meio de uma aventura arrojada feita por dois físicos reconhecidos pela sua contribuição nessa área; em época globalizada, não é mais verdadeiro limitar-se ao país onde atuam: Alan Sokal e Jean Bricmont.[349] Obtiveram publicação de um artigo abstruso, contendo falsidades flagrantes, mas redigido sob forma aparentemente filosófico-científica da moda de plantão nos

349 Sokal, A., & Bricmont, J. (1998). *Intellectual Impostures*. London: Profile Books.

anos 1990, em uma revista afamada que impunha regras e até mesmo autores a serem citados pelos proponentes de artigos, ainda que de modo implícito ou sub-reptício. Estando de acordo com essas imposições, o artigo foi publicado sem delongas.

Seguiu-se a outras denúncias feitas por membros notáveis da meritocracia técnica. A mais significativa, até o ponto que pude investigar, foi levada a cabo por Sidney Brenner, cuja história científica está resumida no capítulo seguinte. Serve de exemplo de uma contribuição útil da meritocracia política, quando pode agir de modo harmonicamente integrado à meritocracia técnica (ver Capítulo 8). Por útil, entendo – sob os vértices já expressos – algo construtivo e nutritivo, e não destrutivo e depauperante. Trata-se de um critério arbitrário e pode ser visto segundo sua outra face, destrutiva e depauperante, de acordo com as finalidades do usuário. Será inútil nos casos em que o objetivo seja a ereção de líderes autoritários destrutivos, orientados pelos vértices pecuniário-criminais, e que vicejam em solos depauperadores.

A instituição do Prêmio Nobel serve de exemplo de uma confusão entre meritocracia técnica e política, várias vezes caracterizada pela prevalência da segunda. No que se refere a psiquiatria, psicologia e psicanálise, a situação atingiu contornos peculiares pela destrutividade depauperante que introduziu.

O único Prêmio Nobel a um psiquiatra foi dado em homenagem a uma descoberta intensamente nociva: a malarioterapia para a cura da sífilis, inventada com finalidades conscientes, para eliminar a situação probabilística que imbui toda e qualquer verdadeira descoberta científica, que é fruto da atenção intuitiva ao detalhe, conjugada com uma noção mínima do todo, por parte dos pesquisadores. No caso da malarioterapia, a pessoa agiu de acordo com as crenças da religião positivista; chamou-se Julius Wagner von Jauregg, diplomado em medicina e certificado pela instituição oficial do império austro-húngaro, como neuropsiquiatra. A "terapêutica" totalmente baseada na crença positivista da causalidade, foi um método de extermínio, do que ele e outros achavam que era a causa de sífilis: a bactéria *Treponema pallidum*, que circula no sangue, adquirida sexualmente, e excepcionalmente destrutiva para o sistema nervoso – um fator necessário para que exista uma afecção denominada sífilis.

Apesar das observações e recomendações dos primeiros bacteriologistas Robert Koch e Louis Pasteur de que o agente etiológico bacteriano ou viral não era causa única, pois mesmo nessa época era reconhecido que havia outros fatores predisponentes e desencadeantes da sífilis – como hábitos sexuais promíscuos – Von Jauregg teve uma ideia que tanto ele como alguns de seus colegas acharam genial e, como se diz hoje, "promissora". Pode ser enunciada assim: vamos aumentar a temperatura corpórea do indivíduo afetado por sífilis por meio da injeção do *Plasmodium vivax*, um protozoário tão importante quando o *Treponema pallidum*, como fator fundamental na sobrevivência da malária. Baseou-se no fato real de que a bactéria não sobreviva em um ambiente muito aquecido. Não me parece ser necessário descrever o que foi ocorrendo, à medida que o tempo passou: o ditado popular "matou o doente da cura", ou, na terminologia médica, iatrogenia, encontrou mais um exemplo.

Aparentemente, a comissão norueguesa que outorga o Prêmio Nobel aprendeu a lição. Desde 1927, a psiquiatria ficou alijada, na prática, das disciplinas científicas que podiam concorrer ao Prêmio Nobel. Isso nunca foi anunciado, mas a evolução dos fatos até 2024 permite essa conclusão.

Outro exemplo das relações incompatíveis de algumas meritocracias políticas com algumas meritocracias técnicas pode ser dado nas atitudes de Eugen Bleuler, um respeitado psiquiatra no espaço-tempo europeu da primeira metade do século XIX, cuja obra ainda se faz sentir até hoje. Foi admirador incondicional da psicanálise. Manteve um contato mutuamente profícuo com Freud, expresso pela observação e tratamento de pacientes neuropsiquiátricos, como eram chamados. Freud não tinha experiência com pacientes internados; e Bleuler cunhou o termo "esquizofrenia" em função de descobertas de Freud, depois formuladas como clivagem do ego. Alguns de seus empregados na Clínica Burghölzi, localizada na Suíça, foram os primeiros psiquiatras interessados em psicanálise, como Carl G. Jung, Karl Abraham e Ernest Jones. Bleuler foi um dos fundadores da Associação Psicanalítica Internacional, mas poucos anos depois desistiu de ser membro dessa associação por concluir que os rumos do grupo se tornavam demasiadamente políticos, e não científicos.

Mesmo tendo saído da associação de psicanalistas, Eugen Bleuler continuou mantendo consideração e respeito pela atividade e, pessoalmente, para com Freud. Mantinha discordâncias científicas "colaterais e sem maior importância" em relação ao todo da psicanálise, como fez questão de ressaltar em várias cartas, incluindo para associações dos psiquiatras na Alemanha e Suíça.[350] Uma delas foi dirigida à Comissão Norueguesa do Prêmio Nobel. Gozando de imenso prestígio social na Europa Central e Escandinávia, não hesitou em indicar o nome de Sigmund Freud – sem consultá-lo a respeito – para que pudesse ser agraciado com o Prêmio Nobel, pela descoberta da psicanálise.[351] Encontrou uma resistência que lhe pareceu surpreendente.

O prêmio não foi dado, para consternação dele mesmo e também de alguns outros, como Ernest Jones, que permanecia amigo de Bleuler. Até o ponto que podemos nos basear em dados biográficos, não foi essa a reação de Freud, que enfatizou o fato de que a indicação ao prêmio tinha sido feita à sua revelia. Mantinha uma opinião nada favorável à entrega de prêmios. Entre várias manifestações, após Jones

---

350 Möller, A., Scharfetter, C. & Hell, D. (2002). Development and termination of the working relationship of C. G. Jung and Eugen Bleuler 1900-1909. *Hist Psychiatry*, *13*: 445-53. doi: 10.1177/0957154X0201305206

351 Dalzell, T. G. (2007). Eugen Bleuler 150: Bleuler's reception of Freud. *Hist Psychiatry*, *18*: 471-482. doi: 10.1177/0957154X07077556

tê-lo inquirido, em 1928, se tinha noção de que havia um movimento de várias pessoas que estavam se esforçando para promover a indicação, escreveu de volta: "Não sei nada a respeito desses esforços para que me deem um Prêmio Nobel, e não tenho o menor apreço pelas pessoas que assim o fazem. Quem poderia ser tão tolo assim, de se misturar nesse tipo de tarefa?"[352]

A situação ficou praticamente desconhecida até 2016. Dois professores israelenses, David Bargal e Ofer Ashkenazi,[353] divulgaram que o "voto de Minerva", decidindo que Freud não seria agraciado com o prêmio foi dado por um cientista excepcional. Pode ser considerado como um símbolo mundial de um cientista; seu nome e obra são usados toda vez que alguma coisa ligada a ciência vem à baila em conversas sociais, na imprensa leiga e entre acadêmicos. O leitor, muito provavelmente, sabe qual é o nome desse cientista. Poderia causar surpresa para os que se recordem que esse mesmo cientista que impediu a outorga do prêmio para Sigmund Freud tivera a experiência de que sua própria teoria a respeito da gravitação estelar e da transformação entre energia e matéria, dada pelo quadrado da velocidade da luz, tenha sido severamente criticada pelo *establishment* dos físicos ao ser apresentada; e jamais lhe deu um Prêmio Nobel.

As críticas sobre o trabalho desse cientista real foram limitadas a discussões teóricas, e muitas delas, colocadas no futuro. Algumas poderiam ser hoje consideradas como discussões bizantinas, na medida em que se baseavam na lógica das crenças positivistas, de causas e efeitos. Foram feitas por argumentações da meritocracia política das sociedades dos físicos em alguns países; aqueles que dispunham de alguma experiência prática se interessaram e se fascinaram com as soluções dadas por Einstein. Algumas das críticas eram francamente

352 Jones, E. (1957). *Sigmund Freud: life and work. The Last Phase 1919-1939*. Londres: The Hogarth Press. pp. 145, 148, 221, 249-250.

353 Bargal, D., & Ashkenazi, O. (2016). The Close Relationship between Einstein and Freud, relatively speaking. *Haaretz*, 5 maio.

ideológicas ou preconceituosas: esse homem tivera seu caminho universitário barrado, trabalhava nos correios, era da etnia judaica, nascera na Alemanha e lá trabalhava. Alemães, nesses tempos, eram temidos pela sua força militar e passaram a ser odiados na Europa, por terem promovido o que ficou sendo chamado como Primeira Guerra Mundial, um estado de violenta beligerância invasiva, para conquista territorial e financeira de outros países e cujos efeitos danosos ainda se fazem sentir, por terem sido incrementados e complicados por reações igualmente beligerantes e oportunistas de outros países, que haviam sido agredidos.

Houve uma exceção, vinda de um homem respeitado na meritocracia política: o astrônomo e físico inglês Arthur Eddington. Foi um dos que se deu conta da veracidade da teoria proposta por Einstein. Homem decidido, trabalhando na prática na Universidade de Cambridge, genuíno representante da meritocracia técnica entre os físicos, sabia que apenas evidências empíricas poderiam fazer com que pelo menos alguns dos críticos renitentes mudassem sua opinião. Enfrentou uma viagem marítima ao Brasil e às Ilhas Príncipe para fazer medições de um eclipse solar que só seria visível nessa parte do mundo, e demoraria muito tempo para ocorrer novamente.[354] A teoria da relatividade específica, gravitacional, foi evidenciada empiricamente. Mesmo assim, a meritocracia política passou a chamar Sir Eddington de "buldogue de Einstein".

A surpresa do leitor que ainda não soubesse desse aspecto que envolveu dois dos mais aclamados, contestados e atacados cientistas em vida – outros dois paradoxos que demandam tolerância, sendo o ser humano quem é – ao ter consciência da atuação negativa de Albert Einstein pode se redobrar, ou triplicar, para os que se recordem que

354 Novaes, M. & Studart, N. (2019). Eddington e o encurvamento gravitacional da luz — com a tradução de *Weighting Light* do seu clássico livro "*Space, Time and Gravitation*". *Rev. Bras. Ensino Fís.*, *41*(Suppl 1). https://doi.org/10.1590/1806-9126-RBEF-2019-0230

Einstein teve repetidas experiências de ter sua premiação negada pela Comissão Norueguesa responsável pela outorga do Prêmio Nobel. Comissão que me parece ser o clímax da influência da meritocracia política, já que todos os seus integrantes nunca deram contribuições reais para as áreas nas quais opinam, de um modo que lembra o dos imperadores romanos nas sangrentas lutas no Coliseu. Comissão para a qual Einstein trabalharia após ter recebido o prêmio! Foram pelos menos três vezes, de 1905 até 1921. Pois a comissão, tentando reconhecer a falha que tem, sempre nomeia assessores: um esparadrapo que por vezes gruda, por vezes, não.

Para acrescentar um pouco mais ao danoso mistério das trapalhadas e confusões da meritocracia política da Comissão Norueguesa, Einstein não recebeu o prêmio por nenhuma de suas duas maiores descobertas: as teorias da relatividade geral e específica. Acabaram se resolvendo, após muita pressão e de um modo tortuoso, a conferir-lhe o prêmio por uma descoberta considerada como menor, a caminho da teoria da relatividade: a resolução de um antigo problema para os físicos, expresso por uma equação que levou o nome de seu descobridor, Maxwell, sobre o efeito termoelétrico da luz, ou "radiação do corpo negro", como descrevi em *A apreensão da realidade psíquica*.[355]

Durante muito tempo, atribui-se a um erro de leitura e de compreensão, que teria sido feito por um obscuro membro da Comissão Norueguesa do Prêmio Nobel, Alvar Gullstrand, um obscuro e empolado oftalmologista,[356] que havia contribuído para o estudo do astigmatismo, fazendo um trabalho de microengenharia para confeccionar a lâmpada de fenda, um dos instrumentos que auxiliam os resultados do oftalmoscópio descoberto por Helmholtz. Divulgou-se

---

355 Grandin, K. (2021). The difficult task to award Einstein a Nobel Prize. *Il Nuovo Saggiatore. (Societá Italiana di Fisica)*, *37*: 1-2. https://www.ilnuovosaggiatore.sif.it/article/257

356 Sen, M. & Honavar, S. G. (2021). Allvar Gullstrand: Prize and Prejudice. *Indian J. Ophthalmol.*, *69*: 1366-1367. doi: 10.4103

que Gullstrand teria errado em seu voto por ter lido a tese de Einstein de um modo inadequado, pois nada entendia de física. No entanto, propagandeava que seria interessadíssimo em física, e em seu estilo complicado de falar, dava a impressão de que entendia. A tal ponto que chegou a ser indicado para um Nobel de física, em 1911. Foi prudente: recusou, pois desejava ser agraciado por um prêmio em medicina, que acabou conseguindo.

A verdade foi outra. Descobriu-se que Svante Arrhenius, um químico aliado a Gullstrand por serem pessoas infectadas de preconceitos, incorporou argumentos racionalizados fornecidos por físicos experimentais ultranacionalistas alemães. Passaram a fazer oposição política e racialmente motivada contra a pessoa de Einstein e contra as duas teorias de relatividade. Não fizeram essa violência apenas com Einstein, mas estávamos focalizando apenas o caso dele. Quando outro físico, que não era dedicado a politicagens, Carl Wilhelm Oseen, que contribuiu sobremaneira para o estudo da elasticidade de cristais líquidos (todos os que hoje usam televisões e telas de computador poderiam se sentir gratos a essa pessoa), foi escolhido para fazer parte da Comissão, o exame da indicação de Einstein seguiu outro rumo. Teve a perspicácia de se recordar da descoberta do efeito fotoelétrico. Sequer mencionou a teoria da relatividade, deixando os políticos perplexos e sem ação: perderam um contendor para suas discussões bizantinas de fundo ideológico, e não científico.[357]

Einstein, similar a Freud, pareceu ter tido uma propensão para colecionar, independentemente de sua vontade, resistências dos respectivos *establishments* dos físicos e dos neuropsiquiatras: amor à verdade atrai ódio das meritocracias políticas. Porém, após ter sido finalmente aceito pelo *establishment* científico, Einstein passou a agir do mesmo modo que agiram seus preconceituosos juízes – que logo

---

357 Friedman, R. M. (2022). *Annalen der Physic Ann. Phys. (Berlin)*, 534. doi: 10.1002/andp.202200305

depois mostrariam sua face criminal, aderindo ao nazismo. É fato reconhecido por muitos historiadores que a ditadura nazista perdeu a guerra por ter afirmado que a física relativista estava errada por ter sido obra de judeus.

Segundo uma decisão póstuma de Helen Dukas, fidelíssima secretária de Einstein por décadas, e pelo executor de seu testamento, Otto Nathan, com a aprovação dos herdeiros, elaborou-se um livro para divulgar pensamentos e ideias de Albert Einstein, coletadas por Dukas, sobre muitos assuntos: comentários sobre pessoas e governos, ideias sobre música, poesia e filosofia da ciência. Constata-se que Einstein não considerou que a psicanálise seria uma ciência, por não enxergar como poder-se-ia testar suas teorias. Isso justificaria sua postura contrária à outorga, relatada em detalhe pelos professores Bargal e Ashkenazi?[358]

Há outros elementos históricos que, a meu ver, poderiam ser julgados como surpreendentes. Um deles é que Einstein e Freud haviam assinado, junto com vários outros cientistas, em torno de quinze anos antes (1912), um documento convocatório para a fundação de uma sociedade para o fomento de uma investigação científica real. Em retrospecto, esse documento me parece ter sido uma espécie de protótipo do movimento de cientistas e teóricos da ciência que depois foi chamado de "neopositivismo". Seria uma manifestação daquilo que o descobridor brasileiro desse documento, Leopoldo Fulgêncio, livre-docente de psicologia, qualificou como "*um tanto quanto vago, genérico*".[359] Teria havido compromissos políticos entre os integrantes da proposição?

---

358 Calaprice, A. (1966). *The ultimate quotable Einstein*. Princeton University Press. Seattle: Amazon, Kindle Edition.

359 Fulgencio, L. (2000). Convocação para a fundação de uma "Sociedade para a Filosofia Positivista". *Natureza humana*, 2: 429-438. Recuperado em 1 de março de 2024, de http://pepsic.bvsalud.org/scielo.php?script=sci_arttext&pid=S1517-24302000000200008&lng=pt&tlng=pt

Parece não ter havido nenhum comentário negativo a respeito da psicanálise; nem por Einstein, nem pelos outros signatários.

Outro elemento surpreendente é que os dois se conheceram pessoalmente. As próximas citações, entre aspas, baseiam-se em um cotejamento de três biografias sobre a vida de Einstein, que fizeram farto uso de cartas pessoais a amigos.[360,361,362] Meus comentários as cotejam com artigos científicos de Freud.

Em 1927, Freud viajou para Berlim com sua esposa, Martha, hospedando-se na casa de seu filho mais novo, Ernest Ludwig Freud, bem-sucedido arquiteto. Freud sofria com uma prótese no palato, após excisão de um câncer; quase faleceu na convalescença em uma enfermaria de um hospital, sendo salvo pela interferência de outro doente.[363] Surdo de um ouvido e com o outro afetado, tinha ainda dificuldades visuais. Penava para falar: sofria de dores o tempo todo. Mesmo assim, resolveu aceitar um convite de Einstein, visitando-o. Foram recebidos com alegria: tinham uma diferença de idade de três décadas. Einstein admirava "a capacidade de Freud com as palavras"; e seu "espírito jovial e adorável humor". Os dois mantinham um estilo coloquial nas conversas, nada afetado: referiu que "até mesmo nos discursos técnicos, Freud extravasa humor e informalidade; adora o método socrático e interrompia-me de vez em quando, fazendo perguntas que eram convites para a crítica". Impressionou-lhe, na conversa sobre a assimilação do povo judaico, que o sucesso dos cientistas judeus "provinha de seu ceticismo criativo".

---

360 Pais, A. (1982). *Subtle is the Lord: The Science and the life of Albert Einstein.* Oxford: Oxford University Press. p. 514.

361 Brian, D. (1996). *Einstein, a ciência da vida* (versão brasileira por Vera Caputo). São Paulo: Ática, 1998. pp. 175-6, 198, 222-223, 206, 259, 321, 349, 360, 415.

362 Isaacson, W. (2008). *Einstein: his life and universe.* New York: Simon and Schuster. pp. 284, 615.

363 Jones, E. (1957). *Sigmund Freud: life and work. The Last Phase 1919-1939.* Londres: The Hogarth Press. pp. 94, 167.

A conversa parece – segundo as informações que temos hoje – ter ficado centrada em suas respectivas áreas de atividade científica. Após o encontro, e para outras pessoas, Einstein falou de suas restrições à psicanálise. Uma delas foi George Viereck, um poeta alemão, filho de uma norte-americana, que ganhava a vida como jornalista; era cismado em entrevistar pessoas famosas – situação ressaltada na entrevista com Freud, que é bastante divulgada. Teria espalhado a notícia de que seu pai era filho do Kaiser. Foi desmentido pelo pai. Atuou como pan-germanista na Primeira Guerra Mundial, o que lhe deu prestígio entre alemães e austríacos. E mesmo entre os pacifistas, como Freud e Einstein. Os dois foram partidários do Kaiser Wilhelm II.

Conseguiu entrevistar Freud em 1927 e Einstein em 1929, respectivamente. Gostava de elogiar seus outros entrevistados; aparentemente, como autopropaganda, embora fosse realmente um apaixonado por cientistas alemães e suas obras. Resolveu elogiar Freud e perguntou o que Einstein achava da psicanálise, ligando o assunto ao fato de ter entrevistado Henry Ford, considerado outro "gênio" naquela época. Einstein enfatizou que sua vida era determinada pelas suas próprias glândulas, e não apenas pela sua vontade; Viereck avisou: "Talvez o sr. se interesse em saber que Henry Ford me disse que não foi a vontade dele que lhe deu seu destino, mas que suas ações eram determinadas por uma voz interior". Einstein replicou: "Ford pode chamar isso de voz interior. Sócrates chamava isso de *daimon*. Nós, os modernistas, preferimos chamar isso de nossas glândulas de secreção interna. Cada um dá sua explicação para o fato de que nenhum de nós, seres humanos, somos livres".

Viereck voltou à carga: "O senhor então ignora todos os fatores psíquicos no desenvolvimento humano? Qual é sua atitude em relação ao subconsciente? De acordo com Freud, eventos psíquicos estão indelevelmente registrados nos extratos mais baixos de nossa mente, e estragam nossas vidas". Einstein expande sua crítica, invocando a questão que dividia os filósofos, sobre realismo e idealismo:

"Considerando que historiadores materialistas e filósofos negligenciam a realidade psíquica, Freud exagera sua importância. Não sou psicólogo, mas me parece haver razoável evidência de que fatores fisiológicos, especialmente endócrinos, controlam nosso destino".

Viereck aproveita o ensejo para criar um estado preferido de alguns repórteres: incitar maledicências e fofocas: "Então o sr. não acredita em psicanálise?". Einstein, segundo Viereck, "modestamente", retruca: "Não sou capaz de julgar essa fase importante no pensamento contemporâneo. No entanto, não me parece que psicanálise seja saudável. Nem sempre é de ajuda ficar se aprofundando no subconsciente. O mecanismo que controla nossas pernas tem centenas de músculos. O sr. acha que nos ajudaria a andar se analisássemos nossa perna e soubéssemos exatamente como cada um dos pequenos músculos são empregados para que andássemos, e em que ordem eles funcionam?". Contou uma anedota antropomórfica, sobre um sapo e uma centopeia: "o sapo ficou deprimido pois só tinha quatro patas, sendo capaz apenas de pular. Pensou em um plano 'diabólico'. Escreveu para a centopeia e perguntou: Dona Centopeia, qual é a perna que você movimenta primeiro, e em que ordem? A centopeia começou a pensar. A partir daí, não conseguia mais se movimentar, trançando suas pernas. Ficou paralisada! É possível que a psicanálise possa paralisar nossos processos mentais e emocionais de um modo similar".

Viereck deu sua sentença "Quer dizer que o sr. é um opositor de Freud!"

Einstein: "De modo algum! Não estou preparado para aceitar nenhuma das conclusões de Freud, mas considero que seu trabalho é uma contribuição imensamente valiosa para a ciência do comportamento humano. Acho que Freud é melhor como escritor do que psicólogo. Freud escreve brilhantemente, mais do que Schopenhauer". [364]

364 Viereck, G. S. (1929). What Life means to Einstein. *Saturday Evening Post.* https://www.saturdayeveningpost.com/wp-content/uploads/satevepost/einstein.pdf

Um dos biógrafos, Isaacson, assinala que Einstein teria comentado com outro físico, Sayen, que "psicanálise não entra na minha pele". Para um médico, Thomas Bucky, teria afirmado ter "muitas dúvidas sobre as teorias de Freud. Ele coloca muita ênfase nos sonhos. Afinal das contas, nenhum quarto de despejo pode trazer à luz coisa que preste. Por outro lado, é muito interessante ler o que Freud escreve, ele é muito inteligente e não quer ser excessivamente crítico". Jamie Sayen, um biógrafo contemporâneo com preocupações ecológicas, relata que Einstein teria aformado para seu filho Eduard, que perguntou porque ele não se analisava: "prefiro muito mais continuar na escuridão do que ser analisado".

Em retrospecto, e sob o vértice psicanalítico, pode-se observar o quão Viereck e Einstein pouco conheciam sobre psicanálise – mas pareciam desprezar a observação de Pope, de que pouco saber é algo perigoso. Os dois falam em subconsciente, um termo evitado explicitamente por Freud, e também os motivos pelos quais ele evitava. Pode-se concluir que os dois, como todos aqueles que o próprio Freud observou na introdução à 10ª edição de *A Interpretação dos Sonhos*, sequer leram essa obra. Ou, se leram, o fizeram de modo descuidado.

Segundo ele mesmo, Einstein sofria de sérios problemas existenciais, o que implica a existência de problemas afetivos e emocionais. Fato reconhecido por ele: sentia-se muito culpado, achando-se malsucedido como marido e pai. Enfrentava constantes desentendimentos com Mileva Marić, a mãe de seus três filhos, de quem havia se divorciado em 1919. Em 1905, um físico russo, Abraham Joffe, afirmou que Mileva, exímia matemática, havia colaborado decisivamente para os cálculos que evidenciaram matematicamente a teoria da relatividade,[365] mas sentia-se injustiçada por falta de reconhecimento por parte do marido e do público. A possibilidade

---

365 Martinez, A. (2004). Arguing about Einstein's wife. *Physics World*. https://physicsworld.com/a/arguing-about-einsteins-wife/

de que isso tenha sido verdade não é pequena. No entanto, nunca se poderá saber exatamente qual seria a proporção da importância desse fato.[366] Einstein sempre reconheceu não ser bom, mas também nunca se queixou de não ter tido bons colegas que o ajudaram nessa falha que enfrentava desde a infância. Cedeu generosamente todo o dinheiro do prêmio Nobel para Mileva, mas se havia falta de reconhecimento, pode também ter tido o sentido inverso. Ao contrário dele, a sobrevivência financeira dela e dos filhos, que ficaram sob sua guarda, ficou garantida.

O filho mais novo, Eduard, desde adolescente, demonstrava inequívocos sinais de ser portador de alguma doença mental, embora tenha sido visto como um jovem promissor. Na época do encontro com Freud, foi aceito para cursar a faculdade de medicina de Zurique – desde pequeno queria fazer isso. Contudo, passava o dia inteiro tocando a mesma peça de Chopin no piano, de modo automático e repetitivo, e excessivamente dramático, na visão severa do pai, que também era músico. Não se relacionava com outras crianças e sentia que o pai era muito distante. Einstein sempre esteve genuinamente preocupado com o filho, mas não tinha sensibilidade e muito menos paciência para os problemas emocionais de outras pessoas. Quando ia para a Suíça, sempre o visitava: um dia, tentou tocar piano a quatro mãos com Eduard, mas logo desistiu. Em outro momento, o jovem tentou pular pela janela do quarto assim que Einstein saiu, e teria sido contido pela mãe. A partir daí, só tinham contato por cartas, pois Einstein passou a viajar muito e, nos anos 1930, se refugiou nos EUA.

No encontro com Freud, Einstein teria relatado algo sobre os problemas que enfrentava com sua família? Não há acordo em relação a isso entre os biógrafos, mas os três escrevem que Einstein "não pediu nenhuma opinião de Freud" sobre o filho, que, nessa época, já estava

366 The relative importance of Mrs. Einstein. *The Economist.* Science and technology, 24 fev. 1990.

sendo tratado. Caso possamos ler a penúltima das novas conferências introdutórias à psicanálise, poderemos supor, sem recair em conjecturas fantásticas, que Freud, nessa época, jamais opinaria sobre o estado psíquico de ninguém se estivesse fora do ambiente protegido de uma sala de análise.[367] Suponho que Freud teve o difícil aprendizado a partir das malsucedidas experiências de ter tentado analisar amigos e sua filha mais nova.

Depois do encontro, trocaram cartas. Em uma delas, Freud afirmou, uma vez mais, sua opinião sobre Einstein: "você é um homem de sorte". Einstein retrucou: "como você pode saber, não conhece minha mente!". Recebeu uma explicação, demonstrando bom humor: "você trabalha com física e matemática e não com psicologia, sobre a qual todo mundo tem alguma coisa a dizer!". Em retrospecto, e como mera hipótese sem possibilidade de comprovação, a não ser mera inferência: haveria alguma indicação benevolente que poderia ser útil a alguém que tivesse uma ausculta menos hostil e mais propensa a refletir? Freud teria percebido, de algum modo, as opiniões de Einstein sobre psicanálise? Levo em consideração que, pouco depois da visita, Ferenczi quis saber alguma coisa, e Freud afirmou: "Einstein entende tanto de psicologia quanto eu de física".

As cartas contêm as preocupações dos dois com o povo judeu; e que nenhum deles se interessava especificamente por religião.

Suponho – usando o vértice psicanalítico – que Einstein possa ter amadurecido, em função de uma série de sofrimentos e vicissitudes; alguns, em parte, impostos por ele mesmo, conforme pode-se constatar em seus próprios escritos. Vivia culpado por se achar incapaz, como marido e como pai. Na época em que escreveu para Freud, estava na condição de refugiado étnico. Enfrentava resistências de alguns no seu país de adoção, os EUA, pela mesma perseguição contra

---

367 Freud, S. (1933-1936). Explanations, applications and orientations. Lecture XXXIV, New Introductory Lectures to Psycho-analysis. *SE*, vol. XXII, p. 136.

o povo judaico que o fizera sair da Alemanha, e também por ser visto como um comunista.

Eduard, na época do encontro com Freud, conseguira formar-se em medicina. Desde o início dos estudos, queria ser um psiquiatra. Ironia da história: praticamente só lia escritos de Freud, declarando-se apaixonado, ao ponto de ter colocado um retrato dele em seu quarto. Tendo seu contato com o pai reduzido a cartas, em boa parte delas demonstrou enorme interesse em assuntos abordados na obra de Freud, e principalmente questões de relacionamento de filhos com pais. Segundo a visão de um dos biógrafos, Isaacson, Eduard teria "analisado" seu pai, dizendo que "é difícil ter um pai tão importante, porque o filho sente-se muito muito desimportante [...] existem pessoas que preenchem seu próprio tempo com trabalho intelectual, e aí colocam no mundo filhos doentes, muitas vezes nervosos e tantas vezes completamente idiotas (por exemplo, você e eu)". Diferente da visão do biógrafo, pode-se fazer outras hipóteses. Eduard poderia estar consumido por rivalidade e inveja, traços de paranoia. Isso corroboraria o diagnóstico que recebeu. Poderia ser acrescentado um dado de minha experiência clínica com filhos de pessoas julgadas muito importantes socialmente. O conteúdo dessas cartas também indicaria – sem prejuízo do diagnóstico de paranoia – a existência de comentários desesperados tentado dizer que Eduard sentia-se desimportante para o pai, e não apenas que ele queria ser tão ou ainda mais importante do que o pai. O comentário seguinte comprova essa versão.

Quando Einstein lamentou o fato de ter sempre criticado autoridades, e depois virou, ele mesmo, mais uma autoridade, Eduard voltou a fazer comentários inspirados na psicanálise. Em 1935, escreveu ao pai: "Psicanaliticamente, isso quer dizer o seguinte: quando alguém não se curva frente o pai, mas começa a brigar com esse pai, está querendo ser uma autoridade para ficar no lugar dele". É possível perceber que Eduard Einstein tinha uma ideia mais precisa dos escritos de Freud do que seu pai. Para tentar satisfazê-lo, e mesmo assim, apenas por carta, Albert Einstein escreveu para seu filho: "Tenho que admitir que, depois de pequenas experiências pessoais, acabei me convencendo de algumas teses de Freud", referindo-se à teoria da repressão.

Eduard passou a alucinar e delirar. Enamorou-se por uma mulher muito mais velha. Isaacson, o biógrafo, não resistiu em colocar em seu texto o comentário: como Freud teria reagido caso tivesse testemunhado esse ato? Dando razão ao comentário, tão bem-humorado quanto sagaz, feito por Freud para Einstein: em psicologia, todo mundo tem algo a dizer. Esse "mundo" inclui de modo excepcional todo biógrafo que se interessou por psicanálise até agora, mesmo que nenhum deles jamais tenha conhecido seu biografado preferido. Em 1936 – três anos após o refúgio de Einstein nos EUA, Mileva procurou Carl Jung, em desespero, dizendo que não poderia pagar nada pela consulta. Jung sequer respondeu.[368]

Einstein mantinha correspondência com Eduard, de modo assíduo e sincero. Ele e Mileva resolveram, em raro acordo, internar o filho na clínica Burgholzli, dirigida por Eugen Bleuler. Einstein jamais o visitou na clínica, embora tenha mantido a correspondência escrita com o filho. E também com Bleuler,[369] preocupado com o efeito da insulinoterapia associada a eletrochoques: achou que não estava funcionando. O leitor pode se recordar que Bleuler era o mesmo que fizera a indicação de Freud para o Nobel, mas estava bem idoso e aposentou-se em 1927, falecendo em 1939.

Einstein viveu alguns anos felizes, após ter escolhido uma prima, Elsa Löwenthal, para tentar um novo casamento; teve nela uma

368 Halpern, P. (2020). Mileva Einstein's Desperate Plea To Carl Jung: Help Me With My Son! *Medium*. https://phalpern.medium.com/mileva-einsteins-desperate--plea-to-carl-jung-help-me-with-my-son-f3d2d01556f9

369 Digital Einstein papers Volume 15: The Berlin years: Writings and Correspondence. https://einsteinpapers.press.princeton.edu/vol15-doc/702

excelente colaboradora. O segundo filho, Hans Albert, também se refugiou nos EUA e tornou-se um engenheiro bem-sucedido.

Muito mais conhecido é o fato de que, em 1932, Albert Einstein foi incumbido pela Liga das Nações para discorrer a respeito das causas da guerra, na esperança de que escritos de cientistas pudessem frear a efervescência criminosa dos movimentos da meritocracia política europeia, concretizada nos fenômenos do fascismo e do nazismo. Teria, segundo as três biografias que pude consultar, ficado aflito. Resolveu, inopinadamente, e para surpresa daqueles que pensavam conhecê-lo mais intimamente, escrever para Freud. Teria dito que o considerava uma "autoridade no que se referia aos instintos humanos".[370]

Freud demorou dois meses para responder; também enfrentava problemas de saúde e familiares. A pequena correspondência – duas cartas – tornou-se quase tão famosa como os dois signatários. Em uma das cartas, declarou nutrir "grande admiração pela paixão" que, segundo ele, Freud mantinha "para apurar a verdade – uma paixão que tem dominado tudo em seu pensamento". Acrescentou, mostrando atenção e compreensão talvez rara à leitura da carta de seu surpreendente correspondente, que pode ser visto como uma espécie de aula em psicanálise, de que Freud "mostrava com lucidez irresistível que na psique humana os instintos agressivos e destrutivos estão inseparavelmente ligados aos do amor e da paixão [...] seus argumentos convincentes deixam claríssima sua profunda devoção à libertação interna e externa do homem dos males da guerra: essa, a sua grande meta".

A interferência da meritocracia política, impedindo o livre percurso da meritocracia técnica, incrementa a ação deletéria de questões pessoais, em proporção geométrica. O modo pelo qual Albert

---

370 Leith, M. (2000). Instinct and survival: an exchange of letters between Einstein and Freud. *CMAJ*, *163*: 1178-9. PMCID: PMC80257.

Einstein pareceu lidar com as indicações do Prêmio Nobel para Freud demonstra esse fato, segundo o que se pode inferir mediante o estudo dos dados fornecidos pelos seus biógrafos e a leitura de suas cartas e pensamentos. Há uma vantagem no uso de uma figura histórica em que há pletora de informações. Trazem alguma verdade "embutida"; por mais distorcidas que possam ser, como sempre o são, informações biográficas ou jornalísticas.

Também podemos concluir que a interferência destrutiva da meritocracia política não parece ter produzido efeito negativo no comportamento de Freud em relação a Albert Einstein, tampouco com a Comissão Norueguesa. Na redação da biografia de Jones sobre Freud, destaca-se o quanto o descobridor da psicanálise tinha noção clara da realidade. Sabia que a psicanálise permanecia suscitando resistências do *establishment*. Parece ter aceitado a existência dessas resistências, na visão de Jones, "filosoficamente".[371] Aceitou civil e graciosamente o que parecia ser um reconhecimento do erro, por parte de um Einstein mais idoso, que passou a concordar com pelo menos alguns aspectos das teorias propostas por Freud, incluindo a teoria da resistência. Antes disso, mantinha uma posição muito mais concretizada, de uma restrição *a priori* da própria ideia de se fazer uma disciplina que pudesse "analisar".

Embora alguns "prêmios" tenham sido dados a pessoas que doaram à humanidade reais contribuições, permanece duvidoso se aqueles que o atribuem, em grande parte membros da meritocracia política, na qual alguns deles tentaram ser técnicos competentes, realmente alcançam qual seria o valor da contribuição. Mário Quintana nunca foi eleito para a Academia Brasileira de Letras, para a qual foi eleito José Ribamar Ferreira de Araújo Costa, apelidado por ele

---

371 Jones, E. (1957). *Sigmund Freud: life and work. The Last Phase 1919-1939*. Londres: The Hogarth Press.

mesmo de "Sarney". Ficou conhecido como alguém habilidoso no manejo de um instrumento destrutivo, de corrupção política.

Meritocracia política é uma atividade humana na qual não há escassez de exemplos históricos: Napoleão Bonaparte, Josef Stalin, Lucky Luciano, Adolf Hitler, Pablo Escobar e muitos outros. Se pudessem ser vistos como técnicos em algum assunto, este poderia ser denominado destruição. Tornaram-se populares; prosseguem sendo reverenciados. Quem se importaria com uma pessoa que despendeu toda sua vida medindo pressões arteriais de pacientes ou examinando lâminas de microscopia em um laboratório de análises clínicas?

Obviamente, toda qualificação é arbitrária e pessoal, estando sujeita a críticas. Sem dúvida, os critérios para os quais recorro, "destruição" e "construção", referem-se a materializações. Meritocracia no uso da força física destruidora pode ter efeitos paradoxalmente construtivos, quando utilizada de modo reativo, na defesa de sobrevivência de etnias. Até o momento, parece existir apenas no estamento militar. Critérios de julgamento moral excluiriam a presença de psicopatas; no entanto, a existência de meritocracias em estruturas tipo "máfia" são inegáveis.

Poucas vezes, algumas meritocracias destrutivas evoluem para meritocracias construtivas. Exemplos individuais podem auxiliar a compreensão desse juízo; ou prejudicar, dependendo do ouvinte. Um deles pode ser dado pela família Rockefeller, que amealhou boa parte de sua fortuna com o comércio de ópio, e depois, desenvolvimento territorial e construções, petróleo e negócios bancários. Tornou-se uma das famílias mais ricas financeiramente no planeta: influenciou governos e foi qualificada como fazendo parte do grupo dos "barões ladrões", extintos após a presidência de Theodore Roosevelt. Entre muitos outros negócios, dedicou-se a desenvolver técnicas de plantio. Alguns de seus membros, do mesmo modo que missionários de crença protestante, interessaram-se pela gravíssima questão de haver países subdesenvolvidos; na linguagem atual, são qualificados como "possuidores de consciência social". A influência sobre os governos se modificou; nos anos 1960, passaram a fazer parte do conselho diretor do "Peace Corps", corporação da paz; em contraponto ao "War Corps", ou corporações de guerra. Não vou adentrar em discussões ideológicas a respeito dos intuitos dessas organizações, onde a meritocracia política se junta à meritocracia técnica formada por pedagogos, assistentes socais, médicos e enfermeiros. No Brasil e em outros países considerados subdesenvolvidos, a família se aliou a governo estadual, organizações assistenciais religiosas e técnicos locais para financiar, sem perspectiva de retorno financeiro, a construção e a formação de escolas médicas e de saúde pública.[372] Levou as técnicas de plantio de sementes para esses países. No Brasil, associou-se à empresa privada "Agroceres" (hoje de propriedade da família Bettencourt). Essa empresa cedeu técnicos que tornaram realidade o que se tornou a única, dentre todas as empresas estatais do Brasil ditatorial (1964-1985), que segue funcionando exemplarmente, denominada "Embrapa". As duas empresas continuam fazendo uma colaboração mútua única.[373]

Antes de ter a oportunidade de ter contato com o texto futurístico de Young, sonhei, como muitos de minha geração, e de incontáveis gerações anteriores à minha, com uma "sociedade sem *classes*". Algo similar está escrito em um dos textos panfletários de Marx e Engels, em que se prevê, tipificando uma das crenças da religião positivista, que a aventura comunista evoluiria para uma situação não apenas isenta de classes, mas também de governança por ditaduras políticas centrais.[374]

---

372 Dantes, M. A. M. & Da Silva, M. R. B. (eds.). (2012). *Arnaldo Vieira de Carvalho e a história da medicina paulista (1867-1920)*. Rio de Janeiro: Fundação Miguel de Cervantes/CNPq, p. 17.

373 Ribeiro, A. D. (editor) *Agroceres: 70 anos. Você vê, você confia*. São Paulo: Dórea Books and Art.

374 Marx, K. & Engels, F. (1847). Manifesto of the Communist Party (versão em inglês por Samuel Moore, editado por F. Engels). In *The Great Books of Western World*. Chicago: The Encyclopaedia Britannica Inc., 1994. pp. 419-434.

A realidade dos fatos mostra que esse foi um dos pontos falhos e impossíveis nos textos de Marx. Tentei aplicar a mesma ideia, em uma escala cuja medida poderia ser analogicamente escrita como submicroscópica, em termos sociais, em 1969. Foi possível colocar uma equipe de colegas – Mauricio Barcha, Clelgen Luiz Bonetti, Claudio Lucarelli, Cecilia de Lollio e Luiz Jacyntho da Silva –, todos estudantes de Medicina, na direção de um departamento do centro acadêmico, denominado "Departamento Científico", que promovia cursos de medicina extracurriculares e fazia uma revista técnica.[375] Ambos passaram a ser dirigidos por um colegiado, e não por um líder máximo, chamado de "Diretor". Alguns ajudaram a consecução do projeto positivamente, outros, negativamente, dando-me lições a respeito da natureza humana.

A mesma ideia foi aplicada em 2004, em um encontro internacional, integrado a um programa bianual com outros países, a respeito da obra de W. R. Bion,[376] por uma equipe formada por colegas – Ester Hadassa Sandler, Antonio Sapienza, Odilon de Mello Franco, Cláudio Montenegro Castelo, Renato Trachtenberg, Felix Gimenez e Marcio Giovannetti –, que também me ajudaram positiva e negativamente, incrementando lições a respeito da natureza humana. Nos dois casos, as experiências foram únicas, de pouca duração; inseriam-se em microcosmos e não é possível avaliar os resultados.

> *Precisamos avaliar pessoas, não de acordo com sua inteligência e educação, nem tampouco com sua atividade ou poder político, mas de acordo com sua delicadeza e coragem, com sua imaginação e sensibilidade; sua simpatia e generosidade. Quando assim for, não existirão classes.*

375 Sandler, P. C. (1971). O Departamento Científico do CAOC. *Rev. Med.*, 55: 353-355.

376 Sapienza, A., Mello Franco, O., & Sandler, P. C. (2004). *Inquietações-serenidade.* São Paulo: Blucher, 2018.

Quem seria capaz de dizer que um cientista é superior ao porteiro que demonstra notáveis qualidades como pai, ou que o servidor institucional dotado de habilidades raras para angariar prêmios e cargos seja superior ao motorista de caminhão com habilidades raras para plantar rosas?[377]

377 Young, M. D. (1958). *The rise of the meritocracy, 1870-2033: An essay on education and inequality.* New Brunswick & London: Thames & Hudson, 2008. p. 159.

8. Exemplos práticos sob forma de mitos

O modo a partir do qual tentarei apresentar os exemplos práticos a respeito da diferença entre meritocracia técnica e política inclui casos de preponderância da segunda à custa da primeira, além de casos em que me parece haver um equilíbrio homeostático entre as duas.

Relembro que uma apreensão mínima do texto que se segue se baseia na capacidade de disciplina do leitor de evitar o uso da forma narrativa sob as crenças da religião positivista, descritas no Capítulo 3 – Transdisciplinaridade. Mitos sempre são construídos sob essa forma para atrair a atenção do leitor quanto à apresentação de fatos que o mito tenta indicar; mitos usualmente têm uma intenção moralística ou de cânones religiosos com função social. Minha tentativa é usar os mitos como descrição de probabilidades a respeito do que pode ter ocorrido, desaguando na elaboração de algumas teorias e ideias por pessoas que realmente existiram.

Os mitos descrevem percursos históricos de pessoas que viveram em um espaço-tempo e, portanto, em um *Zeitgeist* similar ao que Freud viveu, que inclui também o das gerações seguintes às dessas pessoas até a atualidade.

O mito do século XX

Tento usar a palavra "mito" do mesmo modo que parece a muitos ter sido usada pelos antigos gregos e romanos. Mitos foram registrados de modo escrito da assim chamada época homérica. Há dúvidas, pelos historiadores, se existiu realmente uma pessoa chamada Homero – nome que pode ser traduzido para português como "O Cego". Nem é possível saber se foi apenas uma pessoa que escreveu as obras transcendentais, *Ilíada* e *Odisseia*. Von Herder e muitos dos que o seguiram consideraram que o Velho Testamento poderia ser visto de forma não sacralizada: ou seja, como um mito sobre a natureza humana.

Parece-me necessário considerar o alargamento do campo semântico da palavra "mito". Seguiu um percurso, ao longo de pelo menos um milênio, de uma excessiva concretização das figuras míticas e da forma narrativa pela qual mitos são comunicados. O uso continuado da palavra mito dotou-a de uma penumbra de significados questionável. O significado mais atual, fora dos estudos dos mitologistas, é que mitos só comunicam falsidades; são produtos de uma imaginação alucinatória e, em alguns lugares, foram vistos como se fossem uma "obra do diabo". Têm servido para espraiamento de ideologias, com finalidades político-financeiras: mitos seriam componentes fundamentais para criar e impulsionar modismos.

Os exemplos que estou usando podem ser vistos por alguns leitores como demasiadamente repetitivos; minha tentativa é trazer representações históricas de resultados destrutivos. Destrutivos do quê? Da verdade. O que atualmente se denomina "*fake news*" equivale a esse sentido dos mitos: propagadores de mentiras (ver Capítulo 4 – Ciência ou arte: qual veio primeiro?). A denominação é nova, mas o fato remonta à antiguidade: parece ter sido praticada por todos os povos beligerantes até hoje. Um dos pioneiros pode ter sido o general romano Júlio Cesar, que sobreviveu politicamente durante algum tempo à custa da falsidade que espalhou com a argúcia e a capacidade retórica de um jornalista: que teria vencido Vercingetórix nas primeiras guerras contra os gauleses.[378] Nos séculos XIX e XX, tipificou o tzarismo,[379] prosseguiu de modo incrementado no estalinismo e nos seus sucedâneos atuais. Foi elevado (ou rebaixado) ao *status* de ideologia no nazismo, cujo "teórico" máximo chamou-se Alfred Rosenberg,[380] que escreveu um livro tido como abstruso e ilegível até mesmo para seus colegas nazistas. O título era "O mito do século XX", como justificativa para o extermínio da etnia judaica misturada com o extermínio do bolchevismo e do grande capital. Toda ditadura tem seus "máximos", escolhidos como pessoas individuais que fazem parte das meritocracias técnicas dessas ditaduras.

De modo "demasiadamente humano", parecem-me representados por pessoas que um dia fizeram cursos em filosofia, ou em arte, ou em ciência, fazendo de conta que colaborariam com a meritocracia técnica, mas jamais a exerceram, por incompetência técnica. Substituíram-na para tornarem-se máximos ou favoritos do ditador de plantão, seguindo regras da meritocracia política em universidades para abocanhar diplomas e certificados oficiais que "atestariam" sua professorialidade – roupas acadêmicas para nutrir e dar forma concreta para fantasias de superioridade física e moral, dominando o jargão autorizado pela mesma meritocracia política, à qual serviram obedientemente e agora dominam:

> ROBIN: Brouwer já não assinalou que pode existir uma matemática na qual a lógica matemática clássica é irrelevante?

---

378 Cesar, J. (58 a.C.). *The Gallic Wars* (versão em inglês por H. J. Edwards). Seattle: Kindle books (e-book).

379 McHenry, ed. (1993). The Protocols of the Learned Elders of Zion. In *The Encyclopaedia Britannica, Micropedia,* Chicago: The Encyclopaedia Britannica, Inc., 1994. vol. 9, p. 742.

380 Wittman, R. K. & Kinney, D. (2016) *The Devil's Diary. Alfred Rosenberg and the stolen secrets of the Third Reich.* New York: HarperCollins.

ROLAND: Não sou nenhum matemático.

ROBIN: Se estou entendendo o P. A., você tem a sorte de não carregar um enorme peso de pré-conceitos, mesmo que sejam preconceitos respeitáveis, santificados e consagrados por uma qualificação universitária.

P. A.: Por "universidade", penso que você quer dizer: um grupo de indivíduos que se auto-outorgam o privilégio de declarar quem é e quem não é merecedor de se juntar a essa sua associação.[381]

"O mito do século XX" foi lugar-comum daquela época; que tem continuidade na nossa, embora em menor grau. E de modo "demasiadamente humano", tantas vezes disfarçado, sujeito e erupções de destruição. Referi que foi o título de um livro tido como quase ilegível escrito por Alfred Rosenberg,[382,383] propelido pelo seu chefe máximo. Günter Grass, Nobel de literatura em 1999, ganhou fama com uma metáfora para Adolf Hitler, o chefe inconteste do estoniano Rosenberg: o "tambor de lata" que tocava a massa de alemães. Grass conhecia a questão reverberante na massa por tê-la experimentado como integrante da Juventude Hitlerista e depois como soldado, e experimentado a inexorável destruição total oriunda dos representantes do grupo social – meritocracia política, ou elite minoritária dominante, na terminologia proposta por Toynbee. Disfarçada de salvadora, por idolatria de "gênios políticos", intenta espraiar a mesma destruição, ou suicídio, ou auto-homicídio, conforme descrito por

381 Bion, W. R. (1977). *Uma memória do futuro* (versão brasileira P. C. Sandler). Rio Janeiro: Imago, 1986. p. 28.

382 Pauling, B. J. (2005). A dangerous form of belief: an analysis of Alfred Rosenberg's mythus of the twentieth century as an example of a modern form of religion. Dissertação de Mestrado submetida ao Departamento de Estudos Religiosos. Ontario: Queen's University. https://qspace.library.queensu.ca/bitstream/handle/1974/229/MA%20Essay%20Blaine%20Pauling.pdf;jsessionid=D6EF164D1C53D6A189C136C1544C7486?sequence=1

383 Wittman, R. K., & Kinney, D. (2016). *The Devil's diary: Alfred Rosenberg and the Stolen Secretes of the Third Reich*. New York: Harper.

Émile Durkheim.[384] Homicídio que, segundo o vértice psicanalítico, também imperou (não podemos saber se começou antes, depois, ou em conjunto) no aparato psíquico desses mesmos "gênios políticos", movidos pelo que Bion sugeriu ser chamado de "social-ismo": situação psíquica que faz contraponto com narcisismo, na qual instintos de morte voltam-se contra o ego, enquanto instintos de vida voltam-se ao meio social circundante.[385] Ocorre uma desarmonia, provocando um desequilíbrio entre os dois grupos instintivos. O exemplo foi dado anteriormente, pelo percurso vital dos líderes da Revolução Francesa, sintetizados verbalmente no ditado popular entre acadêmicos que estudam história, sociologia política e economia: a revolução mata seus líderes.

A região da Europa Central onde a meritocracia técnica, ao longo de quase meio século, havia se elevado sem rivais em outros países, em todas as ciências e artes, inclusive político-jurídicas – tanto na democracia entre as muitas etnias do Império dos Habsburgos (parece um contrassenso, mas isso foi verdade: um império democrático) na Áustria-Hungria e atingindo um auge na República de Weimar alemã –, se esfacela. Neste último caso, de curta duração, houve a morte autodecretada, ou suicídio, pela libertinagem, e não liberdade dada ao Partido Nazista – teve suas aquisições amputadas e extintas muito rapidamente pela preponderância da meritocracia política sobre o que havia sido a meritocracia técnica. Para os nazistas, o mito do século XX escrito por Rosenberg era o judaísmo.

384 Mueller, A. S., Abrutyn, S., Pescosolido, B. & Diefendorf, S. (2021). The Social Roots of Suicide: Theorizing How the External Social World Matters to Suicide and Suicide Prevention. *Front. Psychol.*, *12*: 621569. doi: 10.3389/fpsyg.2021.621569

385 Bion, W. R. (1960). Narcisismo e social-ismo. In *Cogitações* (editado por Francesca Bion; versão brasileira por Ester Hadassa Sandler e Paulo Cesar Sandler). Rio de Janeiro: Imago, 1990. p. 122.

Pessoas diplomadas em Medicina formaram o maior número de membros e adeptos incondicionais do partido nacional-socialista da Alemanha.[386] O movimento psiquiátrico nunca passou ileso por isso. Houve algumas resistências, maldisfarçadas adesões que provaram ser falsas e que prepararam o caminho para que se promulgasse a existência de mais outro "mito" do século XX: a psicanálise.[387] Uso o termo "mito", entre aspas, para ressaltar o uso que me parece errôneo, por banalização, para compará-lo com o uso original dessa palavra: o repositório de observações reais sobre a natureza humana.

Não exagero ao afirmar que toda a obra de Bion está pontilhada de alertas sobre interferências da prevalência da meritocracia política nas expressões e percursos da meritocracia técnica. Podem ser mais ou menos decisivas, mas sempre interferem; na maior parte das vezes, destrutivamente, mas também construtivamente, de modo paradoxal e simultâneo. Aparece em quase todos os contextos sociais que Bion viveu e, no nosso caso mais atual, também, embora a observação precise ser levada em um espaço-tempo histórico, de pelo menos um século. Os exemplos podem ser: submissões violentas e cruéis aos *establishments*, como em participações e reconhecimentos gratos; ocorrem em escolas primária e secundária e nas universidades. Ocorrem em instituições militares e religiosas. E, diminuindo o foco para o que sugiro denominar de micromovimentos, no movimento psicanalítico.

Vou destacar nesse momento apenas um exemplo na obra de Bion, que me parece menos conhecido por nunca ter sido citado ou ressaltado em nenhum estudo feito por autores secundários que pude ler até agora. Pode refletir apenas uma falha de minha investigação na literatura disponível.

---

386 Kershaw, I. (1999). *Hitler: 1889-1936: Hubris*. New York: WW. Norton.

387 Pinckney, E. R., & Pinckney, C. (1965). *Psicanálise – A Mistificação do Século* (versão brasileira por Edith Natividade. Prefácio de A. C. Pacheco e Silva). São Paulo: Edigraf, 1970.

É possível constatar, com uma leitura minimamente acurada e não interpretativa, o fato de que sua obra caracteriza um exemplo de uma das tentativas de forçar a preponderância de mandamentos da meritocracia política sobre as necessidades da meritocracia técnica em universidades localizadas nas cidades de Oxford e Londres. Foram os locais onde Bion se submeteu às violências desnecessárias e também, simultaneamente, aos rigores necessários para obter a formação em História e Artes, em Oxford, e aos rigores necessários para obter a formação em Medicina, no Colégio Universitário de Londres (*University College of London*).

Tratava-se de uma instituição reformista, fundada em 1826, muito menos submetida ao *establishment* universitário vigente. Permitiu que a meritocracia política e a meritocracia técnica convivessem em ambiente de colaboração mútua. A meu ver, pela sua relativa juventude, comparada ao maior tempo de funcionamento da Universidade de Oxford e também a de Cambridge.[388] Durante a década de 1930, W. R. Bion prosseguiu interessado em psicanálise. Apesar de uma experiência com um indivíduo que se apresentava como psicanalista, mas a única frase que falava, o tempo todo, era "sinta isso que você me diz no passado", e das instâncias enérgicas de seus professores em Oxford e depois no University College of London terem-no alertado que a maioria dos psicanalistas eram judeus, estrangeiros e psicopatas – ou seja, eram algo muito "não inglesa" –, fez mais uma tentativa: "Fui procurar John Rickman. Naquela época, ele falava sem rodeios. Era terrivelmente impaciente com hipocrisias. Gostei dele; concordei, com grandes receios, em começar minha análise. Para minha

388 Cockburn, King, H. P. F. & MacDonnel, K. G. T. (1969). The University of London: The University. In *A History of the County of Middlesex*: Volume 1, Physique, Archaeology, Domesday, Ecclesiastical Organization, the Jews, Religious Houses, Education of Working Classes, Private Education. pp. 315-344. *British History Online* https://www.british-history.ac.uk/vch/middx/vol1/pp315-344

surpresa, suas interpretações me pareceram lembrar o senso comum, lembravam a vida real".[389]

Em retrospecto, penso que a própria existência desses cursos serve de testemunho da interferência da meritocracia política em um assunto cujo interesse, primariamente, poderia ter pertencido à meritocracia técnica. Um dos fatores determinantes foi o de que Carl G. Jung havia escrito alguns artigos[390] com argumentos advocatícios a respeito de características que, a seu ver, e nessa época, contraindicariam o estudo da psicanálise "de Freud"; ao mesmo tempo, indicariam absolutamente a leitura e o uso das teorias da "psicologia analítica", a seu ver consentâneas como o "psique alemão" e, consequentemente, anglo-saxão e não "judeu".[391] Teria mantido essa opinião até pelo menos 1942, dando ao menos uma entrevista a um periódico para leigos dos Estados Unidos.[392] Após 1945, como sempre, esteve atentíssimo para os ventos políticos. Fez questão absoluta de ser o primeiro presidente da Associação Psicanalítica Internacional, ganhando a confiança de Freud, que o impulsionou.

Freud afirmou algumas vezes que não era um *Menschen Kenner*, em tradução literal, "conhecedor do ser humano". Em português, recebe outro nome: "conhecedor à primeira vista": uma qualidade

---

389 Bion, W. R. (1985). Another part of a life. In *The Long Weekend* (Vol. II: All My Sins Remembered and the other side of Genius, editado por Francesca Bion). Abingdon: Fleetwood Press. pp. 16 e 45-46.

390 Dohe, C. B. (2011). Wotan and the 'archetypal Ergriffenheit': Mystical union, national spiritual rebirth and culture-creating capacity in C. G. Jung's 'Wot an' essay. *History of European Ideas*, *37*: 344-356.

391 Samuels, A. (1992). National Psychology, National Socialism, and Analytical Psychology. Reflections on Jung and anti-semitism. *Journal of Analytical Psychology*, *37*(2): 127-148. https://onlinelibrary.wiley.com/doi/epdf/10.1111/j.1465-5922.1992.00127.x

392 Geffen, M. M., & Knaut, M. W. (Eds.) (1942). Entrevista com dr. Carl J. Jung. *Omnibook Magazine*.

intuitiva. Afirmação que causou surpresa na pequena audiência da época, mostrando sinceridade de sua parte e idolatria de quem se surpreendeu.[393] Assim como Einstein era um matemático regular (ou medíocre, se usarmos a palavra em seu sentido etimológico: na média), Freud não conhecia as pessoas à primeira vista. Há tantos casos na história do movimento psicanalítico que me parece desnecessário citá-los: apenas um, dentre os pioneiros, permaneceu junto a ele. Carl Jung certamente foi um daqueles falsos amigos que Freud escolheu – com o agravante de tê-lo visto como um "filho" alucinado, ou o cristão protestante que faria a psicanálise vingar em um terreno social propício aos preconceitos antissemitas.

Carl Jung fez a primeira "dissidência" no âmbito da I.P.A para fundar seu "próprio" movimento, cuja meritocracia política governou com mão de ferro até falecer. Terá sido coincidência o fato de que, no ano seguinte, Freud terminou seu estudo sobre a "Dinâmica da Transferência"? Quinze anos após o falecimento de Freud, Carl Jung tentou obliterar a percepção social de que nutriu inimizade – sem perceber que isso sempre inclui uma amizade negada, experiência emocional que uma psicanálise real ajuda a perceber – fazendo propaganda social de seu contrário, por meio de entrevistas à imprensa leiga.

De modo similar, das evidências implícitas de um provável antissemitismo, com declarações bombásticas contra o nazismo após a Segunda Guerra Mundial. Tão bombásticas como o haviam sido, mas a favor do nazismo, no pré-guerra e durante o período em que a Alemanha estava ganhando a guerra. Seguro no seu país que declarou neutralidade, a Suíça, passou a chamar o ditador alemão de "doido". Passou a divulgar que estava protegendo colegas judeus, o que lhe forneceu um emprego de alto coturno no serviço secreto norte-americano. O seu empregador direto foi o secretário de

393 Young-Breuhel, E. (1988). *Anna Freud: a biography*. New York: Summit Books.

estado, Allen Dulles, que emitiu opiniões favoráveis sobre a pessoa de Jung, ainda que de modo críptico. Como convém para os membros da meritocracia política.[394]

São bem conhecidas as tendências de boa parte da aristocracia e da meritocracia política na Inglaterra dessa época, a favor da ditadura nazista.

Parece-me que a postura e a atitude de Bion a respeito do que se denomina, de tempos em tempos e com reagudizações, como ocorreu em sua época, de "o problema judaico",[395] são pouco conhecidas. Uma leitura das breves menções em sua autobiografia corresponde ao comportamento que sempre exibiu – uma "impaciência irascível com autoritarismos".[396] Sua escrita é isenta de preconceitos, infensa às investidas das muitas meritocracias políticas sob as quais viveu. Se as fontes bibliográficas que Bion consultou servem como parâmetro, podemos ver fontes teológicas, mas não ritualísticas, de autores em um espectro amplo: protestantes, católicos, judeus, indianos e árabes. Não surpreende, dado o fato de que foi educado em uma família e em uma universidade do ramo "não conformista" do protestantismo. Quando cadete voluntário no serviço militar, aos 17 anos, descreveu que

> *Depois de Berkhampstead, passei para uma Unidade de Treinamento de Oficiais em trânsito, indo para Bisley, com uma parada em Brookwood, a Necrópole de*

394 Jones, J. (2017). Carl Jung Psychoanalyzes Hitler: "He is the unconscious of 78 Million German People… without the German People he'd be nothing (1938). *Open Culture*. https://www.openculture.com/2017/11/carl-jung-psychoanalyzes-hitler.html

395 Pacheco e Silva, A. C. (1933). Porque não sou antissemita. In *Por que que ser Antissemita? Um inquérito entre intellectuaes brasileiros*. Rio de Janeiro: Civilização Brasileira. p. 33.

396 Hinselwood, R. W. (2000). Foreword. In T. Harrison, *Bion, Rickman, Foulkes and the Northfield Experiment*. Londres: Jessica Kingsley Publ. p. 8.

> *Londres, a alguns quilômetros até Bisley. Até aí, estive entre iguais: nenhum de nós tinha experiência de combate. Lembro-me apenas de um cadete que sabia cantar – com muita competência – e entoou várias canções cômicas sobre os judeus, zombando de sua própria condição, pois era judeu. As músicas foram bem recebidas. Evitei fazer uma pergunta que estava me incomodando – por que você fica zombando dos judeus? Não era da minha conta. Tinha ganhos por não fazer perguntas. Um judeu tinha o direito de zombar dos judeus, se quisesse.*[397]

Escreve algo mais a respeito de judeus, mas sempre colocando suas próprias visões sobre religião, de modo ironicamente triste e realista, e sempre sem preconceitos. Na autobiografia, descreve em várias partes as desventuras de vários soldados que entraram no mesmo batalhão de tanques:

> *Cohen, Bayliss, Stokes, Quainton e eu éramos religiosos. Na opinião de outros membros da nossa companhia, éramos "piedosos" ou simplesmente embusteiros. No que me dizia respeito, embora me mantivesse fiel ao código disciplinar, senti que a religião não era alguma coisa que "entrasse" de modo tão eficaz como uma injeção de um medicamento. Tive reminiscências de medos noturnos quando eu era pequeno na Índia, ligados a um harmônio tocado com muito cuidado pela mãe, enquanto minha irmã e eu cantávamos "Jesus me ama" ou "Há uma colina verde distante".*

397 Bion, W. R. (1982). *The Long Weekend* (Vol. I: Part of a Life, editado por Francesca Bion). Abingdon: Fleetwood Press. p. 113.

Como boa parte daqueles que morreram ou foram atingidos por petardos ou estilhaços de granada, sequer percebiam, no momento: a equipe de um tanque tinha cinco homens, e de cada cinco, quando a guerra terminou, sobreviveu apenas um. Cohen parecia ter sobrevivido após um bombardeamento com canhões e ataque de infantaria. Quainton, que morreu na batalha seguinte e até então compartilhava com Bion as experiências de lutar, ser religioso e de ainda não ter sido ferido gravemente, deu um conselho:

> *Quando você sair de licença, não vá ver Cohen. Eu fui – foi horrível. Ele perdeu os dois olhos, o braço direito e as duas pernas. Não tinha a menor ideia de quem eu era, embora a enfermeira tenha contado. Cohen é agora [. . .] um sorriso abobalhado. A enfermeira me contou que de vez em quando ele fica apavorado, se encolhe num canto da sala e chupa o dedo. Cohen, outro dia, falou com o médico que nessas horas vê um tampão de gramado se elevando, e sua mãe saindo do túmulo, caminhando lentamente em sua direção. Quando ocorre algum ataque, não fala com ninguém: corre para algum canto sobre os tocos que sobraram de suas pernas, com uma velocidade surpreendente, e enfia o polegar esquerdo na boca, fica tremendo, esperando. Assim que termina o ataque, retorna a ser o sorriso abobalhado.*

[. . .] o bombardeamento, bem como a bala que despedaçou o cérebro do capitão Edwards, foi perigoso. É claro que Edwards não estava usando uma daquelas Bíblias ou livros de orações à prova de balas, mas eu também não usei. Havia "todo o escudo da Fé". Cohen era um judeu convertido a cristão, e o usava, duplamente. Pagou um alto preço por isso – Quainton tinha condições de discutir esse tipo de coisa com o Cohen. Só Deus sabe o que atingiu Cohen.

Conseguiu não matar seu corpo, mas matou o Cohen. Talvez ele fosse um daqueles cujos túmulos são conhecidos apenas por Deus, a não ser no modo pelo qual se refere ao momento no qual percebe que Cohen morre.[398]

398 Bion, W. R. (1982). War. In *The Long Week-End Part of a Life 1817-1919*. Oxford: Fleetwood Press. pp. 186 e 221, respectivamente.

9. Interação homeostática das meritocracias técnica e política: um exemplo de funcionamento harmônico, e não confusional

No mito científico que se segue, a história ficcional, porém baseada em fatos, inicia-se no mesmo espaço-tempo no qual Freud viveu. História que ficará em estado larvário durante quase um século, sendo resgatada por um laboratório de biologia molecular em Londres, que congregou médicos, biólogos, geneticistas, químicos, físicos, técnicos de computação e bioquímicos.

Os personagens tiveram os nomes de Friedrich Miescher, Phoebus Aaron Levene, Erwin Chargaff, Frederick Sanger, Sydney Brenner, James Watson e Francis Crick.

Vou focalizar o percurso de Sidney Brenner, responsável por três descobertas:

- O esclarecimento dos passos fundamentais "dados" pelo DNA para fabricar as proteínas responsáveis pela existência da vida.
- A descoberta de três bases fundamentais de DNA para formar os aminoácidos que compõem essas proteínas.
- A hipótese de que o funcionamento do RNA não poderia se limitar apenas ao controle das várias reações bioquímicas responsáveis pelos mecanismos de homeostase intracelular; pareceu-lhe

existirem expressões bioquímicas de outros fenômenos caracterizando a atividade celular. As organelas denominadas ribossomos estavam perenemente em atividade; comparou-as, analogicamente, a fábricas providas de geradores que sintetizariam proteínas. A hipótese permitiu que se descobrisse a existência de mais do que os tipos já conhecidos de RNA, como se fosse mais uma "especialização" do RNA. E que esse novo tipo interferia numa reação de comunicação intracelular, carreando informações dos códigos genéticos de reprodução do RNA entre os ribossomos. A comunicação é feita *apenas* por essa transformação especial, ou "especialização" do RNA. A formulação verbal – comunicação – deu-lhe a inspiração para cunhar o nome: denominou-o RNA "mensageiro",[399] como se a molécula proteica fosse um mensageiro obediente, dentro do sistema imunológico celular. Podemos aplicar a mesma analogia verbal dos sete honestos servidores sugerida por Rudyard Kipling para mais essa investigação científica: uma exploração no desconhecido.

O modelo de um RNA mensageiro obteve o *status* de hipótese científica, que, por sua vez, após experimentação, se tornou uma tese comprovada. O caminho foi tortuoso, envolvendo um número de pessoas que pode ser comparado ao de um batalhão de exército, ao longo de mais de meio século.

Essa nomeação permite ver que bioquímicos também fazem uso extenso de analogias verbais antropomórficas – sem precisarem se preocupar com acusações de que seriam não científicos em função desse uso.

A descoberta do RNA mensageiro permitiu a fabricação de vacinas antivirais muito mais seguras e inteligentes do que as disponíveis

399 Cobb, M. (2015). Who discovered messenger-RNA? *Current Biology*, 25(13): 526-532. https://doi.org/10.1016/j.cub.2015.05.032

até então, que usavam vírus inativados ou mortos – como a vacina protetora contra a terrível infestação de um vírus com o formato de uma coroa causador da chamada covid. Afinal, vivemos a época da nomenclatura por acrônimos. Essa infecção provou ser mais uma das muitas pandemias que têm assolado a humanidade a cada cem anos, em uma aproximação tosca.

A produção da melhor vacina é dada segundo o critério da maior diminuição de mortalidade aliado a poucos efeitos colaterais danosos. No caso da covid, foi possível em função de uma adaptação do RNA mensageiro ao código genético do vírus, feito pela bioquímica húngara dra. Katalin Karikó, trabalhando em um pequeno laboratório alemão associado a um gigante da indústria farmacêutica fundado por alemães nos Estados Unidos.

A descoberta do RNA mensageiro mudou o curso da medicina em áreas vitais, mas que até então tinham pouca ou nenhuma condição real de instituir práticas terapêuticas realmente efetivas: hematologia, oncologia, neonatologia, controle de endemias por micro-organismos.

Sydney Brenner também tinha outras características de comportamento que podem ser vistas como típicas de um *outsider* em relação à meritocracia política, mesmo quando delas participou. Essas outras características de comportamento poderiam ser nutritivas para os membros do movimento psicanalítico que preferem, ou só podem pertencer à meritocracia política? Além de cientista, exerceu funções na organização de grupos científicos e tentou promover incrementos éticos para o funcionamento desses grupos – por exemplo, a denúncia firme e continuada quanto à nocividade do método de *peer-reviews*.

A coragem e a capacidade verbal de Brenner teve alguns reconhecimentos, tanto por amor como por ódio, manifestados por membros do *establishment* científico: um dos principais periódicos de atualização, *Current Biology*, convidou-o para registrar seus perspicazes alertas na última página da revista. Depois de alguns anos, os escritos foram reunidos e editados sob o título de *Loose Ends*, cuja versão em português do sentido poderia ser "percursos inacabados" – literalmente, pontas soltas. Em um deles, pode-se ler:

> *Comecemos pela revisão por pares. Pares são iguais, não superiores. Os pares do reino na Inglaterra exigiram que sejam julgados por outros pares e não por seus inferiores, os plebeus. Os comitês de revisão por pares originalmente foram incumbidos de escolher propostas de pesquisa que atendessem a um determinado padrão de qualidade. Aqueles que não atendiam não eram financiados, mesmo que houvesse disponibilidade financeira. No entanto, minha pesquisa demonstra mudanças na função dos comitês de revisão por pares. Sua tarefa agora é garantir que se faça justiça para todos aqueles que foram rejeitados, dado o fato de que inexiste disponibilidade financeira para gratificar a todos que atendem o padrão [. . .] a função alterada dos comitês de revisão por pares não afetou sua estrutura, ou – melhor dizendo – a base original para que sua estrutura seja conservada: seus membros dos comitês devem ser iguais aos membros dos grupos que estão sendo julgados. Portanto, os comitês devem incluir uma proporção cada vez maior de mediocridades de carteirinha – aqueles que, caso se candidatassem à mesma comissão, certamente teriam suas propostas rejeitadas [. . .] à medida que a quantidade de dinheiro diminui, mais e mais pessoas serão declaradas medíocres por seus pares medíocres e obterão o direito de servir nos comitês. Os leitores reconhecerão que minha observação condiz com suas próprias experiências; e com a experiência de Jim Watson que*

> *fez uma declaração pública na qual participou de um comitê do qual jamais tinha sequer ouvido falar de nenhum de seus membros.*[400]

Passou-se mais uma década: o sistema de *peer-reviews* não mudou; apenas se expandiu. Brenner parece ter perdido a paciência ou talvez as esperanças de que seus alertas pudessem ser levados a sério. Resolveu fundar um periódico no qual aboliu, como questão de princípio, o método de *peer-review*. Deu lugar à possibilidade de comunicação de estudos preliminares, denominados no jargão dos editores acadêmicos *pre-printed versions*: os editores as publicam antes que tenham sido submetidas ao crivo dos *peer-reviewers*:

> *Sem dúvida, todo acadêmico diz que precisamos de peer--reviews. Não acredito em peer-reviews; penso que ficou muito distorcida: é simplesmente uma regressão à média. Revisão por pares está atrapalhando a ciência. Penso que se tornou um sistema completamente corrupto. De várias maneiras, caso consideremos que cientistas e acadêmicos entregaram aos editores dos periódicos a capacidade de fazer julgamentos sobre a ciência e sobre cientistas. Ouvi muitas vezes, em muitos comitês, que existem universidades na América que desconsideram publicações de pessoas em periódicos de baixo fator de impacto [. . .] Não é o caso, atualmente, que a melhor situação foi aquela que tivemos no antigo LMB (Laboratório de Biologia Molecular): jamais deixamos que a avaliação de indivíduos fosse feita por um comitê. Nunca deixamos os indivíduos para serem julgados por comitês; indivíduos eram nossa responsabilidade. Pedíamos para que os comitês fizessem a revisão do trabalho do grupo como um todo. Porque se*

400 Brenner, S. (1994). Loose Ends. *Current Biology*, 4, 199.

> *dessem para o comitê não um grupo, mas um indivíduo para que avaliassem, diriam "este sujeito é improdutivo, não publicou nada nos últimos cinco anos". Precisamos ter instituições que não podem permitir isso e, mais ainda, que também protejam as pessoas que estão engajadas em um trabalho de longuíssimo prazo. Instituições que possam proteger os financiadores em um trabalho extremamente arriscado.*[401]

Outros membros do movimento científico também observaram[402] que muitos daqueles que pareciam ser seus colegas de atividade eram pessoas devotadas a arrecadar certificados para impulsionar suas próprias carreiras e angariar lucros financeiros. No entanto, alguns deles pareceram não ter escrúpulos em seguir a trajetória dos oportunistas, corrompendo o movimento científico pela busca de cargos políticos em instituições que inicialmente tinham intuitos científicos.

Qual foi o percurso das *pre-printed versions*? Inicialmente, foram duramente criticados e até proibidos por algumas equipes em universidades e em periódicos cujo financiamento é a venda dos exemplares.

Não é possível ter certeza de que a verdadeira campanha movida por Brenner e poucos outros tenha sido bem-sucedida, mas, de um dia para o outro, jornais passaram a favorecer os *pre-printed versions*. Parece-me que isso ocorreu por pura necessidade: a pandemia da covid-19. Surgiu uma imprensa científica livre. Livre de quê? De *peer-reviewers*.

---

401 Brenner, S., & Dzeng, E. (2014). Interview. *Kings Review*. Cambridge: King's College. https://ktwop.com/2014/03/02/peer-review-is-a-regression-to-the-mean-a-completely-corrupt-system-sydney-brenner/

402 Why Bad Science Persists: Incentive Malus. Science and Technology. *The Economist*. 24 set. 2016.

Surpresas no funcionamento grupal

Um dos meus estudos, intitulado "O quarto pressuposto" (citado na nota de rodapé 411), foi apresentado em reunião científica na Sociedade Brasileira de Psicanálise de São Paulo (SBPSP) em 2000, comentado por Mayer Snitcovsky. Obteve, nos anos seguintes, leitura e uso cuidadosos em várias partes do mundo além do Brasil, com traduções para italiano, inglês, alemão e russo.

Para minha surpresa, em função desse estudo, fui agraciado com o Prêmio Durval Marcondes, conferido para analistas didatas pelo que hoje é uma instituição chamada por um acrônimo, Febrapsi (Federação Brasileira de Psicanálise) – na época denominada Associação Brasileira de Psicanálise (ABP). Não pretendia obter qualquer tipo de prêmio; depois já ter obtido alguns, achei-me vacinado. Não havia me candidatado para tanto: inscrevi o estudo para ser apresentado como um tema livre em um "congresso" que reunia psicanalistas brasileiros filiados à ABP. Mas... sempre há um "mas" em qualquer esperança que tenhamos. Minha esperança era apenas apresentar um trabalho, isento de patrocínios políticos, como ocorre em trabalhos "oficiais" apresentados em plenárias.

No entanto, a diretoria da ABP decidiu não conferir prêmios para pessoas que haviam se candidatado a obtê-los. Uma inovação? Arriscada? Talvez, pois foi mantida em segredo até o dia dos vários agraciamentos tradicionais, endereçados a membros qualificados como associados, efetivos e didatas. Segundo o então presidente da ABP e da comissão de outorga nesse ano, teriam ocorrido turbulências sentidas como violentas, ditas "institucionais", nas premiações durante anos anteriores. As turbulências teriam se incrementado nas inscrições para esse ano, com reclamações *a priori*, ameaças de processos e exigências de que se reconsiderassem as premiações anteriores. Para essa diretoria, justificaram a decisão de que só iriam premiar trabalhos de autores que não estivessem se candidatando a receber prêmios. Incluíram nessa decisão todos os autores que apresentassem trabalhos a convite.

> *Sente-se como loucura o fato de se ter duas séries de sentimentos a respeito dos mesmos fatos, e, consequentemente, desgosta-se desse estado. Essa é uma razão pela qual sente-se necessário ter um analista; outra razão é o desejo de que eu esteja disponível para ser considerado louco, e usado para ser considerado louco. Existe um receio de que você possa ser chamado de analisando, ou, reciprocamente, de que possa ser acusado de insanidade. Será que eu poderia ser suficientemente forte e flexível para ser considerado e tratado como insano, sendo ao mesmo tempo são? Se é assim, não admira que se espere que psicanalistas, quase que como uma função de serem psicanalistas, preparem-se para serem insanos e serem chamados como tais. É parte do preço que pagam por serem psicanalistas.*[403]

O meu estudo sobre um possível "quarto pressuposto" centrou-se numa hipótese: além dos três pressupostos básicos detectáveis no funcionamento grupal, que obstaculizam e podem impedir a formação de um grupo de trabalho, conforme descobertos por Wilfred Bion, haveria outros? Leitores familiares com a obra desse autor conhecem a nomenclatura, hoje senso comum no estudo e no manejo de técnicas de dinâmica grupal: grupos de luta-fuga, pareamento e tentativas de união a partir de escolha de líderes messiânicos, descritos em *Experiências em grupos*.

A hipótese sobre um quarto pressuposto originou-se de observações empíricas, acrescentadas a um estudo histórico. É descrita por um nome que muitos leitores (incluindo eu mesmo) sentirão como

403 Bion, W. R. (1975). O sonho. In *Uma memória do futuro* (Vol. I, P. C. Sandler, Trad. Prefácio de Frank Phillips). São Paulo: Martins Fontes, p. 124.

desajeitado, mas também com a pretensão de ser preciso: "alucinose de pertinência ou de não pertinência a grupos". Qual é o sentido dessa formulação verbal? É o seguinte: alguns membros de um grupo sentem-se parte desse mesmo grupo, alucinando-o como se fosse sua família. Simultaneamente, outros membros desse grupo sentem-se impertinentes ao grupo, sentem-se impedidos de "fazer parte" do grupo ou de setores do grupo, a não ser no papel ou função de que estão excluídos. Quarto pressuposto.

O sentimento e as várias experiências emocionais correspondentes podem se acompanhar ou resultar em atuações (*acting-out*), tanto dos indivíduos (e seus subgrupos) que, em estado de alucinose, se sentem participantes do grupo, como dos indivíduos (e seus subgrupos) que se sentem excluídos do grupo, para concretizar ou materializar o que pode ter sido, anteriormente, pertinente à área dos sentimentos e emoções. Assim, a situação total de *acting-out* é sempre compartilhada entre todos os membros do grupo: os que se sentem "dentro" sentem que os outros estão "fora" do grupo, e vice-versa. Essa é uma apresentação abreviada, pois a lista de ações e atuações (*acting-out*) é mais ampla.

Penso que o termo *acting-out*, no sentido proposto por Freud, é a formulação verbal mais adequada (até o ponto que foi minha investigação) para corresponder e descrever as ações concretizadas no ambiente externo, quando são provenientes de um impulso indisciplinado, levando direto à ação, sem interpolação dos processos de pensar.

Minha observação a respeito de um provável "quarto pressuposto", materializado sob fantasias edípicas de exclusão, é advinda de trabalhos em dinâmica grupal, acoplada a uma investigação histórica a respeito das evoluções e involuções de grupos formados por membros do movimento psicanalítico em suas relações intragrupais e com o grupo social circundante.

Os três pressupostos básicos operacionais na prática descritos por Bion basearam-se na integração das teorias de Melanie Klein às teorias de Freud: dizem respeito a mecanismos psicóticos. O quarto pressuposto abrange uma situação edípica e, portanto, inclui experiências altamente sexualizadas de dificuldades de integração do objeto total.

Minha experiência, acoplada ao método transdisciplinar de história das ideias, permitiu-me descobrir que os mesmos pressupostos básicos descobertos por Bion no trabalho com pequenos grupos, definidos como aqueles compostos por uma quantidade de membros em torno de seis até quatorze pessoas, são observáveis em grupos médios, conforme denominados por Patrick de Marré e Rocco Pisani. Grupos médios, segundo esses autores, são formados por 15 até 25 membros. A continuidade das correlações históricas, auxiliada pelas observações de Freud, Elias Canetti, Wilfred Bion e Elliott Jaques,[404,405,406,407,408,409] também mostrou a mesma ocorrência em grandes grupos, incluindo a massa. O que em minha observação poderia ser qualificado como um quarto pressuposto parecia-me responsável pela exclusão de natureza imaterialmente alucinatória; termina, em grande parte das vezes, obtendo uma concretização ou materialização.

Bion, baseado em observação de grupos militares em duas guerras mundiais, na clínica psicanalítica com psicóticos e em sua própria

---

404 Freud, S. (1921). Psychology of Groups and Analysis of the Ego. *SE*, vol. XVIII, p. 79.

405 Bion, W. R. (1961a). *Experiences in Groups*. Londres: Tavistock Publications.

406 Canetti, E. (1962). *Crowds and Power* (versão em inglês por Carol Stewarti). New York: The Viking Press.

407 Jaques E. (1960). Disturbances in the capacity to work. *Int. J. Psychoanal.*, *41*: 357.

408 Bion, W. R. (1970). *Atenção e interpretação* (versão brasileira por P. C. Sandler). Rio de Janeiro: Imago, 2007.

409 Jaques, E. (1976). *A General Theory of Bureaucracy*. London: Heinemann, 1981.

análise, estrutura seu pensar na teoria dos instintos e da psicologia de grupos de Freud para descobrir – a meu ver – a existência de contrapartes na realidade material e psíquica, correspondentes aos instintos epistemofílicos, de vida, de morte (o último depois denominado princípio do Nirvana).

O que seriam essas contrapartes na realidade, acessíveis aos nossos órgãos sensoriais, materializadas como fenômenos? Bion as classificou sob a forma de seis modos pelos quais todos nós, seres humanos, podemos nos relacionar ou nos vincular com outros seres humanos, com eventos e com coisas materializadas.[410] Sumarizando: exatamente o que ocorre na vida em grupos.

Antes de examinar a teoria a respeito de vínculos proposta por Bion, tentarei descrever brevemente o percurso institucional do estudo sobre um possível "quarto pressuposto", conforme pode ser visto na história de suas publicações. O percurso foi determinado pelas regras, frequentemente mutantes e tantas vezes misteriosas, provenientes de membros da meritocracia política.

Uma segunda versão em português foi publicada na cidade do Porto, em Portugal,[411] fruto do interesse de vários membros do movimento psicanalítico naquele país e de parte de leigos interessados em minhas contribuições.[412] Não foi aceito para ser publicado no *International Journal of Psychoanalysis*, em 2007, com a justificativa do então editor, Antonino Ferro, de que o estudo seria "muito grupal". Sequer foi conduzido ao *peer review*.

---

410 Sandler, P. C. (2005e). Vínculo. In *A linguagem de Bion: um dicionário enciclopédico de conceitos* (versão brasileira por Daniela Sandler, Giovanna del Grande e Patricia Lago). São Paulo: Blucher, 2021. p. 1227.

411 Sandler, P. C. (2006). O quarto pressuposto. *Revista Portuguesa de Psicanálise*, *1*: 75-93.

412 Mota Ribeiro, A. (2004). Entrevista: Paulo Cesar Sandler, DNA. *Diário de Notícias*, 22 jul. 2004.

Uma gentil intervenção do dr. Victor Bazzo Jr. diminuiu minha ignorância: por meio dele, soube das propostas de mais dois autores, anteriores à minha, com os títulos de quarto e quinto pressupostos. Decidi, então, denominar a hipótese, nas versões em inglês e em outras línguas, publicadas nos anos seguintes, "o sexto pressuposto".[413]

Fatores intervenientes na emergência do quarto pressuposto básico do funcionamento grupal

O que me levou a propor a hipótese de um quarto pressuposto e, de modo mais abrangente, não apenas o estudo, mas tentar elaborar um manejo prático do quarto pressuposto segundo o método de dinâmica de grupos? Tem se demonstrado, há mais de meio século, no mundo inteiro, como minimamente eficaz no manejo temporário e parcial dos três pressupostos descobertos por Bion, quando o intuito é obtermos um grupo de trabalho?

Posso tentar deixar mais clara minha preocupação pessoal, por sua probabilidade de ser compartilhável com algum leitor: uma atenção e uma ocupação com o presente e uma preocupação com o futuro, caso exista, do movimento psicanalítico.

Não se trata do futuro da psicanálise propriamente dita; sendo um pensamento-sem-pensador,[414] sobreviverá, ainda que arriscando ter outras formas, às ameaças do movimento psicanalítico. Até certo ponto, o movimento tem se configurado por suas associações, sociedades ou, de um modo mais direto, arriscando ser tomado como rude, clubes, agregando pessoas que dizem ter a pretensão de praticar psicanálise. Observo que algumas delas sentem

---

413 Sandler, P. C. (2013). A sixth basic assumption? In *Verbal and Visual Approaches to Reality*. London: Routledge, 2020. p. 249.

414 Sandler, P. C. (2005c). Pensamentos sem pensador. In *A linguagem de Bion: um dicionário enciclopédico de conceitos* (versão brasileira por Daniela Sandler, Giovanna del Grande e Patricia Lago). São Paulo: Blucher, 2021. pp. 817-824.

a *necessidade* de se submeter a uma psicanálise, diferente de querer ser psicanalista, demasiadamente tingido por fantasias carreiristas ou de felicidade eterna.

Sob o vértice psicanalítico: toda atenção, ocupação e preocupação com algum futuro implicam cuidado amoroso e consideração à verdade da natureza humana.[415]

Sob o vértice das atividades de trabalho: atenção, ocupação e preocupação com a natureza humana originaram a medicina e todas as variações a ela seguintes: enfermagem e as várias especialidades e sucedâneos, como psiquiatria, psicologia, fisioterapia, fonoaudiologia, terapia ocupacional etc.

Sempre votei boa sorte para instituições. Instituições falidas – há um termo na moda política atual, "estados falidos", ingovernáveis, atingidos por múltiplas violências criminosas, ditas religiosas, mas sempre financeiramente geradas. Meus votos de boa sorte são originados por fatores de minha personalidade, pertinentes aos sistemas pré-consciente e inconsciente. Abrangeriam instâncias de "super" ego e id? Se for o caso, como me parece que é, serão puramente pessoais, de interesse de minha análise pessoal. Não posso discorrer verbalmente sobre esses fatores, mas posso descrever os meus votos sinceros. Não me parecem interessantes para outras pessoas que não a mim; ou daqueles que de mim dependem.

Meus votos para o futuro é que existam nutrição e construção nos grupos de trabalho em instituições, e não degenerescência destrutiva por ingerência de aspectos alucinatórios e delirantes por ocupação em tempo integral e dedicação exclusiva na posição esquizoparanoide, sem capacidade de trânsito para a posição depressiva, e vice-versa.

---

415 Sandler P. C. (2013). The versus link. In *The Analytic Function and the Function of an Analyst* (vol. II: *A Clinical Application of Bion's Concepts*). Londres: Routledge, 2021. pp. 61-79.

Não se trata do mito bíblico "crescei e multiplicai-vos", pleno de religiosidade, quando lido como texto sagrado. Pode-se perguntar quem e quantas são as pessoas que leem esses textos exclusivamente como textos sagrados. Em *O futuro de uma ilusão*, Freud observou que a criação da divindade é a projeção de fantasias de onipotência individuais. Foi taxado de inimigo das religiões, por ministros de pelo menos duas delas. Meu voto é o de que **não** haja crescimento canceroso, nada criativo e sempre ávido-beligerante. Meu modo de fazê-lo foi tentar colaborar para que isso pudesse ocorrer, nos limites de minhas reduzidas possibilidades. Descrevi anteriormente minha microatuação na tentativa de administrar um departamento científico em um centro acadêmico de estudantes de medicina, uma revista e também como membro da organização de um congresso internacional de psicanalistas. Tento trabalhar, desde 1974, como monitor de dinâmica de grupo e de ensino em psiquiatria e psicanálise em algumas instituições.[416]

Dissidências no movimento psicanalítico: verdade, falsidade e obviedade

Para os leitores pouco familiarizados com a obra de Bion, e também com os volumes introdutórios *Uma Memória do Futuro*, já citados, precisarei ressaltar que o diálogo imaginário que se segue, extraído de volume III, *A Aurora do Esquecimento*, os objetos parciais de Bion denominados "Quarenta anos", "Cinquenta anos" e "Vinte e cinco anos" representam

---

416 Na Faculdade de Saúde Pública da USP (1974-1981); na Sociedade Brasileira de Psicanálise de São Paulo (1981-2006); no IV COMAR, Força Aérea Brasileira, em trabalho voluntário, a convite do Brigadeiro Manoel Carlos Pereira (2000-2003); em uma empresa privada, VOCAL-VOLVO (2004); no Setor de Psiquiatria e Dinâmica de Grupos do Instituto de Medicina Física de Reabilitação do Hospital das Clínicas da Faculdade de Medicina da Universidade de São Paulo, desde 2012; no Comitê de Publicações da IPA, 2013-2019 e no Comitê de Seleção de trabalhos candidatos a prêmios da IPA (2023-2024); no Conselho Consultivo do IJPA, desde 2020.

pessoas com experiências vividas até três idades: jovens adultos e um adulto mal saído da adolescência, respectivamente. Os outros, "P. A.", "Sacerdote", "Roland" e "Alice" foram descritos anteriormente. Todos são apresentados como se estivessem conversando. A conversa é interna ao autor, Bion: trata-se de mais uma tentativa de demonstrar a possibilidade de aprender-se da experiência. Também me parece necessário indicar a única revisão exaustiva que conheço a respeito da obra de Bion, que inclui todos os conceitos que usarei: *A linguagem de Bion: um dicionário enciclopédico de conceitos*, citada várias vezes ao longo deste texto.

> QUARENTA ANOS: Você está levando pelo lado pessoal, Vinte e Cinco. Você aprendeu isso do P. A. Ele está sempre levando tudo para o lado pessoal.
>
> CINQUENTA ANOS: Pessoal, não... específico.
>
> P. A.: Tenho muito respeito pelo indivíduo. Você acha isso errado?
>
> CINQUENTA ANOS: Não, mas isso não está acompanhando o crescimento da Horda. Posso ver que o P. A. vai se meter em sérias complicações se a Horda se desenvolver mais rápido do que ele.
>
> P. A.: Se o desenvolvimento da Horda é incompatível com o do indivíduo, ou o indivíduo perece, ou a Horda vai ser destruída pelo indivíduo a quem não se permite desenvolvimento... Alguns de nós pensam que o desenvolvimento do indivíduo requer uma supervisão cuidadosa.[417]
>
> ROLAND: A visão psicanalítica é um convite para criar um mundo sem lei e indisciplinado.
>
> P. A.: Não existe uma visão "psicanalítica". Mas existem pessoas que podem usar teorias psicanalíticas para sustentar qualquer atividade que

417 Bion, W. R. (1979). A aurora do esquecimento. In *Uma memória do futuro*. Vol. III (versão brasileira por Paulo Cesar Sandler. Revisão de Ester Hadassa Sandler). Rio de Janeiro: Imago. p. 30.

escolham. É por isto que tentamos treinar pessoas que sejam não só capazes, mas que desejem também ajudar, e não atrapalhar o indivíduo.

ROLAND: Indivíduos arrombadores, ladrões, assassinos também?

P. A.: Geralmente se acredita – na cultura com que estou familiarizado – que a ocupação ou a filosofia dos indivíduos não seja da conta dos médicos ou cirurgiões. Geralmente se espera que eles se restrinjam à medicina e à cirurgia. Tenho uma ideia de como devo levar a minha própria vida, mas aquilo que considero apropriado para mim não tem nada a ver com um indivíduo que é "não eu". Escolho treinar pessoas que desejo ajudar, mas minha ambição não é a psicanálise – sou eu mesmo.

SACERDOTE: Eu não poderia ficar olhando uma criança colocando sua mão no fogo para agarrar um carvão em brasa. Caso visse um adulto se comportar de um modo que pudesse vir a ter consequências igualmente maléficas, eu interferiria.

ALICE: Qualquer um interferiria.

P. A.: Essas situações são hipotéticas, e os problemas colocados podem ser resolvidos logicamente. Na vida real, os problemas aparecem sob uma forma não suscetível de ser solucionada teoricamente; você tem que agir ou se abster de agir. Essas discussões não são importantes em si mesmas, mas sim porque elas promovem prontidão. A psicanálise é uma espécie de ação que é um *prelúdio* à ação. No indivíduo, um impulso neural é um prelúdio à ação; não é um pensamento. "Me conte", diria um neurologista, "se você sente alguma coisa quando eu toco no seu pé". Não preciso fazer tal pergunta porque posso ver por mim mesmo se o paciente sente algo quando eu toco seu aparelho sensorial com uma ideia, ou uma careta, ou um tom de voz. Essa é uma razão pela qual uma psicanálise não é uma conversa social, ou vice-versa; o comportamento de um psicanalista conversando durante uma psicanálise *não* é o mesmo comportamento de um psicanalista conversando durante uma recepção. A confusão ocorre porque não se observa essa importante distinção.

Bion, após Freud, introduziu explicitamente o termo "instituição" no movimento psicanalítico e no arcabouço teórico em psicanálise. Emprestou-o da sociologia – disciplina cujo nascimento coincide com o da psicanálise. Muitas das definições de Durkheim coincidem, embora com terminologia diversa, com as da psicanálise, como tentei demonstrar em outros estudos. Freud tratou da questão propriamente dita, ainda que não tivesse sido nomeada, nos estudos que citei no Capítulo 1 – A diferença entre meritocracia técnica e meritocracia política. Questões institucionais são relevantes para a psicanálise em si e para o movimento psicanalítico.

Podem ser vistas como interesses da horda – que se constituem como problemas, afetando destrutivamente o indivíduo. Podem ser agrupados sob pelo menos três temas: (i) moda (*fashion*); (ii) cooptação; (iii) extinção da individualidade. Bion observou a existência de um fato: uma instituição pode ser introjetada. Esse trabalho produziu frutos, principalmente nas contribuições de Money-Kyrle e Elliott Jaques.

Introjeções de processos institucionais possuem relevância psicanalítica. Podem ser tratadas dentro do *setting* (ou contexto) psicanalítico, em contraste com situações macrossociais, que não podem. Bion observou, em análise de psicóticos, "instituições introjetadas", submetidas ao princípio do prazer-desprazer, por "superabundância de narcisismo primário".[418] A toda introjeção segue-se projeção. Sugiro a formulação "extrojeção".

---

418 Bion, W. R. (1959). 15 de julho de 1959: (4:30 da madrugada. Dane-se!) In *Cogitações* (editado por Francesca Bion; versão brasileira por Ester Hadassa Sandler e Paulo Cesar Sandler). Rio de Janeiro: Imago, 1990. p. 43.

As duas ficam embebidas por identificação; quando a instituição introjetada torna-se projetada (ou "extrojetada"), emerge fenomenicamente e, portanto, torna-se passível de observação sob o seguinte modo: exigências de amor infindável do grupo em relação ao indivíduo. Caso as instituições introjetadas prevaleçam na mente do analista – indicação de dificuldades na sua própria análise –, prevalece terror superegoico assassino em relação ao desconhecido. Decorre de superabundância do narcisismo nos membros do movimento psicanalítico que tenham dificuldades em ser minimamente analisados. Manifesta-se, fenomenicamente, por demasiado e indisciplinado apego a códigos, usualmente estabelecidos por eles mesmos ou seu inverso, beligerância "revolucionária" contra situações naturais, reais e, aparentemente, contra acordos sociais que se confundem com códigos estabelecidos por outros que não a própria pessoa. Enfatizo o "aparentemente contra", pois observa-se que essas pessoas estão realmente de acordo, ou não, conforme a ocasião (ou contingência). Não hesitam em estar de acordo caso insiram-se nas elites autoritárias. Conjuga-se com desequilíbrio entre narcisismo e social-ismo.[419] Haverá exacerbação do conflito entre a horda e o indivíduo. Os dois lutarão por sua própria sobrevivência: um à custa do outro. Uma expressão pictórica aparece na música "Vagalume", de Chico Buarque: "vence na vida quem diz sim".

Há muitas indicações de que a moda (ou modismo) parece incutir hábitos mentais compostos por formas estabelecidas de pensar e de não pensar. Como todo hábito, repete-se como vício – Marx, ao observar o fenômeno religioso, denunciou-o como ópio do povo.[420] Talvez o fato de ter se constituído como denúncia eivada de juízo de

---

419 Sandler, P. C. (2005f). Narcisismo e social-ismo. In *A linguagem de Bion: um dicionário enciclopédico de conceitos* (versão brasileira por Daniela Sandler, Giovanna del Grande e Patricia Lago). São Paulo: Blucher, 2021. p. 764.

420 Marx, K. (1843). *Crítica à filosofia do direito de Hegel* (versão brasileira por Rubens Enderle e Leonardo de Deus). São Paulo: Boitempo.

valor indique a sabedoria do ditado popular "quem desdenha quer comprar", já que esse homem parece ter fundado mais uma religião – como se houvesse escassez delas. A moda exerce efeitos paradoxais: capacita a erupção científica ou artística e também aniquila a curiosidade científica e epistemofílica. A moda, mesmo que em certo ponto no tempo pudesse ter estado a serviço da criação, pode também emparedar alguém em estado repetitivo e não criativo.

Em *establishments*, isso se dá por autorização *institucionalizada legalmente* à indisciplina em relação a memória, desejo e compreensão.

> SACERDOTE: Acredito na morte mental, religiosa. A verdade pode ser nutrida; pode se permitir que ela morra por negligência; ou envenenada por seduções. Essa é uma covardia que se repete amiúde. No entanto, a verdade é robusta; os "fatos" não podem ser assassinados, mesmo que não saibamos o que são. O frágil respeito humano pela verdade não pode ser jogado fora assim tão facilmente quanto parece.
>
> P. A.: Espero que você esteja certo. Entretanto, não posso dizer que meu conhecimento de mim mesmo ou de outros me forneça alimento para esperança. A própria religião dá evidência da enorme força do poder, fanatismo, ignorância; e a psicanálise é permeada pelos erros e defeitos que nós, humanos que tentamos praticá-la, possuímos.

Entre todas essas experiências, que se prolongam há meio século, a que mais me surpreendeu, por perplexidade, foi aquela vivida na Sociedade Brasileira de Psicanálise de São Paulo. A passagem do tempo evidenciou sua replicação, obtida por convívio com vários colegas com quem tive contato, trabalhando em diversos países, vinculados a outras instituições que tentam congregar pessoas que pretendem atender pacientes em psicanálise. Parthenope Bion-Talamo, em uma de nossas conversas particulares, despedindo-se da direção de um periódico e enfrentando a organização de um evento, exclamou, com um sorriso: "Fico perplexa que psicanalistas ainda tenham costas".

Frente à minha perplexidade, explicou: "Mesmo depois de tantas facadas nas costas!".[421]

A história dessas experiências tem se mostrado repetitiva. A própria repetição confirma minha hipótese quanto à presença de elementos alucinatórios e delirantes no funcionamento grupal. No ambiente dos fenômenos humanos, a realidade nunca se repete – a falsidade sempre o faz.

A situação social ocorre desde a época de Freud. Após dezoito anos de trabalho em psicanálise, parece ter precisado cunhar o termo "movimento psicanalítico", em 1914. Durante esse tempo, manteve dúvidas, mas acabou por concordar com as sugestões de três de seus primeiros alunos ou pretensos seguidores, Carl Gustav Jung, Ernest Jones e Max Eitingon. Foram pessoas que tiveram ideias de natureza política e de política pedagógica. Os três se uniram na insistência de que Freud liderasse a instituição de uma "análise didática",[422] um nome inventado por Jung. Ernest Jones insistiu na ideia de que Freud liderasse um comitê "secreto".[423,424] Eitingon teve a ideia organizacional (burocrática) de natureza pedagógica: que Freud instituísse um "tripé formativo".[425] Os três não tinham a força conferida pela descoberta da disciplina técnica, psicanálise, que os congregara em torno dele. Freud pode ser visto como o primeiro meritocrata técnico do primeiro grupo em que todos eram meritocratas técnicos, ou precisavam, ou desejavam ser. A análise didática, o comitê secreto e o

---

421 Bion-Talamo, P. (1996). Comunicação pessoal.

422 Ellenberger, H. F. (1970). The Emergence of Dynamic Psychiatry. In *The Discovery of the Unconscious*. New York: Basic Books. pp. 53, 75-82.

423 Jones, E. (1955). *Sigmund Freud: Life and Work*. Vol 2: *The Years of Maturity 1901-1919*. London: Hogarth Press. p. 173.

424 Grosskurth, P. (1991). *The Secret Ring: Freud's Inner Circle and the Politics of Psychoanalysis*. Massachusetts: Addison-Wesley Pub. Co.

425 Pomer, S. L. (1963). Na organizacíon de una formacion psicanalitica. In *Historia del Psicoanalisis*, editado por M. Grotjhan, versão em castelhano de Noemi Rosenplatt. Buenos Aires: Editorial Paidos, 1968. Vol. 1, pp. 82-98.

tripé de formação foram medidos, logo no início do movimento, e lhe deram corpo, destinados a proteger uma genuína integridade do que era um novo ofício para auxiliar pessoas nas vicissitudes e nos sofrimentos psíquicos em suas vidas.

A genuína integridade inicial não evitou o fato de que surgisse um "dinamismo destrutivo",[426] intensificado a partir de 1912, nas assim chamadas "dissidências". A meu ver, um termo eufemístico para qualificar uma realidade composta de discórdias verbais; e de violências nem sempre apenas verbais, que, na maior parte das vezes, são ações concretas, para evitar verbalizações que poderiam preveni-las.

O que estou tentado expressar com o termo, genuína integridade? Pareceria óbvio dizer que sociedades (grupos, clubes, associações etc.) se integram com alguma intenção, e que genuinidade, ou verdade, são fatores fundamentais em algo que seja genuinamente íntegro, e integralmente genuíno. Seria útil considerar que verdade e óbvio são duas faces da mesma moeda? A experiência em grupos humanos mostra a raridade dessa moeda? Ou mostra que se trata de uma moeda comum, dessas bem fáceis de se encontrar?

> *O óbvio é o mais difícil de ver, na maioria das vezes. As pessoas dizem: "fica claro como o nariz o é, está na frente de seu rosto". Mas quanto do nariz em seu rosto pode-se ver, a menos que alguém segure um espelho à sua frente? [...] o óbvio é como a ponta do nosso nariz: está na nossa frente, mas não podemos olhá-lo.*[427]

Acrescento à metáfora de Asimov o que me parece ser sua outra face: verdade. Está sempre à nossa frente. E atrás de nós. E dos nossos lados. E dentro de nós. Pode ser vista, mas, em certos ambientes, nunca pode ser

---

426 Kershaw, I. (2008). *Hitler, the Germans and the Final Solution*. New Haven: Yale University Press.

427 Asimov, I. (1950). *I, Robot*. Seattle: Amazon.com. Kindle Edition.

falada. Parece ser mais comum que se negue, por ódio, o que é verdade, ou realidade – para Freud, Klein, Winnicott e Bion, e incontáveis cientistas e artistas, as duas palavras são sinônimas, a despeito de protestos de filósofos. O mais comum é a negação de que haja verdade contida em outra metáfora, sugerida por Bion: "um desenvolvimento mental saudável parece depender de verdade do mesmo modo que o organismo vivo depende de alimento. Uma personalidade deteriora no caso de faltar verdade; ou quando há deficiência de verdade".[428]

Sob o vértice psicanalítico, observo a existência de questões de pouco saber, rivalidade e cultos à personalidade, submersos ou envolvendo tentativas de disfarce, de que seriam discordâncias "teóricas". Por pouco saber, refiro-me à divulgação indiscriminada sob forma de artigos em periódicos, ou livros, ou teses universitárias, ou opiniões na mídia leiga, plenos de "manipulações engenhosas de símbolos",[429] apresentados como "novas" teorias que desbancarão toda a psicanálise anterior. Parecem-me fatores importantes na intensa desconfiança de muitos acadêmicos, compartilhada por alguns membros do movimento psicanalítico, em que "guerras" intestinas ao movimento municiam "guerras externas". "Finalmente, não podemos nos esquecer de que uma relação psicanalítica baseia-se em um amor à verdade; ou seja, em um reconhecimento da realidade – fazê-lo exclui qualquer tipo de imitação, simulação ou fraude."[430]

Alguns membros, cujo elenco se inicia com Freud, tornaram-se convencidos "da força da posição científica da prática psicanalítica", acreditando "que a prática dos psicanalistas em fazer da psicanálise uma experiência essencial de treinamento lida com as dificuldades fundamentais do momento, pois disponibiliza o

---

428 Bion, W. R. (1965). *Transformações* (versão brasileira por P. C. Sandler). São Paulo: Hirondel. p. 65.

429 Bion, W. R. (1975). O sonho. In *Uma memória do futuro* (Vol. I, P. C. Sandler, Trad. Prefácio de Frank Phillips). São Paulo: Martins Fontes, p. 92.

430 Freud, S. (1937a). Analysis Terminable and Interminable. *SE*, vol. XXIII, p. 248.

consciente e o inconsciente para correlação". Mas esses mesmos membros alertam que boa parte daquilo que se apresenta como se fossem teorias em psicanálise não pode se arrogar a ter *status* científico, pela "fragilidade que se origina de construções teóricas falhas, da falha de métodos de notação e cuidado metodológico, e na manutenção do equipamento psicanalítico".[431]

Espelhos microssociais insuspeitos e não observados?

No entanto, de modo "demasiadamente humano", cedo emergiram "guerras entre psicanalistas":

> *Todo mundo pensa que os psicanalistas nunca brigam. Quando começarem as Grandes Guerras da Psicanálise, aí é que vamos ver alguma coisa – e não vai haver nenhum golpe proibido. Santayana temeu o dia em que bestas e canalhas científicos tomassem conta do mundo. O que será que fez com que Santayana se referisse aos ingleses como "professores de alegres jovenzinhos doces"?*[432]

Muitas vezes, penso que boa parte dessas "guerras" se constitui como exercício de falsidade, por não ter havido, até onde sei, nenhuma arma cortante ou de fogo em jogo. Envenenamentos sociais por difamações via "ouvir-dizer" – coloquialmente, fofocas – só produzem efeito se houver um continente adequado para o falatório. Alguns – quantos? – *establishments* têm evidenciado ser bons continentes para o contido "fofoca". Entendo o significado deste como o ato de referir-se a alguém em um grupo onde esse mesmo alguém

---

431 Bion, W. R. (1962b). *Aprender da experiência* (versão brasileira por Ester Hadassa Sandler). São Paulo: Blucher, 2021. p. 135.

432 Bion, W. R. (1977). *Uma memória do futuro* (versão brasileira P. C. Sandler). Rio Janeiro: Imago, 1986. p. 51.

esteja *ausente*; às socapas, demasiadamente qualificadas como se fossem astúcias "políticas". A fofoca pode ser negativa ou positiva, em termos de juízos de valor: fofoca permanece como invariância. Os mais vaidosos aceitam de bom grado as fofocas positivas, que falam "bem" do fofocado. Na minha observação, revelam mais do fofoqueiro que do fofocado para os que ouvem o que é dito e não deixam que prevaleça a impressão daquilo que é falado, que é mais compressão (ou imposição) que mera impressão. Tem o sentido do convencimento racionalizado.

Pude auxiliar no encaminhamento menos turbulento de um ambiente profissional, desacorçoado por múltiplos problemas reais e falsos, por meio da recomendação aos líderes (também denominados diretores, gestores etc.) de que tentassem se disciplinar em sua memória e seu desejo pessoais e não dessem ouvidos a fofocas. E que tentassem substituir o ouvir dizer por uma convocação ao vivo dos protagonistas, fofoqueiros e fofocados, para uma conversa. Que não fosse acareação, mas um convite à sinceridade. Um pouco mais difícil de evitar naquilo que, em linguagem coloquial, conhecemos como "olho no olho", mesmo que haja interferências da "equação pessoal"[433] do líder, pois ocorreria em uma situação de enfrentamento (estar frente a frente), mesmo que arriscando a experiência emocional de confrontos beligerantes.[434]

O grupo formado por sociedades e associações que congregam psicanalistas

Antes de adentrar um dos grupos que congregam pessoas que dizem ser, ou sentem ser, ou são interessadas em psicanálise, mantinha um

433 Freud, S. (1926). The Question of Lay Analysis. *SE*, vol. XX.

434 Sandler, P. C. (2012-2016). Relatórios de encontros em dinâmica de grupo com as diretorias dos médicos, enfermeiros, técnicos de pesquisa clínica e da administração do IMREA-HC-FMUSP; dados ainda não publicados.

interesse pelo estudo de história da humanidade, e da história de grupos específicos, minoritários, e que contribuíram, pelo menos em princípio, para a sobrevivência da humanidade: instituições científicas, artísticas, religiosas e militares. De modo natural, passei a enfocar o grupo dos psicanalistas. Notei que desde o início do movimento psicanalítico parecia haver um fenômeno que, para mim, incitou surpresa: usos "políticos" da obra de autores científicos famosos.

Por pressa juvenil e pura desinformação, e falta de formação em análise, parecia-me que duas tendências grupais, idolatria e iconoclastia, seriam diferentes entre si e completamente opostas. Com o tempo, pareceu-me que são transformações fenomênicas, cujas diferenças são superficiais, e apreensíveis sensorialmente, mas desimportantes quanto à invariância que lhes permeia, e que me parece ser a mesma. Analogicamente: idolatria e seu negativo, iconoclastia, de valor invariante igual, seriam duas faces da mesma moeda inútil para a ciência e útil para politicagens. Psicanálise me pareceu útil para descrever mais precisamente qual seria a invariância: o mecanismo psíquico chamado por Freud de "idealização". A origem me parece ser idêntica: prevalência do princípio do prazer-desprazer, às expensas da introdução do princípio da realidade. As características fenomênicas do que psiquiatras denominam paranoia e esquizoidia, e que a psicanalise denomina projeção e identificação, projetiva, com seus mecanismos básicos de negação e racionalização, mantêm o estado de idealização. A mesma invariância é descrita coloquialmente por um ditado popular que me parece sábio: "quem desdenha quer comprar".

Há meio século, quase uma década antes de ser admitido nesse grupo de psicanalistas, o mais antigo do Brasil, filiado ao mais antigo do mundo, ouvi de oito psicanalistas experientes, os pioneiros do movimento psicanalítico em nosso país, que haviam se afastado dos colegas participantes de manipulações "políticas". Isso havia ocorrido também na sua condição de psiquiatras. Por "políticas", entendi que se referiam à formação e à manutenção de redes relacionais cujo intento seria manter situações de poder organizacional e encaminhamento de pacientes que fosse interno à rede, e angariar adeptos para suas condutas sociais.

Cinco dessas pessoas disseram-me particularmente ter restrições a condutas clínicas dessas pessoas, que seriam desinformadas e danosas aos pacientes. Pelo menos uma dessas pessoas ditas "políticas", ou que haviam colocado ações políticas acima de tudo, envolvendo-se em política governamental nos níveis estadual e federal, era conhecida por praticar corrupção financeira, envolvendo o Estado em seus negócios particulares ligado à rede hospitalar nosocomial.

Todos autorizaram-me a citá-los. Três deles usaram a mesma expressão verbal (um deles a deixou em uma gravação em fita): "Odeio política".[435] Quatro usavam os termos "bajuladores", "puxa-sacos". Um deles tornou-se malvisto pelo *establishment* societário de então por aventar o estudo da obra de Karl Abraham, Sándor Ferenczi e Harold Searles. Segundo os registros do Instituto de Psicanálise da SBPSP (que ainda não tinha o nome "Virgínia Leone Bicudo"), parece ter sido o primeiro a ministrar um curso a respeito da obra de Abraham em São Paulo.[436] Outro, antes dedicado ao ofício de cirurgia torácica, condecorado por sua participação na Força Expedicionária Brasileira (FEB, que lutou na Segunda Guerra Mundial), havia sido professor na Faculdade de Medicina da Universidade de São Paulo (FMUSP), depois tornando-se membro respeitado no movimento psicanalítico. Afastou-se formalmente da "Sociedade", manifestando claro desgosto. Passou a se dedicar à atividade de crítico de arte barroca, tornando-se uma autoridade no assunto.[437]

---

435 Mario Yahn (1975); Waldemar Cardoso (1976); Frank Phillips (1997).

436 Sandler, J. (1970). Comunicação pessoal.

437 Etzel, E. (1974). *O Barroco no Brasil*. São Paulo: Melhoramentos.

Foi nesse ambiente, em 1978, que iniciei minha formação "formal"; o pleonasmo sofre de deselegância gramatical. É usado para assinalar o começo de minha vida como "candidato" do Instituto, mas minha formação "não formal" em medicina e psiquiatria, na prática diária, já havia começado, oito anos antes.[438] Estava um pouco ressabiado, mas, por ingenuidade juvenil e talvez por outros fatores que até hoje desconheço, também vivamente animado, pois quatro das cinco pessoas que citei já eram meus mentores e orientadores em psiquiatria e psicanálise por quase uma década. Submetia-me a uma análise há quatro anos.

Em 1978, já existia um número muito maior de pessoas formando grupos "dissidentes" internos à "Sociedade". Ameaçavam, ou queriam rupturas, mais ou menos violentas. O mesmo ocorria em outras sociedades afiliadas à International Psychoanalytical Association (IPA) no mundo inteiro. Já havia um número notável de várias sociedades que faziam questão de estar filiadas à IPA dentro de uma mesma cidade – mantendo um estado de incomunicabilidade mútua, marcado por sentimentos abertamente expressos de rancor e mágoa. Uma vez mais, os aspectos que apontaram como razões de ruptura pessoal eram repetidos em cada "nova" sociedade ou associação que foi se fazendo. Em uma cidade brasileira que pode ser vista como pioneira, havia cinco "sociedades", e um plano para uma sexta.

A Sociedade Brasileira de Psicanálise de São Paulo foi fundada em 1929. Nasceu, até o ponto que foi minha investigação histórica, da aposentadoria compulsória do primeiro professor titular de psiquiatria no Estado de São Paulo, da primeira Faculdade de Medicina, do interesse de outros professores titulares, entre os fundadores mais idosos e experientes em medicina, e de alguns interessados que não

---

438 Nome dado, de 1953 até 2009, para o que hoje é denominado "membro afiliado", sob uma sugestão dada por Miriam Brambilla Altimari e Ester Hadassa Sandler, respectivamente diretora e secretária do Instituto de Psicanálise da SBPSP.

tinham formação médica: dois advogados e um poeta. Outro fator importante nesse nascimento foi uma questão puramente pessoal entre dois dos pioneiros em psiquiatria em São Paulo.[439] Qualifiquei esses professores mais experientes como "titulares"; naquela época, eram chamados de "catedráticos". Eram únicos, e neles centrava-se a direção pedagógica e organização administrativa. Diferente da atualidade, em que o *establishment* universitário tentou resolver questões externas, de crescimento populacional, em um exame sob o vértice macrossocial, acoplado a questões internas ao grupo, centradas em rivalidades pessoais, em um exame sob o vértice microssocial, dado pela psicanálise, por meio da instituição do sistema organizacional de "titularidade". A sociedade feneceu, com o falecimento de alguns de seus primeiros fundadores. Um dos membros iniciais, o mais ativo auxiliar do primeiro presidente da SBPSP, que havia escrito um livro introdutório ao trabalho de Freud e foi seu primeiro tradutor, retomou a correspondência com Sigmund Freud iniciada pelo primeiro presidente. Junto com poucas outras pessoas, com e sem formação médica, resolveram refundá-la de modo informal, em 1936 – ano em que migrou a primeira psicanalista didata no Brasil, dra. Adelheid Koch. Nova refundação ocorre em 1949, buscando e obtendo formalização junto à IPA, o que ocorreu em 1951.

---

439 Francisco Franco da Rocha fundou a Sociedade Brasileira de Psicanálise de São Paulo (SBPSP) com a ajuda de seu aluno Durval Bellegarde Marcondes, que foi o primeiro secretário, junto com outros médicos, advogados e um literato. Outro aluno de Franco da Rocha, Antonio Carlos Pacheco e Silva Filho, interessou-se por psicanálise, mas manteve questões pessoais com seu antigo colega, Durval Marcondes, e, nesse momento, houve uma violência externa contra o movimento psicanalítico, culminando em um processo legal, em 1954, contra Virgínia Bicudo, acusada de exercício ilegal da medicina. Virgínia foi uma das seis pessoas que refundaram a SBPSP. Marcondes, Pacheco e Silva e Bicudo assinaram artigos e capítulos nos mesmos livros entre 1940 e 1945. Virgínia Bicudo foi aluna de Pacheco e Silva na Escola de Sociologia e Política.

Em 1978, a SBPSP permanecia como exceção no quadro geral das então poucas sociedades, compostas de poucos psicanalistas. Parecia ter evitado consequências concretizadas da violência intragrupal – clivagens abertas aos olhos do público circundante – por pelo menos quatro ocasiões. Estatisticamente: uma vez a cada dez anos havia uma "guerra" intragrupal, ainda que mais ou menos "em surdina".[440]

A introdução do estudo da obra de Melanie Klein e, depois, de Wilfred Bion no *curriculum* dito "oficial" provocou polêmicas que por pouco não resultaram na clivagem concreta e materializada pela fundação de novos grupos, até então evitada. No entanto, a clivagem real ocorria: com a aparência de um país, havia na verdade um arquipélago de ilhas com pouca ou nenhuma comunicação entre os membros. Havia um ambiente de "medo do poder" entre os integrantes. Não me parece ter havido maior atenção na observação de um membro destacado, por ter sido um dos primeiros analistas didatas e parte do grupo de fundadores, Isaías Melsohn, de que "as pessoas têm medo do poder porque querem estar no poder".[441] Não me parecia haver – e ainda não me parece que há – nenhum estudo aprofundado, sob o vértice psicanalítico, sobre o que é a contraparte na realidade assinalada pela palavra "poder".

Tentei dar uma contribuição a respeito, em uma conferência na Sociedade Brasileira para o Progresso da Ciência, ou seja, em uma organização externa ao grupo psicanalítico: o único foro disponível.

Atraiu a atenção de um diretor de jornal de grande circulação, que publicou o texto; foi recusado por dois periódicos psicanalíticos, às vésperas de uma "tomada de poder" por parte de um grupo que tem se aboletado em funções de diretoria da SBPSP desde então. Isso foi feito sob a propaganda de ser contra orientações ditas conservadoras

---

440 Schnaiderman, B. (1964). *Guerra em surdina*. Rio de Janeiro: Civilização Brasileira.

441 Melsohn, I. (1980). Manifestação em uma reunião científica da SBPSP.

e "direitistas" e defender posições autointituladas de "esquerdistas", marcadas por expansões na formação de mais psicanalistas e mais grupos de psicanalistas espalhados pelo Estado de São Paulo e também em outros estados. Envolveu-se em uma construção imobiliária para providenciar uma nova sede, com base na racionalização de que a sede anterior não comportava o número de membros; cuja história pertence ao futuro, sendo conhecida apenas pelo grupo promotor.[442] Atualmente, há em torno de 900 membros. A "nova sede", concluída no ano 2000, comporta 200.

Nos anos 1980, houve uma modificação na nomenclatura. O que antes se chamava de "dissidências" tomou o nome de "variações" da teoria e da técnica, demonstrando uma tentativa de acomodar os pseudopartidos como se houvesse uma questão teórica entre eles. "Uma psicanálise ou muitas?" tornou-se algo intermediário entre um mantra e um *jingle*,[443] conforme denominado por um dos mais respeitados ativistas no movimento, com evidente preocupação.[444]

Coincidiu com uma queda notável da procura por formação psicanalítica em alguns setores acadêmicos de países mais desenvolvidos economicamente, antes notabilizados por pletora de procura. Houve uma exceção: a Alemanha, em um movimento similar ao do Renascimento e do Iluminismo tardios abrigados por essa região. Um fator para o incremento, a meu ver, foi um tipo de rescaldo da ditadura nazista aliado à inexorável necessidade natural de que todo ser humano tenha um mínimo contato consigo mesmo, apesar das resistências contra esse contato. Ou seja, do primeiro mecanismo psíquico descoberto por Freud; depois, mais bem qualificado por ele mesmo como um dos mecanismos do trabalho onírico; e, poucos

---

442 Sandler, P.C. (1985). Psicanálise e Poder. 37ª Reunião da Sociedade Brasileira para o Progresso da Ciência. Participação no Simpósio Contribuições da Psicanálise à Questão do Poder. 1985. *Jornal da Tarde*, novembro de 1986.

443 Wallerstein, R. (2000). Comunicação pessoal, por carta.

444 Wallerstein, R. (1988). One Psycho-Analysis or Many? *Int. J. Psycho-Anal.*, *69*: 5-21.

anos depois, como um dos mecanismos de defesa do ego contra a ansiedade. A meu ver, a ansiedade, em última análise, e o enfrentamento da verdade da natureza humana, específica para cada indivíduo, e ao mesmo tempo, paradoxalmente, invariante em seus aspectos fundamentais, compartilhada por todos; querendo ou não.

O setor acadêmico mais afetado com a diminuição da procura foi, dos anos 1980 até os primeiros 25 anos do século XXI, o dos estudantes de Medicina. Não posso me aprofundar nos fatores, qual afluentes de um caudaloso rio, que parecem ter influenciado essa situação, no momento: estaria fora do escopo deste livro. Ressalto apenas uma consequência: cedeu lugar a um incremento na procura de formação em psicanálise por pessoas com outras formações. Essas pessoas, até então, eram agrupadas pelo movimento psicanalítico sob a qualificação de "analistas leigos".[445]

A partir de 1970, pessoas magoadas por não terem sido aceitas pela "Sociedade", que, no jargão da época, apregoavam publicamente usando termos coloquiais e de gíria, como "podadas", passaram a fundar outras agremiações que se aproveitaram da nomenclatura já existente: apregoavam ser "dissidentes". Movidas por intuito rival e coloridas por sentimentos de vingança, também apregoavam que seriam uma substituição "melhor", superior, em comparação com a "Sociedade". Não me parece ter havido freios às acusações. Ocorreram em uma época demasiadamente politizada na sociedade circundante, e aderiram, muitas vezes compondo racionalizações morais, à forma ideológica idêntica à da sociedade circundante. Pode-se dizer que refletiam, ou eram influenciadas, conscientemente ou não, a essas ideologias, apresentadas como libertárias e "mais humanas". Essas outras agremiações preferiram não se vincular à IPA – instituição que veem com indisfarçada desconfiança, beirando o desprezo. Nos anos

445 Sandler, P. C., & Costa, G. P. (2018). *On Freud's "The Question of Lay Analysis"*. Oxfordshire: Routledge.

1990 e até agora, apareceram dissidências dessas dissidências e outras agremiações, que nem se sentem na necessidade de se apresentarem como dissidências. O protótipo desse movimento de clivagens contínuas e cada vez mais fragmentárias foi dado por um grupo que se apresenta como "lacaniano", que foi clivado por pelo menos seis vezes durante o tempo de vida de Jacques Lacan, seu inspirador idolatrado. Que, pouco antes de falecer, desautorizou todos esses grupos de "falarem em seu nome". Como toda pessoa que morre, não podia impor seu desejo depois de morto.

O nome "Sociedade" é um apelido, por vezes terno, pronunciado pelos membros, por vezes sentido como superior, quando pronunciado tanto pelos membros como por aqueles fora dele, e, inevitavelmente, sentido como inferior, quase como se fosse uma xingação, por aqueles externos ao movimento. Firmou-se no folclore microssocial do movimento psicanalítico no Brasil, até hoje, para denominar de modo único a SBPSP. Esse movimento é formado por psicanalistas, psiquiatras, psicólogos e outros interessados, ativistas ou profissionais. Para certo desgosto das outras agremiações, pois continua implicando – ou refletindo, como preferem falar os sociólogos – uma divisão social, sendo visto como se fosse uma "elite". Continua comum a experiência de que várias pessoas que tenham cursado ou sido membros dessas outras agremiações que se apresentaram ou se apresentam como se fossem "dissidentes" e "melhores que a SBPSP" procurem, tempos depois, a "Sociedade". Pelo menos duas dessas pessoas obtiveram a presidência da SBPSP nos anos 2000. Uma delas relatou-me pessoalmente que ainda enfrenta questões de resistência com a agremiação na qual fez seu primeiro curso.

Observo, historicamente, que todas as vezes que aparece alguém que se vê e é visto por outros como um "dissidente", até hoje tem fundado algum "novo" movimento que imitou todos os aspectos que antes criticou no movimento psicanalítico, com o qual propagou ter rompido. Seguirão, conscientemente ou não, o triste e criminoso exemplo dado pelo Protestantismo, e depois, pela Revolução Francesa, seguidos de tantos e tantos outros? Seria mais um comportamento grupal "demasiadamente humano"?

Até que ponto havia e ainda há um tipo de peneira furada para o que, a meu ver, talvez preconceituoso, precisaria ser um filtro de alta precisão contra os esquecimentos e repetições, no movimento psicanalítico, das beligerâncias violentas reais que engolfaram e quase destruíram o ambiente europeu, asiático e africano, muito tempo antes? No mundo exterior ao movimento psicanalítico, persistem. Seriam as repetições atos imitativos dos hábitos da sociedade circundante, úteis para substituir o que poderia ter sido uma psicanálise, mas nunca o foi? Caso seja realmente uma repetição, ou, como querem os sociólogos, "reflexos" da sociedade circundante influenciando ou determinando os percursos do movimento, lançaria dúvidas se houve algum desenvolvimento humano desde a época dos hominídeos, que coabitaram a terra com os dinossauros, e nossa época, que produziu um Stalin, um Hitler e muitos de seus seguidores e imitadores.

Explicito que minha qualificação a meu próprio respeito, na qual o meu olhar talvez seja preconceituoso, se dá pelo fato de que pode haver um preconceito quando estou aderindo a uma *weltanschauung*, dada pela ciência (mais especificamente, medicina e seus sucedâneos) e arte. Entendo ciência como um dos métodos que todos nós, seres humanos, temos para nos aproximar da verdade da natureza humana, e a medicina como um dos modos de se lidar com alguns, entre os muitos, sofrimentos e vicissitudes que afetam e danificam a natureza humana.

Até que ponto atitudes imitativas, tipificando outras espécies animais, como papagaios, estorninhos e primatas à infância, subjazem inconscientemente os processos de pensar daqueles membros do movimento psicanalítico que faziam e ainda fazem questão de serem chamados, por si mesmos e por outros, de "revolucionários"? Essas imitações podem ser vistas como tentativas de repetição das ações de pessoas cujos nomes ficaram famosos, que perpetraram o assim chamado "romantismo", um partidarismo que discrimino do Movimento Romântico. Destaquei anteriormente os nomes de J.-J. Rousseau, J. W. Fichte e Auguste Comte, entre outros, que me parecem responsáveis pela degenerescência do Movimento Romântico, que, por sua vez, foi a continuação e expansão do Século das Luzes, mas sem seus exageros hiperbólicos, parecendo-me genuíno destacar os nomes de D. Hume, I. Kant e J. W. Goethe.[446,447,448]

Em pelo menos um país, a Inglaterra, uma das contribuições práticas que era vista como mais uma "dissidência" acabou tomando o nome de "controvérsias". Foi objeto de uma tentativa "parlamentar", ou levada para um foro de conversas, em que se pretendeu substituir ações personalistas por uma ação: conversava. Parece ter havido uma iniciativa de diálogo entre os partidos "antagônicos", que imaginavam estar praticando uma guerra sem armas cortantes ou de pólvora, para obter "poder político" e dominar a "formação" de novos analistas.[449]

Parece-me que, no grupo psicanalítico, o termo "poder político" tinha, e ainda tem, origens e intuitos que me pareceram vagos, por estarem mal descritos e pouco claros. Embora as orientações e ações decorrentes dessas origens e intuitos, por menos claros e mal descritos que sejam, não tenham sido pouco vagas. O ditado popular "ações valem mais do que palavras", encontra, uma vez mais, sua realização prática. A ausência de clareza quanto às origens e aos intuitos para essas ações políticas sugeriria sua submissão ao sistema inconsciente,

---

446 Sandler, P. C. (2000a). *As origens da psicanálise na obra de Kant* (vol. III de *A apreensão da realidade psíquica*). Rio de Janeiro: Imago.

447 Sandler, P. C. (2000b). *Turbulência e urgência* (vol. IV de *A apreensão da realidade psíquica), op. cit.*

448 Sandler, P. C. (2002). *Goethe e a psicanálise* (vol. IV de *A apreensão da realidade psíquica), op. cit.*

449 King, P., & Steiner, R. (1991). *The Freud-Klein Controversies, 1941-1945* (Vol. 11, The New Library of Psycho-analysis). Londres: Tavistock-Routledge.

individual e grupal? Não estou me referindo a definições conscientes, pois estas são apenas racionalizações e negações da realidade, indicando muitas vezes o oposto do intuito. Muito raramente – a obra *Mein Kampf*, de Adolf Hitler, ou atualmente, os discursos e programas de Donald Trump, seriam exceções –, há coerência entre os intuitos e a ação, mesmo que as origens permaneçam desconhecidas. As finalidades são as mesmas: destruição.

Nas práticas políticas da sociedade circundante, origens e intuitos conscientes ou não foram descritos por alguns autores, dos quais destaco Raymundo Faoro e Arnold Toynbee. Observo que membros do movimento corporificam, em escala menor e trazendo fantasias de poder e fama temporal, as mesmas redes de influência interpessoal, empoderando "elites minoritárias dominantes"[450] formadas pelos "donos do poder"[451] – pessoas dedicadas a impor interesses particulares, sempre incluindo "vaidades narcísicas"[452] com a mão de ferro de artimanhas "políticas" e ao sabor da moda reinante sobre o restante majoritário numericamente no grupo, como se fossem de interesse do grupo todo.

O que me surpreendeu nisso? Afinal, os grupos formados por membros do movimento psicanalítico estavam apenas repetindo ou refletindo usos e costumes da sociedade circundante brasileira e também de outros países. Parto do princípio de que interferências macrossociais (ideológicas e/ou religiosas, muitas vezes de difícil discriminação) nos microgrupos formados pelas instituições científicas ou artísticas são sempre destrutivas para a ciência e para a arte. São

---

450 Toynbee, A. (1947). *Um Estudo em História* (versão brasileira por I. S. Leal e M. Silveira). São Paulo: Martins Fontes & Universidade de Brasília, 1987.

451 Faoro, R. (1958). *Os donos do poder: formação do patronato político brasileiro*. Porto Alegre: Globo.

452 Sapienza, A. (2003). Reunião Preparatória n. 15 do Comitê Diretor do Encontro Internacional "Bion 2004 São Paulo". Gravação em fita (áudio-cassete), julho de 2003, Biblioteca da SBPSP.

demonstradas por repetições e reflexões da conduta comportamental do macrogrupo (um fenômeno de massa) no microgrupo. Um exemplo claro disso me parece ser o que se chama Academia Brasileira de Letras. Nunca poderemos saber o que Machado de Assis, o maior literato brasileiro, pensaria dos seguintes fatos: de que seu sucessor, Olavo Bilac, afirmou que os membros da academia seriam chamados de "imortais"; e de que o poeta Mário Quintana nunca foi admitido, enquanto o político José Ribamar Ferreira de Araújo Costa, alcunhado "Zé Sarney", o foi.

Vínculos ou relacionamentos reais

Retorno agora à teoria geral sobre os seis vínculos proposta por Bion: amor, ódio, conhecimento, comensais, simbióticos e parasíticos, publicada em 1962 e 1970. Usou uma notação quase matemática para representá-los: L, H, K. De especial importância para a prática da psicanálise, e de toda e qualquer atividade científica e artística, é o vínculo K (ver Capítulo 2 – Mitos).

Há uma manifestação fenomênica estudada pelas disciplinas de antropologia, etologia, psicanálise, psicologia de grupos e sociologia que me parece poder ser colocada do seguinte modo: *há uma necessidade biológica, cuja origem última não conhecemos, assim como não conhecemos a totalidade dos fatores determinantes*, de pertinência natural e transitória a grupos.

Trata-se, a meu ver, de um determinismo de funções biológicas; mas não se trata de um determinismo causal.[453] A transitoriedade determina o fato de haver exclusões materializadas e naturais de grupos.

---

453 Sandler, P. C. (1997i). O princípio do determinismo psíquico na obra de Freud e sua diferenciação do determinismo de causas. In *A apreensão da realidade psíquica*. Vol. 1. Rio de Janeiro: Imago. p. 343.

O determinismo de funções movendo a pertinência natural e transitória a grupos parece-me existir em todas as outras espécies de mamíferos.

Em termos da espécie humana, adoto a classificação filogenética de Willi Hennig,[454,455] denominada "cladística". Foi desenvolvida a partir da descoberta de Charles Darwin[456] e das extensões de Ernst Haeckel:[457] os dois maiores inspiradores para Freud desenvolver seus estudos transdisciplinares que podem ser vistos como antropológicos – *Totem e tabu*, *Psicologia dos grupos e a análise do ego*, *O futuro de uma ilusão*, *Mal-estar na civilização* e *Moisés e o monoteísmo*. *Totem e Tabu* foi qualificado por Freud, de modo provisório, como uma "fantasia filogenética".[458] Todos esses estudos foram feitos sob o vértice psicanalítico.

Tentando sumarizar todos esses estudos citados, e partindo do princípio de que podem ser ou já foram minimamente estudados pelo leitor do presente texto, acrescentando minha experiência em psicanálise e em dinâmica de grupos, parece-me que sensações e sentimentos de pertinência a grupos que *não* sejam formados por três pessoas – de modo resumido, sob o vértice psicanalítico, o complexo de *Édipo e suas variações quantitativas*, e também qualitativas, no caso de carência de elaboração e dissolução mínima do complexo de Édipo, estruturante da personalidade ao longo da vida individual

---

454 Henning, W. (1950). *Phylogenetic Systematics*. (versão em inglês por D. Dwight Davis e R. Zangerl). Urbana: University of Illinois Press, 1966.

455 Kluge, A. G., & Henning, B. (2003). Willi Henning. *Internet Archive WayBeck Machine*. http:/www.cladistics.org/about/henning.html

456 Darwin, C. (1871a). Mental Powers of Man and the Lower Animals. In *The Descent of Man. Origin of Species*. In *The Great Books of the Western World*. Chicago: Encyclopaedia Britannica Inc., 1994. pp. 287-330.

457 Dayrat, B. (2003). The Roots of Phylogeny: How Did Haeckel Build His Trees? *Syst. Biol.*, 52(4): 515-527. doi: 10.1080/10635150390218277

458 Freud, S. (1914d). *A Phylogenetic Fantasy: Overview of Transference Neuroses* (editado por Ilse Gubrich-Smitis, versão em inglês por A. Hoffer e P. T. Hoffer). Cambridge: The Belknap Press, 1987.

– são sentimentos que *não correspondem*, na realidade material e psíquica, a grupos que poderiam ser qualificados como aqueles nos quais seus membros *se conhecem*. A não ser que a afirmação seja localizada no âmbito da falsidade. O fator principal para que haja um conhecimento, ainda que mínimo, é um *convívio íntimo interpessoal*, introjetável e tornando-se intrapessoal ou intrapsíquico. Não posso expressar a situação se não por formulações verbais como essas. Sua apreensão – além de compreensão racional – depende da experiência psicanalítica do leitor.

Em um grupo de dois, mais bem exemplificado por um casal que pode alcançar um estado de criatividade qualificada por Melanie Klein como "suprema",[459] poderá ter, dependendo da realidade material e psíquica dos dois integrantes, como consequência única o nascimento de um bebê. Será o produto criativo dos dois integrantes do casal, que nesse momento deixa de ser apenas um par para formar um casal parental. Nesse caso, é possível afirmarmos, sem recair em uma afirmação condenada à falsidade, que há uma oportunidade de um convívio íntimo, e os integrantes do casal têm uma oportunidade de se conhecerem.

Só *posso nomear* essa situação, que relaciona conhecimento a convívio *íntimo*, sob o modo qualitativo. *Não disponho, e me parece que nenhuma disciplina científica* disponha, pelo menos na atualidade, de métodos de quantificação a respeito de convívio íntimo e de conhecimento. Não estou me atendo a questões que o senso comum chama de erudição.

Considero, sempre à luz da experiência em psicanálise, indissolúvel da experiência na vida, que mesmo nessa situação, a de um casal criativo, a intimidade ocorre de modo transitório e com variações em grau consideráveis. Os fatores contribuintes para tal variação ocorrem

459 Klein, M. (1932). *The Psycho-Analysis of Children*. Londres: The Hogarth Press; The Institute of Psycho-Analysis, 1959.

em função dos movimentos intrapsíquicos ou do funcionamento psíquico. Interferem, para diminuir o convívio e a intimidade, no que Freud denominou resistências; fenômenos narcísicos e depressivos; mecanismos de defesa do ego; e dificuldades no livre trânsito entre as posições psíquicas, esquizoparanoide e depressiva. Um casal que não se conhece minimamente mereceria o nome de casal?

Em grupos compostos por mais de duas ou três pessoas que não sejam grupos familiares íntimos, sentimentos de pertinência terão enorme probabilidade de aparecer no *âmbito das transformações em alucinose.* Pode ou não ser compartilhada pelos membros desse grupo social.

Acordos sociais desse tipo – descritos por psiquiatras com formação em psicanálise como fatores no desenvolvimento de esquizofrenia, sob o nome de relacionamentos mútuos e pseudomútuos[460] – são úteis, e talvez necessários, para a formação e a manutenção instável de alguns *establishments* e meritocracias políticas: religiosos, legais e militares. Não são úteis e podem ser nocivos para meritocracias técnicas e artísticas. Permitem a prevalência de meritocracia política sobre meritocracia técnica. Iluminam alguns fatos sociais: divórcios, ingratidão que pode demorar décadas para se expressar, desfalques em empresas comerciais e o que o lugar-comum denomina "traições". Nesses casos, a traição – amorosa, comercial, militar, política, sempre pelo exercício de insinceridade e oportunismo – sempre será mútua. Não há o caso de um traidor e um traído, como a visão superficial poderia indicar. Falta de convívio *íntimo*, mesmo que mínimo, é o fator determinante.

Alucinose é um termo psiquiátrico para assinalar a presença de alucinações e delírios encistados em uma personalidade, de resto, conservada.

---

460 Wynne L. C., Ryckoff I. M., Day, J., Hirsch, S.I. (1958). Pseudo-mutuality in the family relations of schizophrenics. *Psychiatry*, *21*(2): 205-20.

Alguns poderão, com justiça, questionar: o que estou definindo como variações quantitativas e qualitativas a partir do grupo básico e fundamental da espécie humana – de modo abreviado, Édipo?

Há grupos compostos até um certo número de membros que mantenham vínculos materiais (biológicos) e psíquicos (familiares), experimentados por um tempo de convívio relativamente longo, medida possível caso seja comparado com o tempo de vida de todos nós, seres humanos. A mensuração desse tempo não é cronológica, apenas.

Não tenho condições de quantificar precisamente o que denomino "certo número de membros". Pode-se dizer que se trata de um número intuitivo. Vou chamá-lo de número crucial, dado por experiência, que pode ser antropológica, sociológica e de dinâmica de grupos.

Segundo um estudioso de sociologia política e do comportamento humano que se dedica a ofícios intimamente relacionados – poesia, crítica literária e cinematográfica e traduções, além de jornalismo *e crônica de costumes* –, Nelson Ascher, o "número crucial" poderia ser de 240 pessoas.[461]

Esse número – poucas centenas – se aproxima daquele que tenho constatado a partir de minha experiência em dinâmica de grupos. A afirmação de Ascher partiu de sua própria experiência[462] e de um de seus colegas, sociólogo praticante.

Na minha visão, a partir de um intervalo entre cem e duzentos indivíduos e um intervalo de tempo menor que dez anos, as

461 Ascher, N. (1998). Comentário ao estudo "Algumas associações livres ao ciclo autobiográfico de W. R. Bion: violência, sociedade e psicanálise: com ênfase em *War Memoirs*", apresentado na Reunião Científica da Sociedade Brasileira de Psicanálise de São Paulo em 21 de março de 1998.

462 Della Vale, M. (2010). Entrevista com Nelson Ascher. *Cadernos de Literatura em Tradução, 11*: 317-351.

pessoas não mais se conhecem. Embora a expressão popular seja "conhecido", para discriminar "amigo" ou "inimigo", seria realístico chamar o integrante desse tipo de grupo, nesse intervalo de tempo, de "desconhecido". Estou descontando dotações intuitivas: há pessoas que os alemães chamam de *Menschen Kenner* (ver Capítulo 8 – Exemplos práticos sob forma de mitos). Em todos os outros casos, o vínculo instabilíssimo intragrupal depende, e de modo incremental, de acordos alucinatórios. O grupo, mais bem caracterizado por massa, odeia a realidade em grupo. Considero a formulação verbal "realidade" do mesmo modo que foi considerado por Freud, Klein, Winnicott e Bion, como sinônimo de verdade. Seria útil considerar realidade como forma ideal ou classe platônica? Discrimino verdade de "a verdade", que seria a sensação individual de que alguém teria posse da "verdade última".[463]

Freud avança a análise crítica sobre fatos observáveis na "psicologia de grupos" acoplados à "análise do ego" utilizando-se das observações de Wilfred Trotter a respeito dos "instintos gregários".[464]

Trotter o faz segundo outro vértice: o da beligerância inter-humana, levando a uma exclusão de grupos absolutamente destrutiva.

Recorri a uma dentre as expansões de Bion sobre a obra de Freud para propor que o trabalho analítico permite considerar a existência de uma "psicose cotidiana", produzindo "transformações em alucinose cotidianas",[465] cujo aparecimento pode estar disfarçado pelo uso que a personalidade psicótica faz da personalidade não psicótica – cujo funcionamento psíquico é marcado pela emergência do processo secundário, conforme descrito por Freud.

---

463 Sandler, P. C. (1997h). Realidade e verdade. In *A apreensão da realidade psíquica*. Rio de Janeiro: Imago. pp. 34-37.

464 Trotter, W. B. L. (1916). *Instincts of the Herd in War and Peace*. New York: Suzetteos Enterprises, 2019.

465 Sandler, P. C. (2005g). *A linguagem de Bion: um dicionário enciclopédico de conceitos*. São Paulo: Blucher, 2021. pp. 62, 448 e 1227.

Processos psíquicos, como outros processos na vida internos a nós (circulação do sangue e dos hormônios, transmissão eletroquímica nervosa, contrações musculares etc.), são, como processos em si, puro movimento, prevalentemente imaterializados em suas manifestações fenomênicas. Podem ser intuíveis e, portanto, observáveis de modo indireto, parcial e temporário (em trânsito). A aparente contradição na relação entre as contrapartidas na realidade dos termos "prevalentemente imaterializados" e "manifestações fenomênicas" desaparece quando se dá atenção ao termo "prevalentemente". O que não é prevalente? A possível materialização. Parto do princípio de que realidade pode ser enunciada de modo mais preciso como material e imaterial. Focalizando especificamente o objeto de estudo da psicanálise, realidade material e psíquica é um dos modos pelo qual um relacionamento mais amplo aparece: matéria e energia. Suponho verdadeira, embora enunciada de modo grosseiro, a equação: quanto mais "matéria", menos "energia", e vice-versa: a relação é inversamente proporcional: a equação que expressa a descoberta da Teoria da Relatividade evidencia matematicamente essa correlação inversa entre materialização (matéria) e imaterializabilidade (energia). O estudo empírico dessa relação inversa baseia-se em evidências iluminadas por algumas disciplinas: física, nos estudos de fenômenos fotoelétricos, e físico-química, nos estudos de micropartículas por meio dos aparatos mecânicos denominados aceleradores e colisores de micropartículas. Todas estudam manifestações fenomênicas dos processos relativísticos e quânticos – e de seus produtos. Exemplos práticos dos processos e dos produtos resultantes desses processos: os aparatos de radar, os fornos de micro-ondas e os aparatos emissores de *laser* e de raios X.

As manifestações fenomênicas de processos psíquicos podem ser vistas como produtos desses mesmos processos.

Estou usando uma integração de duas teorias de observação do ato psicanalítico propostas por Bion em *Elementos de psicanálise* e *Transformações*.

Qualquer tipo de produto final (em linguagem coloquial "pronto e acabado") de qualquer ciclo de transformações[466] que se considere é resultado de processos materiais e psíquicos transformacionais. Deixando de lado o exemplo excessivamente materializado – pois nada existe que possa ser considerado como "pronto e acabado", caso se disponha de tempo suficiente de observação, por exemplo, de uma produção industrial –, e focalizando apenas os processos dinâmicos ocorrendo no aparato psíquico, um produto de um estado material e psíquico (ou de uma realidade material e psíquica) irá emergir em outro espaço-tempo, sob outra forma.

Essa "outra forma" pode ser visualizável, pelo menos para psicanalistas, a partir de vários exemplos indicativos dos progressos no conhecimento obtidos pela observação em psicanálise. Um deles é dado pela situação psíquica alucinatória descrita por Freud como neurose de transferência, usualmente abreviada sob a forma verbal de transferência. Também pode ser descrita, a partir de Bion, como uma transformação em movimento rígido.[467]

Um estado alucinatório em si é um produto final de alguns processos psíquicos; não irei descrevê-los agora. Pode ser transformado a partir de algumas técnicas – por exemplo, uma psicanálise. Pode ser transformado por outras experiências de vida em outro produto, não alucinatório, mas em uma apreensão mais próxima da realidade material – tanto do paciente como do analista.

466 Bion, W. R. (1965). *Transformações* (versão brasileira por P. C. Sandler). São Paulo: Hirondel. pp. 23-26, 87 e 179.

467 *Ibid.*, pp. 37, 52-54, 176-177.

Todo e qualquer ciclo de transformações ocorre vinculado a uma invariância[468] subjacente, ou "superjacente". Invariantes imbuem ou envolvem os ciclos de transformação, algumas vezes de modo alternante, algumas vezes de modo contínuo. O escopo deste texto é limitado, não permitindo a inclusão de ilustrações minimamente decentes de exemplos clínicos daquilo que estou colocando em termos teóricos. O leitor interessado poderá ver essas ilustrações em outros textos.[469,470]

Transformações, no aqui e agora de uma sessão de análise, podem ser vistas de modo organizado, quando se detecta inicialmente sua estruturação imbuída ou envolvida por algo que suponho serem as invariâncias básicas existentes na clínica psicanalítica, similares a toda e qualquer característica básica que compõe a natureza humana. Correspondem ao que Bion observou e definiu, segundo sua observação, como os elementos de psicanálise.

Elementos de psicanálise

Inspirado no trabalho de Platão e Aristóteles e de químicos modernos que os resgataram no Iluminismo e no movimento romântico, Bion descreveu as características intrínsecas dos elementos de psicanálise de modo similar às descritas e agrupadas na química pela tabela de Mendeleev. Tentei enunciá-las didaticamente, sempre com base na obra de Bion, em estudo anterior: transcendência, valência

468 *Ibid.*, p. 11.

469 Sandler, P. C. (2009e). Clinical Illustrations. In *Dreaming, Transformations, Containment and Change* (vol. I of *A clinical application of Bion's concepts*). Londres: Routledge, 2019. pp. 129-153.

470 Sandler, P. C. (2013). The versus link. In *The Analytic Function and the Function of an Analyst*. (Vol. II: *A Clinical Application of Bion's Concepts*). Londres: Routledge, 2021.pp. 61-68.

(capacidade de se relacionar com outros elementos), senso de verdade, paradoxo.[471]

A definição inclui uma notação quase-matemática[472] e a descrição verbal desses elementos em número de seis: (1) dor; (2) fato selecionado (ou posição esquizoparanoide⇔posição depressiva); (3) continente/contido; (4) vínculos; (5) razão; e (6) ideia.

Até hoje, não pude ler nenhum trabalho, tampouco ter contato com algum psicanalista que tenha correlacionado os conceitos observacionais de elementos de psicanálise, de um lado, com transformações e invariâncias, do outro; pude fazê-lo em outros estudos de modo mais geral – por exemplo, em *A linguagem de Bion: um dicionário enciclopédico de conceitos* –, pois essa relação não me parece estar explicada didaticamente na obra de Bion, por motivos escritos explicitamente por ele mesmo.

A meu ver, a correlação está implícita mesmo que levemos em conta que a introdução do conceito de elementos de psicanálise antecede a introdução do conceito de transformações e invariâncias. Historicamente, a antecedência – um ano – é demasiadamente pequena. Suponho que foi uma preparação para os leitores, como foi a evolução dos conceitos de "fato selecionado" para "invariância". O primeiro foi definido como um evento observacional intrassessão, referindo-se apenas ao trabalho do analista. "Fato selecionado", por assim dizer, "nascia" *da* observação do analista. Tinha uma vinculação indireta com a interpretação, com a função de teste ou sonda. O segundo se referia tanto ao paciente como ao analista e "nascia" *no* paciente, e se referia aos dois, vinculado diretamente à interpretação do analista.

471 Sandler, P. C. (2005h). Elementos de psicanálise. In *A linguagem de Bion: um dicionário enciclopédico de conceitos* (versão brasileira por Daniela Sandler, Giovanna del Grande e Patricia Lago). São Paulo: Blucher, 2021. p. 321.

472 Bion, W. R. (1963). *Elementos de psicanálise* (versão brasileira por Ester Hadassa Sandler e Paulo Cesar Sandler). São Paulo: Hirondel.

A obra de Freud pode e, mais que isso, precisa ser vista como o resultado de uma longa pesquisa a respeito de "elementos" em um estudo da personalidade humana e suas vicissitudes, sempre mantido sob o vértice da psicanálise. Foi feita sob modo diretamente *prático*; e essa prática o levou a elucidar uma série de elementos básicos.

Em 1930, Edoardo Weiss,[473] pioneiro que se analisou com Freud e se tornou um autor que pode ser visto como clássico, e como muitos clássicos em psicanálise, esquecido, escreveu um livro com o mesmo título. Tinha um intuito pedagógico-teórico. Nos anos 1970, um autor francês, Roland Doron,[474] repetiu tanto o título como o conteúdo pedagógico-teórico, acrescentado a uma história da introdução da obra de Freud na França; aproveita várias contribuições da obra de Bion, em especial as observações sobre dinâmica de grupos. Os dois livros repetem ou reiteram e, algumas vezes, interpretam os textos de Freud para explicar para o leitor a nomenclatura (ego, inconsciente etc.), conceitos e teorias. O termo "elementos" não se aplicaria à própria psicanálise, mas ao que os autores pensam ou julgam ser noções da obra de Freud. Não seriam exatamente elementos de psicanálise, no sentido dado a esse termo pela teoria da ciência.

Em contraste, o sentido do termo "elementos" na obra de Bion provém da teoria da ciência sob a mesma inspiração de Platão e Aristóteles, que foi o *leitmotiv* subjacente à obra de Freud. A obra de Bion, parece-me, torna mais explícito o *ethos* científico da psicanálise ao enfocar e definir elementos básicos na investigação em psicanálise. O próprio livro foi um preparo prévio à introdução do outro conceito observacional em psicanálise, o de transformações e invariâncias.

---

473 Weiss, E. (1930). *Elementos de psicanálise* (versão brasileira por Dionélio Machado). Porto Alegre: Globo.

474 Doron, R. (1978). *Elementos de psicanálise* (versão portuguesa por Franco de Souza). Lisboa: Editorial Estampa.

Até o ponto que foi minha experiência em psicanálise, provou-se útil para que haja a consecução de uma sessão a procura pelos seis elementos de psicanálise – ou, pelo menos, por alguns deles, conforme emergem nas sessões, em suas "extensões" fenomênicas ou comportamentais.

A utilidade se dá sob os dois vértices permitidos pelo método psicanalítico: o terapêutico e o de elaboração de teorias.[475] Bion acrescenta a observação a respeito de que podemos fazer teorias sobre o paciente ou de traços de sua personalidade; e estende o exame dessa situação a respeito do exame crítico que recomenda uma disciplina sobre memória, desejo e entendimento. A ausência de disciplina dificulta ou impede a progressão da análise – ou o próprio ato analítico, já de início, que pode estar impedido caso um psicanalista use teorias *a priori*,[476] no sentido alertado por Karl Popper, e não como uma investigação a respeito dos "objetos psicanalíticos" – definidos em *Aprender da experiência* como componentes essenciais e básicos dos elementos de psicanálise. Serão procurados no aqui e agora de uma sessão, em indivíduos em particular, naquele momento específico. Abrigam elementos insaturados, expressos na comunicação verbal e não verbal do paciente; compartilhando uma constante inata da personalidade. Constantes inatas da personalidade podem ser consideradas teorias *a priori*, na medida em que são reconhecíveis e constatáveis em todo ser humano: sob o vértice psicanalítico, um exemplo pode ser o complexo de Édipo.

Bion descreveu três âmbitos nos quais emergem os elementos de psicanálise:

- Âmbito do que é apreensível pelo nosso aparato sensorial.

475 Freud, S. (1937a). Analysis Terminable and Interminable. *SE*, vol. XXIII, p. 220.

476 Bion, W. R. (1962b). *Aprender da experiência* (versão brasileira por Ester Hadassa Sandler). São Paulo: Blucher, 2021. pp. 28, 59 e 125.

- Âmbito dos mitos, esclarecendo que podem ser privados e da espécie humana.
- Âmbito das paixões, que colorem, confundem e, paradoxalmente, revelam os sentidos vetoriais das funções da manifestação durante a sessão, indicando aspectos estruturantes da personalidade do paciente.

Haverá mais âmbitos nos quais os elementos emergem? Haverá outros elementos de psicanálise além dos descritos por Bion? Pessoalmente, não sei; mesmo que entretenha o questionamento, Freud e Bion nunca apresentaram suas teorias como se fossem produtos acabados e finais, de modo autoritário. Em três outros casos – a teoria da função-alfa, a teoria do funcionamento grupal e a teoria sobre vínculos[477,478] –, minha experiência na clínica psicanalítica pareceu-me indicar a possibilidade de extensões das teorias de Bion. No caso da teoria sobre elementos, nunca fui capaz de fazer a hipótese a respeito de outros, pelo menos até agora. Outra pessoa, *caso se baseie em dados empíricos, observáveis na clínica*, poderá descrevê-los. Espero que isso não ocorra por exercício do idealismo ingênuo, típico de escolas filosóficas e de pessoas qualificadas pela psiquiatria como esquizofrênicos, que afirmam que o mundo e a realidade são apenas produtos dos seus pensamentos.

Examinando a história da humanidade e também a história de seres individuais, investigação aberta a qualquer pessoa, pode-se fazer a hipótese de que nunca houve, e continua não havendo, nenhuma escassez de pessoas que podem ser vistas sob uma tipologia humana que denominei idealistas ingênuos. Não parece haver escassez da prevalência da personalidade psicótica em nenhum grupo humano

---

477 Sandler, P. C. (1997j). The Apprehension of Psychic Reality: Extensions of Bion's theory of alpha-function. *Int. J. Psycho-Anal.*, *78*: 43.

478 Sandler, P. C. (2013). The sixth basic assumption? In *Verbal and Visual approaches to Reality* (vol. III, *A clinical application of Bion's concepts*). Oxford: Routledge. pp. 249-288.

que se considere, e em nenhum indivíduo que se considere, mesmo que a prevalência da personalidade psicótica sobre a não psicótica possa variar, seja em um mesmo indivíduo ou no grupo – conforme o espaço-tempo que se considere. Seria esse fato uma iluminação do fato de que frequentemente falte sabedoria a eruditos?

Elementos de psicanálise podem ser observados fenomenicamente segundo um espectro composto de infinitos estágios, apresentados por Bion como níveis de saturação e de insaturação.[479,480]

Produtos finais de transformações podem ser saturados. Precisam ser, pois nesse momento, são passíveis de serem usados de modo insaturado, em novas transformações ao longo de espaços-tempo, pelo casal analítico que possa ser inseminável e, portanto, criativo. A inseminação é mútua, mas alternante, entre os integrantes do casal analítico – o paciente e seu analista.

Bion enfoca os ciclos de transformações no aqui e agora de uma sessão psicanalítica e de um ato de interpretação (ou construção) em psicanálise. Essa, a oportunidade provida pelo *setting* psicanalítico: levarmos a cabo uma observação participante de fenômenos, inicialmente apreensíveis pelos nossos órgãos sensoriais sob forma de alucinações ou de sonhos, nos vários aqui-e-agora de uma sessão de análise. Ao afirmar que os produtos desses processos são apreensíveis pelos órgãos sensoriais, também afirmo que são prevalentemente materializados, como alucinações, alucinoses e delírios. Por mais materializados que possam ser, pelo menos para a própria pessoa, que vê (imagina), ouve, ou cheira, ou inventa histórias racionalizadas delirantes irreais. Que a própria pessoa e partes de seu grupo acreditam que sejam verdadeiras.

479 Bion, W. R. (1963). *Elementos de psicanálise* (versão brasileira por Ester Hadassa Sandler e Paulo Cesar Sandler). São Paulo: Hirondel. p. 39.

480 Bion, W. R. (1965). *Transformações* (versão brasileira por P. C. Sandler). São Paulo: Hirondel. p. 30.

O produto ou o resultado desse tipo de transformação – em alucinose –, quando implementado, é tornado estático e prevalentemente concretizado. Nesse caso, será destrutivo – para a própria pessoa e para seu ambiente.

Uso a teoria do pensar proposta por Freud em *Dois princípios do funcionamento psíquico*, desenvolvida por Bion em "Uma teoria do pensar" e por Winnicott em "Preocupações maternas primárias". Resumidamente: a pessoa, no seu desenvolvimento ontológico, ou seja, quando ainda é um bebê, vai permitindo a introdução do princípio de realidade se e quando disciplina a prevalência do princípio do prazer-desprazer por meio de incrementar a tolerância de uma primeira frustração: observa e tolera a presença de um "não seio" todas as vezes que sente que lhe falta um seio. Pode fazê-lo com o auxílio fundamental: precisará dispor de u'a mãe minimamente boa (*a good enough mother*) que exerça minimamente um estado de *rêverie*.[481,482,483]

Sob o vértice psicanalítico, minha observação é que grupos oferecem oportunidades únicas para expansões desbridadas e indisciplinadas para manifestações de núcleos onipotentes e oniscientes, indicativos de exacerbação de estados narcísicos, melancólicos, fóbicos e obsessivos, se usarmos as contribuições de Melanie Klein, indicativos de ficarem ocupando a posição esquizoparanoide em regime de tempo integral e dedicação exclusiva.

Juventude que, de um modo ou de outro, em maior ou menor grau, parece-me estar usualmente associada à desinformação e ao

481 Bion, W. R. (1961c). Uma teoria do pensar. In *No entanto... pensando melhor* (versão brasileira de *Second Thoughts* por P. C. Sandler). São Paulo: Blucher, 2021. p. 157.

482 Winnicott, D. W. (1956). Primary Maternal Preoccupations. In *D. W. Winnicott: Collected Papers (Through Paediatrics To Psycho-Analysis)*. Londres: Tavistock Publications, 1958. p. 300.

483 Bion, W. R. (1962b). *Aprender da experiência* (versão brasileira por Ester Hadassa Sandler). São Paulo: Blucher, 2021. pp. 73-76.

pouco saber. Com toda probabilidade, foi por juventude que ainda não conhecia a obra de autores que se aprofundaram no estudo dos fatos psicanalíticos subjazendo o funcionamento dinâmico dos grupos. Citei-os anteriormente – autores que não apenas me precederam, mas foram dotados de capacidades de observação e de descobertas incomensuravelmente mais amplas e profundas do que as minhas. Até o ponto que pude investigar, o fizeram como ninguém, antes ou depois deles; e, de qualquer modo, não inventaram nada: também se basearam em outros predecessores.

Ficou claro para mim o fato de que essas questões assolam a humanidade pelo menos desde a época de Sócrates, Platão e Aristóteles – que precisou se redimir de sua revolta juvenil contra a obra de Platão. Parece ter precisado de uma guerra de verdade, e as perseguições "políticas" contra um dos poucos governantes capacitados para a função na história da civilização, demasiado incivilizada. Aristóteles foi o monitor intelectual (chamado de mentor) de Alexandre IV, lamentavelmente lembrado hoje como "o Grande". Há algumas indicações de que foi envenenado por "inimigos políticos", antes "amigos políticos" de ocasião.

Foi justamente tal situação que me deixou perplexo: pelo menos na minha experiência em psicanálise, é necessário que haja apreensão, observação e consciência, ainda que mínimas e parciais, que possibilitem pelo menos tentativas de manejo menos indisciplinado desses estados, substituindo a submissão totalmente inconsciente a tais situações psíquicas; tentativas de manejo construtivo daquilo que até hoje me parece ser o maior fator conducente à procura de auxílio de outras pessoas.

Aqui residia minha perplexidade: o que estaria ocorrendo para que houvesse tal proporção de "dissidências" individuais? O que ocorria que se espraiavam, qual fogo na palha, rapidamente para o grupo? Considerei naquela época, talvez de modo juvenil, que os fenômenos intrapsíquicos necessariamente abordados por uma psicanálise que mereça esse nome poderiam emergir com frequência e intensidade muito mais notável a partir do momento em que os psicanalistas se encontram em grupos, e que tal emergência preveniria o "*acting-out*". Acabei percebendo que toda juventude reacende aspectos infantis e ainda mais primitivos; estava sofrendo de crises de "pensamento positivo", esperando demais, ao fantasiar resultados benéficos de uma análise. Fui percebendo que não dependia apenas do analista, mas do paciente – da dupla. Há duplas não criativas, mas destrutivas. Há duplas analíticas que formam pares "homo-", combustível e comburente para fantasias de superioridade. Podem fornecer alternativas depressivas para a paranoia – narcisismo inato – como também podem oferecer alternativas paranoides para a paranoia, que se exacerba no grupo. Minha experiência mostra que persiste a tendência de que membros do movimento psicanalítico ainda tentam "analisar" filhos, cônjuges, colegas, amigos, parentes.

Minha fantasia naquela época, subserviente ao princípio do prazer-desprazer, podia ser chamada na língua inglesa de mero *wishful thinking*. Talvez seria mais bem denominada "*wishful lack of thought*", falta de pensar escrava do desejo. Permanece um pensar clivado, tentando satisfazer todos os desejos, sempre ávidos e invejosos. Cria ditadores. Como bebês, são os "reis da casa" Atualmente, parece-me que há uma exposição inconsciente de nudez primitiva tipificando uma ocupação em tempo integral e dedicação exclusiva à posição paranoide-esquizoide, permitindo rituais assassinos de grupo, que entroniza o princípio do prazer-desprazer, permitindo clivagens no princípio da realidade, deixando entrar apenas o que interessa (vaidosa e financeiramente) e evitando qualquer contato com a verdade. Essa situação, individual e grupal, pode ser feita por meio de racionalizações, compostas pelo processo secundário, para disfarçar, por conluio social, aquilo que na realidade persiste sendo determinado pelo processo primário dos vários integrantes do grupo. Pessoas que relatam ter tido alguma experiência com psicodrama e outras técnicas de dinâmica de grupo e também com psicanálise relatam maior rapidez para se fazer diagnósticos de atuações (*acting-out*) psicóticas pela aplicação do método psicodramático em grupo, se comparada com o tempo necessário para que esse tipo de atuação emerja de modo mais claro na experiência psicanalítica. Com a ressalva de que todo diagnóstico também depende em alto grau da experiência prévia do praticante e de sua capacidade de não compor conluios contratransferenciais.[484]

Não é possível assegurar, além da capacidade de crença dos leitores, qual seria a noção real desses praticantes a respeito dos métodos; ou, colocado em outros termos, o que essas pessoas apreendem como sendo psicodrama e psicanálise, além da leitura de textos. Pelo menos na minha experiência com os dois métodos, facilidade diagnóstica não implica nenhum tipo de facilidade terapêutica, nem mesmo na possibilidade de se lidar com as atuações. A comparação que tento fazer não se dá pelo vértice rival, mas apenas sob o vértice científico, de descrição comparada, análogo ao já usado em biologia comparada e anatomia comparada, como inicialmente praticou Aristóteles e, muito tempo depois, Darwin e todos os biólogos, zoólogos, arqueólogos e antropólogos atuais.

484 Moreno, J. L. & Moreno, Z. T. (1957). *Fundamentos do psicodrama* (versão brasileira por Moyses Aguiar. Revisão de Mariana Kawazoe). São Paulo: Ágora, 2017.

10. Prevalência da meritocracia política sobre a meritocracia científica, complicada pelo disfarce no qual política se traveste de técnica

Veja! Um ovo maligno de serpente,
como todos de sua espécie, criança travessa.
Insuspeito, eclodirá de repente,
para dar o bote, fazendo-se de inocente.
Mate-o, antes que saia da casca[485]

Eugenia, sofisticada mímica de ciência

O fenômeno social que se expressou pelo espraiamento da doutrina eugênica nos fornece um exemplo da prevalência da meritocracia política disfarçada de meritocracia técnica – por artes e graças da mímica. Outra capacidade "demasiadamente humana". Será esta uma de nossas características herdadas de um de nossos ancestrais répteis, o camaleão, e chamada pelos zoólogos de metamorfose? É encontrada

---

485 Shakespeare, W. (1599). *Julius Cesar*. II,ii.
Which hatch'd, would, as his kind grow mischievous;
And kill him in the shell.

em nossos primos, os símios, e me parece ter sido por nós, que chamamos de seres humanos, desenvolvida por avidez e inveja.

Eugenia deu enorme prestígio e fama social a seu inventor, Francis Galton – tanto em sua época como nas duas gerações seguintes, com um intervalo envergonhado em que continuou comparecendo de modo disfarçado, como se não existisse, pois não confesso. Muitas vezes, não consciente nos indivíduos e em seus grupos. Há alertas de que prossegue existindo, qual ovo de serpente, latejando, aguardando a hora para sair outra vez da casca.

Há pessoas que dizem sobre si mesmas "não sou racista", mas jamais juntariam seu percurso de vida a outras pessoas que tivessem características que lhes parecessem deficientes, seja de nacionalidade, cor da pele, religião ou ideologia, ou mesmo em relação a ideias básicas. O vértice psicanalítico que tolera paradoxos permite perceber que toda pessoa que *fala* (verbaliza, materializa por palavras, representa) um "não", não fala, mas *diz* (imaterialmente, infrassensorialmente) um "sim", que nega o que falou.

O que ocorreu para que tenha havido, e continue havendo, sucesso na propagação globalizada da doutrina? Há uma notável fartura de dados disponíveis a respeito da doutrina e do seu inventor. Boa parte deles escrita pelo próprio Francis Galton, responsável também por cunhar o termo: um uso da educação sofisticada que teve, em uma época em que se valorizava a contribuição da civilização grega da antiguidade, a língua e seus vários radicais, prefixos e sufixos.

Suponho que a fartura de dados disponíveis a respeito da doutrina e dos passos sociais de seu inventor configura uma vantagem rara na escolha desse exemplo mítico. Em consequência, não há escassez de dados sobre a história da humanidade, no que pode ser analogicamente visto como um silo onde se acumulam esses dados. A nossa questão, hoje, é como adentrar nesse silo. História da humanidade... tantas vezes vista como tragédia, pela capacidade que todos nós, seres humanos, podemos ter de tratar nossos semelhantes de modo inimaginavelmente desumano. E foram essas, as ações da doutrina eugênica, que as envolveu em mantos racionais e pseudocientíficos. Violência e crueldade orientadas por avidez, rivalidade e inveja; subserviência ao princípio do prazer parecem ser potencialidades transcendentalmente humanas. Seriam inatas como qualidades? Freud e Klein supunham que sim. Caso sejam, configuram triste ironia e são estimuladas ou inibidas conforme características ambientais, que vão lhes dar uma diferença em quantidade, conforme o indivíduo que possamos considerar.

O termo eugenia e o movimento em torno dele foram inventados e incitados por uma pessoa, um ser humano como todos nós, mesmo que ele tenha tido outro nome social e tenha vivido muito antes do que todos nós que podemos ler este livro, e o autor dele. Por diferença de quantidade entre ele e muitos outros, e hábil para travestir política por técnica, foi "criança travessa". Insuspeito, eclodiu de repente, para "dar o bote", fazendo-se de inocente. O que se segue tentará evidenciar, por dados históricos, a breve síntese crítica feita neste parágrafo.

A fama de Galton, ainda que diminuída, persiste nos meios acadêmicos. Foi contemporâneo de Freud e apontado como um pioneiro em psicologia – um dos fatores que me levaram a incluí-lo no presente livro, como um mito a respeito da prevalência da meritocracia política sobre a meritocracia científica, em plena era onde houve um impulso de favorecimento à meritocracia política na Grã-Bretanha, pelas administrações de Disraeli e Gladstone.

A fronteira da fama para a infâmia é tênue, porém tenaz, pois se faz do mesmo modo observado por Bion a respeito das relações objetais da personalidade psicótica e da transferência mantida pela personalidade psicótica com um analista.[486] Não poderia ser diferen-

486 Bion, W. R. (1955). Desenvolvimento de um pensar esquizofrênico. In *No entanto... pensando melhor* (versão brasileira de *Second Thoughts* por P. C. Sandler). São Paulo: Blucher, 2021. p. 58.

te, pois fama e infâmia, como todo fenômeno de massa, devem sua existência a estados alucinatórios, delirantes e de alucinose socialmente compartilhada, dependentes da prevalência da personalidade psicótica sobre a não psicótica. Ocorre de modo complexo: podemos identificar que fama mostra sua face infame pelo erro, dado por um estado confusional da massa, onde popularidade rapidamente desanda em difamação invejosa. E também por acerto, pois fama também pode mostrar sua face infame em todas as vezes em que a verdade, qual fênix, ressurge de suas próprias cinzas. Parece-me que foi isso que ocorreu com a pessoa e a obra de Galton.

A intenção da doutrina de eugenia foi eminentemente prática, e expressa de modo consciente: sempre foi um programa político.

De um modo evidentemente apressado, caso o consideremos sob o vértice do desenvolvimento científico, em que nada ocorre por geração espontânea, mas, sim, como resultado de uma cadeia temporal complexa, um ciclo composto por erros e acertos, que pode evolver de modo gradativo e coincidente, pois é pleno de probabilidades, expressando uma relação harmônica entre o observador científico e a realidade, dada por intuição, na qual a escolha e o acaso caminham juntos, sem guerras entre si, nem pensamento pré-concebidos.

Francis Galton inventou uma "teoria" sociopolítica misturando várias aproximações científicas genuínas à realidade: estatística, pedagogia, psicometria (que propagandeou como se fosse uma invenção sua), psicologia, sociologia e antropologia. Seria um estudo transdisciplinar? Não, por ter partido de preconceitos objetivados conscientemente, para provar ideias já pensadas por ele mesmo, com intuito de obter fama.

Não consegui encontrar nada na obra máxima de Galton (a qualificação foi dada por ele mesmo) para testar sua eventual veracidade. Também não consegui encontrar nada, naquilo que ele escreveu, que pudesse ser útil para refutá-las. Não surpreende, é uma doutrina, indistinguível das doutrinas ideológicas e religiosas. Galton queria, segundo ele mesmo, ensinar e provar para outras pessoas, com o intuito de impor como se faz para implantar o seu programa "eugênico".[487]

A doutrina de eugenia se espraiou como um rastilho de pólvora em boa parte do mundo, entre 1890 e 1960. Prolongo-me na descrição de suas origens destrutivas, que determinaram, conscientemente ou não, seus caminhos assassinos, executados por milhões de adeptos. Não há exames estatísticos, e a proporção de milhões se baseia nos efeitos destrutivos – algumas vezes colocados como se fossem medalhas de guerra ou comendas.

A eugenia persiste sob novas roupagens, quase que escondida depois de um aparente descanso social de quase meio século; algumas vezes, doutrinárias; algumas vezes, políticas; algumas vezes, científicas. Aparece sob várias formas e suas nomenclaturas: biotecnologia, bioética, psiquiatria, obstetrícia, neonatologia. Leva a cabo, muitas vezes por necessidade científica e não preconceituosa, triagens genéticas pré-natais. A questão, ao que me parece, não é científica. Seria uma questão do uso que os praticantes fazem dessas disciplinas. Não me parece possível generalizar responsabilizando a ciência, mas é necessário generalizar responsabilizando o uso que pode se fazer de determinada disciplina científica.

Desastres ou alternativa a eles, tragédias ou alternativa a elas, remontando, segundo registros escritos, à Antiguidade, e ainda não encaminhados de modo não destrutivo. Seria útil tentarmos isolar pelo menos alguns fatores determinantes da popularidade?

Segundo alguns acadêmicos, as medidas adotadas pelos atuais biotecnólogos, bioéticos, psiquiatras, obstetras e neonatologistas

---

487 Palmer, L. I. (2003). Genetic Health and Eugenics Precedents: A Voice of Caution. *Florida State University Law Review*, 30(2): 237-277. https://ir.law.fsu.edu/lr/vol30/iss2/4

têm que ser denominadas "eugênicas". Outros argumentam que não podem ser confundidas com eugenia. Outros ainda argumentam: é adequado lembrar-se do nome eugenia? Seria necessário lançar o sistema doutrinário das crenças eugênicas ao lixo da história? Seria possível fazê-lo?

Até agora, não. Seria preciso algum tipo de mudança catastrófica, similar ao ocorrido na seleção das espécies – e um fator seria alguma alternativa genética a ser selecionada. Mas não se sabe ainda se já está sendo selecionada pelo próprio aparecimento do fenômeno eugênico – a espécie contemplada pela natureza humana seria representada apenas pelos meritocratas políticos? Pois "como todos de sua espécie" têm, até agora, retornado, sempre popular, ainda que sob outros rótulos e palavreados sedutores para o grupo, sob a égide do princípio do prazer-desprazer.

E ainda há outros argumentadores, para quem não seria possível "reduzir o debate a questões semânticas". Intermináveis discussões, todas guardando a origem destrutiva de doutrina.[488,489] Busca-se certeza absoluta, imaginada como resposta satisfatória para todo o sempre, escravizada pelo princípio do prazer-desprazer.

Wilfred Bion oferece uma observação a respeito, baseada em sua experiência em dinâmica de grupos:

> *Sou o descobridor e o inventor do homo alalu. Eu e meus amigos homines, com nossos polegares oponíveis, aprendemos a dar à luz e a criar vida opondo pênis a pênis, vulva a vulva, até que um de nós começou a inchar, e toda a terra e o céu foram preenchidos com o inchaço e o rugido.*

---

488 Farber, S. A. (2008). U. S. Scientists' Role in the Eugenics Movement (1907-1939): A Contemporary Biologist's Perspective. *Zebrafish*, 5: 243-245. doi:10.1089=zeb.2008.0576

489 Wilson, R. A. (2019). Eugenics Undefended. *Monash Bioethics Review*, *37*: 68-75. https://doi.org/10.1007/s40592-019-00094-w

Foi decidido que o monstro tinha que ser destruído. Mas alguns eram mentirosos e trapaceiros, e, na sua mentira e trapaça, resolveram continuar suas práticas malignas em segredo e contribuir uns com os outros com seus conhecimentos de sensações prazerosas, através da ficção. Alguns resolveram descobrir esse segredo aprendendo dos que eram mais reservados a agir; passaram de maneira análoga, e outros resolveram, da mesma maneira, mentir e enganar e assim aprender quem e o que fazia essas coisas e assim matar aqueles que ensinavam e praticavam tais práticas, e assim a confusão cresceu e tornou-se impossível discernir o bem do mal.

Alguns aprenderam a falar, mas a mesma coisa aconteceu de novo, pois alguns utilizavam a linguagem para aperfeiçoar a arte de mentir e outros para aumentar o prazer, mas eles não conseguiam concordar sobre o que era o quê nem qual era o sinal através do qual que coisa poderia ser conhecida. O inchaço e o rugido monstruoso cresceram até o mundo ficar prestes a acabar, e aí cessaram. Surgiram então a paz e a quietude, e o homem foi visto segurando uma "coisa" deformada. E ele mentiu e disse que ela provinha de dentro dele. E alguns disseram que era assim e alguns disseram que poderia não ser assim e alguns tentaram destruir a coisa maligna e alguns disseram – Vamos esperar e aí poderemos dizer se estão certos os que dizem que isso é maligno, ou se aqueles que o acham bom têm razão – mas ninguém poderia dizer por que algumas vezes mesmo os que falavam que a coisa era boa admitiam que ela era maligna, mas eles não eram constantes e sua decisão veio tão tarde que a coisa, se fosse maligna o suficiente, poderia matar aquele que tinham vindo matá-la, e assim a confusão cresceu novamente até que mesmo a confusão de línguas – mesmo

> *a prudência – anuviou-se até cobrir a terra. E o medo fez os homens venerarem o que eles não conheciam e alguns disseram – Vamos cultuar isto na ignorância e no medo – e alguns disseram – Vamos cultuar à luz do dia quando não temos medo – e alguns disseram – Vamos fingir que temos medo ou não vamos conseguir ter medo – e alguns cultuaram o sol e alguns a lua. Alguns, de maneira semelhante, cultuaram o próprio medo e alguns cultuaram a alegria, a felicidade e a luz. E novamente eles não podiam entrar em acordo. E alguns veneraram o que haviam feito e alguns veneraram sua esperteza dizendo – Somos os maiores e os melhores dentre todos os animais, pois somos animais que fazem ferramentas – e alguns veneraram aquela parte de si mesmos que eles pensavam que os capacitava a fazer ferramentas, as ferramentas que faziam ferramentas, mas novamente eles não podiam entrar em acordo acerca de qual era essa parte ou de que modo ela deveria ser tratada.*[490]

Segundo os fartos dados escritos disponíveis, Francis Galton, um ser humano como todos nós, almejou fama – ardentemente. Conheceu-a e gozou-a, à larga. Há evidências de que ficou insatisfeito quanto ao tamanho, à amplitude e à profundidade da fama. Não teria ficado tão famoso quanto desejou ser. Qualificou-se a si mesmo como um cientista. Vários comentadores também o qualificaram como tal.

Um deles foi uma pessoa que deixou marca real na história da matemática por suas próprias contribuições às teorias sobre estatística e probabilidade aplicada à estatística: Karl Pearson. Amigo e protegido por Galton, foi um de seus discípulos em estatística.

---

490 Bion, W. R. (1975). O sonho. In *Uma memória do futuro* (Vol. I, P. C. Sandler, Trad. Prefácio de Frank Phillips). São Paulo: Martins Fontes, p. 50.

Não foi simples nem claro, pelo menos para mim, saber se as contribuições reais partiram em maior quantidade de Pearson ou se as origens realmente vieram dos estudos de Galton.

Algumas informações, para alguém interessado na história das descobertas em matemática, ficaram um tanto nebulosas. Há indicações seguras de que o obituário sobre Galton para a revista *Nature* foi escrito por Pearson, caso examinemos o estilo da escrita e certos qualificativos expressos por ele em outros locais. Pearson, de resto recatado na escrita, ombreia Francis Galton, nesse texto não assinado, a três descobridores notáveis em antropologia biológica e física: Charles Darwin, William Thomson, conhecido como Lorde Kelvin, e James Clerk Maxwell.

Dificilmente haveria um Albert Einstein e a Teoria da Relatividade se não houvesse as descobertas de Kelvin – o primeiro a esclarecer com mais propriedade a segunda lei da termodinâmica – e de James Clerk Maxwell – que esclareceu a origem fotoelétrica do fenômeno que denominamos luz. O tempo mostrou a impropriedade de tal equiparação, em termos do valor das contribuições de cada um desses descobridores científicos.[491]

Outros comentadores, ainda mais exagerados – assim como não há limites para destruição, não parece haver limites para exageros – o qualificaram como se tivesse sido um polímato (Capítulo 4 – Ciência ou arte: qual veio primeiro?). Há um site na internet dedicado à memória desse homem. Galton é citado com destaque em livros dedicados à história da psicologia, que o colocam como um dos "fundadores" dessa disciplina.

491 Pearson, K. (1911). Francis Galton. *Nature*, *85*: 440-445. https://www.york.ac.uk/depts/maths/histstat/galton.pdf

História pregressa

O método médico por excelência, até agora – estudos de casos individuais –, tem por tradição incluir uma descrição da história pregressa da moléstia atual. Empresto esse método, mas retirando as palavras *moléstia* e *atual*, por não ser apenas atual e por não me parecer que se constitui como se fosse uma moléstia. Os dados permanecem tendo uma natureza ficcional.

Francis Galton foi uma pessoa com oportunidades excepcionais de educação, fazendo parte da aristocracia inglesa abastada. Era o mais novo de oito filhos de uma família de confissão Quaker ou Sociedade de Amigos – tanto por parte da mãe como do pai. Alguns de seus antepassados foram médicos, matemáticos, geógrafos, advogados e biólogos de algum renome, e seus sobrenomes passaram a fazer parte da história da Inglaterra na modernidade: Darwin, Wedgwood, Barclay. Os avôs e seu pai eram banqueiros, fabricantes de armas e de porcelana finíssima. Todos vincularam-se à maçonaria – na época, uma instituição poderosa, fornecedora de membros para a meritocracia política em muitos grupos europeus.

A família Galton não fazia parte da nobreza. Naquela época, era feita, em parte, por condição financeira, e depois por condições familiares. Incrementou o que ocorrera em todas as instituições religiosas na tradição hebraico-cristã. De modo todo especial, nos vários ramos do cristianismo. Repetia-se o que ocorreu de modo agudo na época do apóstolo Paulo.[492]

Pertencer à nobreza reduz-se a questões financeiras; inicialmente, latifundiárias. Expressou-se socialmente na Idade Média com a instituição do sistema feudal: tornar-se um barão, ou conde, ou lorde, dependia de indulgência mútua – dos soberanos e de alguém interessado.

---

492 Taubes, J. (1987). *The Political Theology of Paul* (versão em inglês por D. Hollander). Stanford: Stanford University Press.

A cessão de "indulgências" pela igreja católica apostólica romana, levando à Reforma Protestante, aliou-se à limitação do número de descendentes da família real, por consanguinidade, cujos efeitos ainda eram desconhecidos ou talvez negados socialmente. Em casos mais raros, a pessoa poderia ter se notabilizado na carreira militar, incluindo pirataria e política, recebendo algum título aristocrático.

Pertencer a alguma seita protestante – na época, os Quakers, também conhecidos como Sociedade de Amigos – era um modo seguro de ser alçado à nobreza. Em determinado momento, o conselho Quaker da região onde vivia a família Galton decidiu expulsá-la de suas reuniões evangélicas com a justificativa de que os membros da Sociedade de Amigos eram proibidos de exercer qualquer atividade vinculada à guerra.

Mesmo expulso, o bisavô de Francis, Samuel Galton, continuou frequentando os cultos e contribuindo secretamente para as finanças da seita, que não se opôs a isso. A mesma pertinácia ou teimosia rebelde – os documentos parecem demonstrar que teria sido esse o caso[493] – ocorreu com os filhos e netos de Samuel. No momento em que o pai de Francis, Samuel Tertius Galton, se desfez da fundição por um preço que lhe pareceu lucrativo e, com ela, se desfez também da fábrica de armas, recuperou a qualidade de membro dos Quakers. A expulsão foi de direito, mas não de fato. Teria isso algum efeito profundo no desenvolvimento material e psíquico de Francis Galton?

Alguns biógrafos o descrevem como "menino prodígio": teria aprendido a ler aos 2 anos de idade. Aos 6 anos, teria demonstrado interesse pela obra de Shakespeare.[494] Muitos dados biográficos de Galton foram extraídos das anotações dos pais, que mantinham um

493 Bridges, E. (2015). Faith and Disunity: Samuel Galton and the Quakers. *The Iron Room*. https://theironroom.wordpress.com/2015/03/23/faith-and-disunity-samuel-galton-and-the-quakers/

494 Bulmer, M. (2004). *Francis Galton: Pioneer of Heredity and Biometry*. Baltimore: Johns Hopkins University Press.

diário detalhado da vida do filho caçula. As esperanças parentais parecem-me claras: cedo se tornaram expectativas e demandas; Francis tinha que se destacar dos outros durante a vida. Pensaram que providenciar estudos e exigir resultados era a receita para isso. Segundo o primeiro e mais completo biógrafo, Karl Pearson, o pequeno Francis teria 4 anos quando lhe perguntaram por que estaria poupando todas as moedas que recebia: "Ué, para comprar as promoções na universidade".[495]

É possível interpretar essa afirmação segundo pelo menos dois vértices: o fornecido pela psicologia do sistema consciente, marcado por superficialidade social, e o fornecido pela psicanálise, que tenta se aprofundar em fatores determinados pelo sistema inconsciente de aparato psíquico.

Segundo uma interpretação psicológica superficial, a afirmação do menininho Francis seria indicativa de precocidade prodigiosa na inteligência. Segundo uma interpretação psicanalítica, seria indicativa de uma situação de identificação imitativa, pois há um senso comum na observação de crianças – inclusive por autores que não podem ser acusados de serem psicanalíticos, por terem nascido antes da descoberta da psicanálise – que revela que crianças repetem o que os adultos falam. Por ainda não terem aprendido a mentir, por vezes criam situações embaraçosas para esses adultos, quando são adeptos da mentira. O episódio da expulsão e do retorno à Sociedade dos Amigos sugere que mentir era um hábito familiar nos Galton, e que o pequeno Francis cedo o adquiriu.

Francis Galton sofreu o destino usual das crianças apontadas pela família e depois pelo meio social circundante como prodigiosas:

495 Pearson, K. (1930). *The Life, Letters and Labours of Francis Galton* (vol. I: *Correlation, Personal Identification and Eugenics*). Cambridge: CambridgeUniversity Press. p. 69. https://galton.org/pearson/ocr/vol1.pdf

desapontam todos.[496] Seus pais o teriam pressionado para estudar Medicina – a atividade principal de uma parte da família materna, os Darwin. Aparentemente, o pequeno Francis seria um adolescente dócil: teria aceitado a imposição sem resistências.

Muitos leitores provavelmente conhecem alguns dados da história de Francis Galton, trazida à consciência contemporânea pelos efeitos destrutivos de uma de suas invencionices; outros talvez possam ter reparado a inclusão do sobrenome Darwin na família de origem.

Francis foi primo de segundo grau de Charles Darwin. Compartilhavam do mesmo avô materno: Erasmus Darwin, um médico extremamente respeitado em sua época por ter vários dotes e tendências raras: também era poeta, inventor e um combativo abolicionista. Seus inventos, confeccionados em madeira, tinham intuitos inauditos e visionários. Um deles, a "máquina falante", funcionava por meio de foles: emitia sons imitando letras e palavras.[497] Junto com Goethe e Lamarck, foi um dos inspiradores para que seu neto, Charles Darwin, desenvolvesse a teoria da evolução das espécies animais, fato registrado com gratidão pelo próprio Darwin.[498]

Se, como observou Freud, a escolha da atividade de medicina talvez indique características de personalidade, Erasmus Darwin parece ter sido uma pessoa dadivosa e de conduta ética: ao ser convidado para ser o médico oficial do rei absolutista George III, recusou-se. Alegou ter preferência por proteger seus pacientes e não se seduzir pelo convite em fazer parte da nobreza.

A alegação foi coerente com um fato: o Rei George III, conhecido pelo apelido de "Rei Louco", por ter conduta errática e

---

496 Klemperer, V. (1957). *The Language of the Third Reich: Ligua Tercii Imperii* (versão em inglês por Martin Brady). London: Bloomsbury Academic, 2013. p. 41.

497 Rae, M. (2013). Project Update: The Speaking Machine. *Erasmus Darwin House.* http://www.erasmusdarwin.org/2013/01/project-update-the-speaking-machine/

498 Darwin, C. (1859). The Origin of Species. In *The Great Books of the Western World*. Chicago: Encyclopaedia Britannica Inc., 1994. p. 1.

contraditória, provocou desastrosas guerras durante os 59 anos de reinado. Em uma delas, de consequências históricas mais amplas e profundas contra seu próprio reinado, tentou impor uma cobrança extorsiva de impostos em todo o império.[499] O resultado foi a revolução dos colonos ingleses nos Estados Unidos. Por outro lado, manteve um casamento estável, em um ambiente onde foi benquisto, principalmente por filhos e netos.

Sob o vértice psiquiátrico aliado às contribuições psicanalíticas, tinha comportamento indicativo, em minha hipótese, de ter sofrido do que hoje se denomina transtorno bipolar, marcado por avidez, hiperatividade e expressões genuínas, ainda que interrompidas, de afeto. Ao fazer essa hipótese, encontrei concordância na literatura.[500]

Experiência em psicanálise demonstra fantasias edípicas influenciando as maneiras básicas pelas quais crianças, adolescentes e adultos utilizam o exemplo dado por familiares que os antecederam: aprofundam a apreensão da realidade material e psíquica determinando escolhas profissionais, se comparadas com os "testes vocacionais" que tentam se basear em mensurações psicométricas restringidas ao sistema consciente. As expansões de Melanie Klein sobre as observações de Freud a respeito de uma característica de personalidade denominada "narcisismo" demonstram as maiores dificuldades possíveis na dissolução das fantasias edípicas.

Um dos resultados é uma impossibilidade de manter minimamente um estado de harmonia⇔desarmonia nas emoções básicas da natureza humana – amor, ódio e reparação. Expressa-se fenomenicamente por prevalência de rivalidade, avidez e inveja, movidas por

---

499 Bennet, A. (1991). *The Madness of George III*. Peça teatral histórico-biográfica, com uma versão cinematográfica agraciada com o Prêmio Oscar de 1993, dirigida por Nicholas Hytner, estrelada por Nigel Hawthorne e Helen Mirren.

500 Peters, T. (2011). King George III, bipolar disorder, porphyria and lessons for historians. *Clin. Med. (Lond).*, *11*: 261-264. doi: 10.7861/clinmedicine.11-3-261.

fantasias sádicas de onisciência e onipotência. Há pelo menos três alternativas no percurso vital (história de vida) dessas pessoas:

(i) Algumas repetem, como se fossem cópias, o comportamento exigido por seus antecessores – avós, pais. Muitos pais, escravizados por expectativas e desejos e valendo-se do desamparo natural que caracteriza crianças e adolescentes, tentam obrigar, e muitas vezes conseguem, que seus filhos escolham determinadas atividades profissionais. Nesse momento da vida, muitos sentem-se submetidos ao modelo parental; e realmente podem ter sido. Usam a situação para *não* se fazerem responsáveis pela escolha.

(ii) Alguns repetem o comportamento e as escolhas de modo inverso: fazem exatamente o contrário do esperado pelos antecessores.

(iii) Alguns tornam-se mais livres, tentando seguir seu próprio caminho.

Frases populares, por vezes formando aforismas – "esses pais merecem ou não merecem os filhos que tiveram?"; "pelo filho se vê o pai", "tal pai, tal filho"; "ultrapassou o pai ou a mãe": "não chega nem aos pés do pai ou da mãe"; "os avós ficam ricos, os pais usam a fortuna e os netos a desperdiçam" – expressam, ainda que limitadas a questões moralizantes, as três alternativas. Não há, até agora, análises estatísticas que possam quantificar o que estou denominando "alguns".

Francis Galton parece ter tentado seguir a possível imposição parental. Foi admitido em um grande hospital em Birmingham. Não suportou sequer o estágio inicial: após quatro meses, obteve transferência para a então respeitada escola médica do King's College, em Londres.

Embora o grupo familiar Darwin-Wedgwood-Galton-Barclay tivesse adquirido posição de relevo na sociedade inglesa, a viagem de Charles Darwin a bordo do HMS Beagle, entre 1825 e 1830, foi combustível para a formação de um mito familiar. Teria havido alguém mais influenciado que o jovem Francis Galton? Quais foram os componentes dessa influência?

Muito tempo depois, afirmou que foi "tomado pela paixão de viajar, como seu eu fosse uma ave de arribação". Impressionou-me a leitura de um texto escrito há um século e meio, dado o fato de que a analogia havia me surgido há cerca de 25 anos (ver Capítulo 7 – Uma história natural das cinco meritocracias políticas); talvez pelo fato de que, pessoalmente, fui aquinhoado pela possibilidade de ser filho e neto de migrantes que se refugiaram de terras eslavas por terem sido perseguidos por fome e preconceitos religiosos. A impressão foi devida a mais uma confirmação, caso mais uma fosse necessária, da observação de Bacon de que "não há nada de novo na face da terra". E, segundo meu acréscimo a ela, que toda pretensão à originalidade não passa de onipotência. Como toda onipotência, baseia-se em ignorância, por mais negada e racionalizada que seja.

No que se refere ao nosso personagem mítico Francis Galton, não encontrei registros explícitos da influência de Darwin em suas memórias: um dado negativo que precisa ser valorizado sob o vértice de um exercício psicanalítico. O fato de inexistir não implica sua ausência: existe a possibilidade de haver negação. Será amplamente confirmada pela existência de uma plenitude de dados biográficos e de autopropaganda.

Ainda sob o vértice, historicamente, pode-se ligar os seguintes fatos: seu pai faleceu em 1845, deixando-lhe considerável fortuna, "suficiente para me fazer independente da profissão médica". O resultado imediato foi o abandono dos cursos de medicina em Londres, aliado a uma viagem com amigos até a Alemanha, dizendo que iria estudar química. Desistiu poucos meses depois, rumando para Viena. De lá, os amigos entraram em outra viagem, pela rota dos diplomatas ingleses, pelo rio Danúbio. Chegaram a Istambul (na época, Constantinopla) e Smyrna. Ao voltar, visitaram cavernas na Eslovênia, trazendo um anfíbio cego: uma espécie desconhecida na Inglaterra.

Alguns de seus antepassados haviam se distinguido em matemática e física. Segundo os dados biográficos, a recomendação para que tentasse ser matemático pode ter sido tanto inspirada, por imitação, como pode ter sido indicada por outras pessoas de seu meio familiar. Não obtive dados que pudessem permitir a afirmação de que essa teria sido, realmente, a inspiração para que Galton resolvesse cursar matemática no Trinity College de Cambridge, embora há um registro escrito de que teria sido recomendado a fazê-lo pelo primo Charles Darwin. Outra vez, não terminou o curso. Abandonou-o após três anos; precisaria de pelo menos cinco para se laurear como bacharel. Teria tido, segundo ele mesmo, um "colapso nervoso por excesso de trabalho".

Segundo sua autobiografia, e pela leitura de cartas que escreveu para jornais, resolveu o "colapso" fazendo excursões para alguns locais protegidos pelas forças do império britânico, em que, dizia um adágio governamental, "o sol nunca se punha". Viagens eram a moda da época, denominada "travelmania". Até hoje, há uma agência internacional de turismo que adotou esse nome, que justificou uma verdadeira campanha comercial: muitos hotéis, agências de turismo e novas linhas ferroviárias captaram o interesse de investidores sob o *slogan* "Viajar libera!". Novamente, em companhia de amigos, Francis Galton realizou excursões de turismo entre 1845 e 1846 para o rio Nilo. Chegou ao Oriente Médio.

Ao retornar, associou-se à Sociedade Geográfica Real, mantida pelo governo inglês, e, outra vez viajando com amigos, organizou meticulosamente uma viagem para o Sudão (norte da África): queria atingir o lago Ngami, ao norte do deserto de Kalahari. As excursões foram vistas como difíceis: desistiu de chegar até o lago, mas teria trazido informações de tal modo "importantes" que lhe renderam um título de membro da Sociedade em 1853.

De posse do título, aproveitou-se dos regulamentos da Universidade de Cambridge, que permitiam a obtenção do grau de bacharelado de acordo com a quantidade de cursos que estudantes selecionados pelo conselho diretor tivessem feito – facilitado no caso de Francis Galton por laços familiares e poder econômico notável. Passou a escrever sobre viagens sem enfrentar dificuldades para encontrar um editor: escrevia de um modo sintético e claro.

Usei anteriormente uma analogia emprestada das notas autobiográficas de Freud, que se via como um explorador de terras, e não exatamente como um cientista de sua época. Considero que Freud fez uma prática que, em si mesma, foi além das crenças positivistas – que o dominaram até o abandono da teoria do trauma sexual na infância e marcaram a descoberta da psicanálise.

Com base na afirmação de Freud a respeito de seu próprio trabalho, fiz a hipótese de que haveria – analogicamente – uma "função Marco Polo" instintiva "habitando" cada um de nós, seres humanos. Parece-me que a mesma analogia pode ser aplicada com segurança a Charles Darwin. Poderia ser aplicada a Francis Galton? Aparentemente, se examinarmos apenas a superfície dos fatos, a suposição de que poderia ser aplicada seria provável. No entanto, se tentarmos nos aprofundar no exame dos dados históricos disponíveis, a probabilidade diminui.

Houve diferenças fundamentais entre as viagens dos dois primos distantes. Galton as fez de modo turístico e, portanto, muito mais confortável, mesmo levando-se em consideração o primitivismo dos meios de transporte naquele tempo. Segundo ele mesmo e seus biógrafos, uma de suas motivações foi uma crença psicoterápica antiga, aconselhada para pessoas gozando de boa situação financeira, e vigente até hoje. Essa crença preditiva pode ser resumida por uma frase subserviente ao princípio do prazer-desprazer que se tornou lugar-comum a partir do século XX para expressar uma recomendação sarcástica: "Seus problemas são fáceis de resolver: faça uma viagem para tal lugar; muito melhor e mais barato do que fazer psicanálise" (recomendação também estendida para toda e qualquer psicoterapia). A recomendação é feita com a crença de que a "origem" dos problemas emocionais seria externa e, portanto, a "cura" também o seria.

Escreveu muitas cartas durante a viagem, endereçadas a familiares e amigos. Ao voltar dessas viagens, Francis Galton descreveu-as com dotes literários, sendo possível divisar intenções conscientes de aparência científica. Em 1855, aos 33 anos de idade, publicou um livro intitulado, *The Art of Travel: shifts and contrivances available in wild countries* ("A arte de viajar: dispositivos e ações para obter bons resultados em terras selvagens").[501] O título tem sido usado até hoje com muitos intuitos, glorificando viagens turísticas ao atribuir-lhes o *status* de "arte". É possível que a viagem de Darwin, assim como as de Marco Polo e muitos outros, ou seja, dos verdadeiros exploradores que enfrentam o desconhecido pela primeira vez, sejam boas candidatas a essa qualificação. As viagens dos segundos, terceiros etc., seriam qualificáveis como artesanatos. Certamente, toda viagem é uma aventura no desconhecido para aquela pessoa, individualmente. Mas não para a humanidade.[502]

O livro é uma coletânea redigida com domínio gramatical de informações advindas da experiência prática de outros viajantes e exploradores, segundo princípios de escrita científica. Sob o vértice editorial, poderia ser classificado como resenha. O estilo ficou popularizado por agências de turismo e, mais ainda, pela internet, em iniciativas como a Wikipedia. Há várias tabelas e formulários que deixariam feliz um almoxarife, ao relacionar equipamentos de uso doméstico e cuidado pessoal.

501 Galton, F. (1855). *The Art of Travel.* https://galton.org/books/art-of-travel/galton-1855-art-travel-1up.pdf

502 The Art of Travel: Europe package-tour consolidates. *The Economist*, 2 de setembro de 2007.

O intuito de Galton é claro e tem uma finalidade explícita, ou seja, consciente: prover auxílio professoral a outros que desejem fazer turismo travestido de pretensões científicas. Sob o vértice psicanalítico, permite algumas hipóteses: (i) a finalidade explícita pertence ao sistema consciente do aparato psíquico; (ii) trata-se de um esforço de propaganda pessoal para adquirir fama – hoje em dia seria denominado "campanha publicitária", popularíssima na classe política.

É possível avançar hipóteses advindas de um exercício psicanalítico caso usemos outros fatos tipificando o percurso social de Francis Galton. Não se trata de alguma abstrusa "psicanálise" *post-mortem*. Foram divulgados extensamente por ele mesmo e também relatados por seus biógrafos; e de tempos em tempos, alguns investigadores críticos sem formação específica em psicologia, mas interessados na história das ideias, relatam suas conclusões a respeito de Galton.[503] Tal exercício tem alguma probabilidade de se aproximar de parcelas de algumas verdades a respeito de pelo menos algumas características da personalidade dessa pessoa, aparentemente loquaz e buscando a ribalta. Constituem-se como atuações no mundo externo de fantasias típicas da posição esquizoparanoide (se usarmos a terminologia proposta por Melanie Klein) e narcísicas (se usarmos a terminologia proposta por Freud).

Ainda sob o vértice psicanalítico, parece-me que o subtítulo do livro é revelador. Imaginemos que tivesse sido enunciado ou prenunciado por associações livres durante uma sessão de psicanálise. Seria integrado a outros enunciados provenientes de um paciente para indicar características de personalidade da pessoa que o enunciou. Faço a hipótese de que o subtítulo apresenta um ato falho, na medida em que a expressão idiomática em inglês também se refere à confecção de estratagemas. *Contrivances and shifts* bem poderia ser utilizado em novelas de suspense, em torno de histórias de heróis

---

503 Murdoch, S. (2007). *IQ A history of a failed idea.* New York: John Wiley & Sons.

ficcionais. Respeitando o meio ambiente procurado por Galton e os gostos da época, pode-se citar as novelas de Tarzan escritas por outra pessoa nascida no século XIX, Edgar Rice Burroughs. *Contrivances and shifts* caracteriza panfletos de propaganda política na elaboração do que hoje se denomina *fake news*, que sempre existiu em tempos de beligerância grupal, explícita ou implícita.

A obra contém muitas instruções ditas científicas, relativas a sextantes etc., e de conduta. Vou citar apenas um exemplo do capítulo sobre "Serviçais" (p. 7 do original), no qual incluiu "mulheres":

> *Envolvendo-se com os nativos – para se envolver com os nativos, e com as pessoas com quem os nativos viveram, tornaram-se apegados e aprenderam a temer, você deve impressioná-los para que saibam: a menos que te tragam de volta em segurança, nunca mais poderão mostrar seus rostos, nem esperar o saldo do pagamento, que só lhes será entregue em seu retorno.*
>
> ***Mulheres** – Esposas dos nativos – se alguns dos nativos levarem suas esposas, darão uma boa vida aos viajantes. Prestam grande serviço e não causam demora; pois a caravana viaja a pé, e uma mulher suportará uma longa jornada quase tão bem quanto um homem, e certamente melhor que um cavalo ou um boi. São inestimáveis na captura de informações e fofocas, dando-lhe pistas importantíssimas; sem esse tipo de assistência, você jamais as teria. O viajante americano, sr. Hearse [. . .]*

Não me parece necessário prosseguir na citação: o texto continua com a experiência de outros viajantes além desse norte-americano, o "Sr. Hearse", relacionando multivariados conselhos e informações sobre exploradores reais que o antecederam. Galton cita o "dr. Livingstone". Não encontrei nenhuma descrição a respeito do Sr. Hearse.

Tenho duas hipóteses: uma, decorrente da deficiência em minha busca; a outra, que esse indivíduo era e permanece obscuro, por não ter dado nenhuma contribuição ao campo abordado por Galton.

O texto *The Art of Travel* parece-me servir de informação sobre a muito provável postura de Francis Galton frente à vida: totalmente subserviente aos costumes sociais desumanos caracterizando quase todos os governos imperialistas baseados em exploração financeira de outros povos. O texto, em retrospectiva, seria uma memória do futuro de Galton, ao iluminar a base da doutrina de eugenia. Não há dúvidas de que os costumes sociais europeus foram um fator importante, entre outros, que motivaram a reação de sobrevivência expressa pelo rápido espraiamento dos movimentos de massa de intenção libertária – logo tornados doutrinários, como a Revolução Francesa, a doutrina marxista e outras práticas sociopolíticas equalitárias menos populares. No entanto, costumes de desumanidade assassina não podem ser creditados exclusivamente aos europeus; não são, a meu ver lamentavelmente, reserva de etnias em particular. O livro *Instrumentos de um psicanalista* (no prelo) se voltará para os estados psíquicos individuais de hostilidade beligerante, expressa pelo fenômeno social que chamamos, no senso comum, de guerra.

Tentando utilizar as lições que a história das etnias e dos povos pode nos fornecer, por demasiadamente irônicas que sejam segundo alguns – citei anteriormente Isaac Deutscher, mas poderia citar também Bertrand Russell, Raymond Aron, Isaiah Berlin e Tzvetan Todorov, na tentativa de incluir um espectro mais amplo de historiadores das ideias que não precisaria estar aprisionado dentro do limitado espectro das ideologias –, parece-me urgente e necessário assinalar que essas reações, ainda que buscassem sobrevivência, sofreram e continuaram sofrendo dos mesmos preconceitos originados por fantasias de superioridade que caracterizaram as imposições feudais e imperiais.

A situação global indica a mesma situação comportamental que se observa em indivíduos: preconceitos expressando fantasias de superioridade, e seu par complementar em grupos com duas ou mais pessoas ocorre tanto no grupo dos opressores como no dos oprimidos. Os segundos tornam-se os primeiros, e vice-versa, de modo constante, assim que ocorram algumas condições, tantas vezes determinadas por probabilidade.

Fica para o futuro a descoberta de alguma forma de como elucidar a presença e a ausência desses preconceitos, na imaginação ainda sem evidência populacional de que algum dia haja um desenvolvimento alternativo à implantação até hoje infinita dos ciclos de degenerescência por esquecimento seguidos de "novos" desenvolvimentos (ver Capítulo 1 – A diferença entre meritocracia técnica e meritocracia política, sobre as definições dos termos "primitivo" e "desenvolvido").

Os aconselhamentos de Galton relativos ao sexo feminino poderiam ser interpretados benevolentemente como se fossem críticas dos demasiadamente comuns (demasiadamente humanos?) costumes sociais contra a mulher. No entanto, tal interpretação precisaria se basear em negação, clivagem ou ignorância do texto escrito por Galton. Elogios dirigidos às mulheres são justificados pela possibilidade de que elas satisfariam desejos por divertimentos; que seriam ótimas para quem favorece o espraiamento de fofocas. Mulheres, no *The Art of Travel*, são tidas como um sistema de espionagem dos hábitos dos serviçais. Outros desejos são desfilados, ocasionando utilizações desumanas de força física da mulher, que, segundo Galton, em alguns setores "nada ficaria a dever para a força de homens" – palavras dignas de um ditador escravocrata. Traficantes de escravos, assim como compradores de escravos, faziam e ainda fazem exame minucioso das características físicas do seu "material", para eles, inanimado: dentição, musculatura, ossatura, faixa etária etc. Como se fêmeas pudessem ser mercadorias inanimadas para facilitar, possibilitar ou evitar alguns trabalhos do viajante. Equiparadas aos "selvagens", eram comparáveis às ferramentas que ele mesmo descreve no livro. Talvez não por coincidência, no capítulo seguinte inicia um enorme texto compilado de outros autores: uso de martelos, bússolas, sextantes, formulários, cordas, nós, instruções para montanhistas, modos para treinar muares e bovinos, transporte em carroças e como lidar com "selvagens".

O livro se inicia com frases enfatizando que pessoas que empreendessem viagens para países desconhecidos, pela condição de estarem viajando, seriam automaticamente consideradas como exploradores científicos – algo que realmente ocorreu com seu primo distante.

Viagens para terras desconhecidas tornaram-se mais uma forma para conferir prestígio social. Além de Darwin, outros contemporâneos de Galton deixaram nomes conhecidos até hoje. Parece-me que Charles Darwin, Richard Francis Burton e David Livingstone foram êmulos para Francis Galton; os dois últimos, médicos e poliglotas, foram os primeiros europeus, depois da época dos descobrimentos, a cruzarem a África. Embora o nome do "dr. Livingstone" seja citado por Galton, não registrou que tenha copiado o roteiro usado por ele; Burton não é citado. Galton desejou seguir os passos de Livingstone e não conseguiu: fez apenas parte do mesmo percurso na África. Desistiu sem poder atravessar o lago Tanganyika. Há fatos evidenciando uma incapacidade pessoal de enfrentar dificuldades essenciais que não barraram seus dois antecessores. Assim, acabou fazendo parte do extenso grupo de pessoas que buscaram fama fazendo viagens, mas não a atingiram. A moda persistiu, pois muitos refizeram o percurso dos primeiros exploradores na África, na Ásia e nos polos terrestres. Hoje, empresas de turismo exploram os caminhos de Edmund Hillary e Roald Amundsen.

Viajar para longe tornou-se algo visto como "romântico", que expressaria, de modo indiscutível, sentimentos de liberdade, igualdade e fraternidade – idênticos aos pregados, mas pouco promovidos, pela Revolução Francesa. Os três sentimentos e as conquistas exploratórias tornaram o "dr. Livingstone" o maior herói na época vitoriana: sua fama como missionário e mártir – faleceu de malária em solo africano – se incrementou após ter advogado que o governo inglês precisava pôr fim ao negócio de corretagem do tráfico de escravos promovido pelos árabes. No entanto, o comportamento pessoal de David Livingstone era violento contra alguns dos "selvagens" e contra sua própria família; fato que também caracterizou o comportamento do músico e médico Albert Schweitzer, da geração seguinte; as noções de fraternidade e igualdade atribuídas a todos os exploradores da época de Galton, do mesmo modo que ocorrera com os revolucionários franceses, eram fruto de propaganda nacionalista idealizadora e desejosa.

Sob um vértice psicanalítico, pode-se dizer que a visão dita "romântica" dos viajantes reflete uma parte da verdade, na medida em que todo viajante, em algum grau, fará alguma exploração naquilo que lhe é desconhecido; ou de alguém que dorme e enfrenta o desconhecido onírico e acorda e enfrenta o desconhecido que será seu novo dia.

Galton deixou considerável herança escrita sobre suas próprias viagens sob forma de cartas, boa parte delas autopromocionais. Não contêm informações sobre o modo pelo qual se transladou para as várias cidades africanas, embora haja indicações sobre encontros que manteve com autoridades coloniais.

Francis Galton pode ser visto como multivalente: manteve notável quantidade de interesses e habilidades, dispersas entre si. Começou escrevendo sobre viagens; logo depois, sobre biologia, hereditariedade, aritmética, com enorme predileção por contagem de números, conduzindo a um interesse especial por estatística, desaguando em mais um interesse: psicometria.

Se adotarmos o parâmetro quantitativo numérico, tão ao gosto de Francis Galton, e medirmos sucesso pelo número de leitores e seguidores políticos, foi um escritor bem-sucedido, deixando uma produção que pode ser considerada excepcional – em torno de 340 livros. Tinha também o hábito de publicar artigos em revistas científicas e leigas. Muitos deles têm utilidade como crônica de costumes.

O interesse de Galton por aritmética e estatística, abrindo caminho para pesquisas em probabilidade para um de seus alunos da Sociedade Geográfica Real, Karl Pearson, assim como o interesse por meteorologia, foram exceção na regra geral de seu comportamento, caracterizado por notável dispersão, talvez de origem ávida. Deixou escritos com pretensão científica sobre geografia, antropologia, antropometria, halterofilismo, sinestesia e criminologia. Nessa última área, desenvolveu um método estatístico para descobrir "falsos positivos" em impressões digitais. Não "inventou" o método observacional de estudar impressões digitais, como afirmam alguns biógrafos, levados pela publicidade pessoal, outra atividade na qual Galton se dedicou com enorme afinco.

Pode-se dizer que, descontados os vários preconceitos que orientaram seus estudos, forneceu uma indicação sobre a necessidade de embasar conclusões advindas de estudos de casos com estatística.

Não me parece haver dúvidas sobre o fato de que Galton foi demasiadamente influenciado pelo trabalho de seu primo Charles Darwin. No entanto, é absolutamente necessário qualificar melhor o que estou tentando dizer ao usar a expressão "demasiadamente influenciado". Não se trata de uma influência científica, mas apenas pessoal. Utilizando os dados históricos disponíveis em um exercício sob o vértice psicanalítico e da sociologia dos pequenos grupos, parece-me ter havido uma rivalidade em relação ao trabalho de Darwin. Sob o mecanismo de defesa de formação reativa, emergiu travestida de admiração e respeito. Nessa época, insistiu em associar suas "pesquisas" à teoria de seu primo famoso.

Estatística e meteorologia: áreas científicas nas quais houve contribuições reais de Galton

Durante a viagem que fez à Namíbia, Galton observou a existência de áreas de pressão atmosférica muito elevada, ocasionando uma rotação do ar em torno dessas áreas e, em consequência, criando ventos. Observou também que a velocidade está dentro de um espectro variável de 30 a 50 quilômetros por hora, espalhando-se por uma área igualmente variável, entre 2.400 e 5.000 quilômetros. No hemisfério norte, os ventos têm uma rotação horária; e o inverso ocorre no hemisfério sul. Cunhou um termo para essa observação: anticiclone, pois pareciam neutralizar os efeitos dos ciclones no deserto. Foi sua única descoberta científica, contribuindo para a meteorologia, a partir de um estudo empírico, e não de doutrinas *a priori*. Parece-me provável que tenha ouvido falar do fenômeno pelo contato que manteve com os "selvagens" africanos, embora, em minha investigação, não tenha descoberto referências a respeito.

Galton é considerado por alguns historiadores um dos "pais" da disciplina de psicologia científica e teria "inventado" a psicometria – mistura de exagero com nacionalismo gerado por falsidade histórica.

Em sua época, de modo claro – e atualmente de modo mais escondido por argumentos quantitativos –, psicologia era uma área de investigação caracterizada por enorme vagueza. Incluía objetos de estudo de enorme interesse para redatores de almanaques de "cultura popular", que podem ser vistos como pertencentes a outras atividades indistinguíveis de crenças: ocultismos e fenômenos sobrenaturais e parapsicológicos.[504]

Um desses objetos pareceu unir psicólogos, filósofos e neurologistas: a sinestesia. Trata-se de um fenômeno real, definido como a excitação secundária de um órgão sensorial consequente a uma

---

504 [Autoria mantida em segredo pela editora] (1975). *The Occult and the Supernatural: The world of the Unexplaines*. Londres: Phoebus Publishing Co. & Octopus Books.

excitação primária de outro órgão sensorial. Está vinculada, de modo até hoje desconhecido, à memória. Atualmente não exerce tanto interesse no meio científico nem no meio leigo, como gozou na época em que viveram Galton e Freud. Resultou em uma quantidade razoável de trabalhos hoje pertencentes à disciplina de neurofisiologia.

Genialidade hereditária?

"Gênio" é uma qualificação social que obteve aprovação, talvez absoluta, em várias etnias. Tornou-se lugar-comum nos ambientes leigos e acadêmicos. Seria útil submetê-la a alguma análise crítica, em função da penumbra de significados que foi adquirindo ao longo do tempo? Não vou incluir nenhuma análise desse tipo no momento, a não ser para mencionar que a obra de W. R. Bion, um dos autores principais que me inspiraram para tentar fazer o presente livro, fez esse tipo de análise crítica, ainda que implícita, a partir da escolha do que lhe pareceu sinônimo, "místico", abandonando o termo mais usual.

Vou usar o termo "gênio" sem qualquer análise crítica nesse momento, partindo do postulado de que isso existe, pois foi assim que Francis Galton o considerou, ao ter qualificado a si mesmo de "gênio", e também a outras pessoas. Esse tipo de qualificação pode ser contrastado com a poesia de Vinicius de Moraes, musicada por Baden Powell, *Canto de Ossanha*.[505] A leitura dos trabalhos de Galton demonstra o quão mesmerizado ficou com essa classificação, à qual associou outro tema que ocupou enormemente sua atenção: a hereditariedade. Não se pode dizer que ele realmente estudou a eventual vinculação dos dois temas, pois tinha certeza de que existiam. Toda a obra de Galton se fez com base nas crenças da religião positivista.

Galton denominou o estudo *O gênio hereditário: um inquérito em suas leis e consequências*. A formatação, que pensava-se ser "científica",

505 https://www.vagalume.com.br/vinicius-de-moraes/canto-de-ossanha.html

foi efetuada por mensurações simplificadas com categorias comparativas que ele julgou serem populacionais, embora não o fossem.

Galton quis investigar as razões do aparecimento de "gênios" na história das nações e naquilo que se denominava "raças": tinha certeza de que se tratava de uma questão hereditária, por seleção natural. Munido da certeza prévia, tentou coletar dados mensuráveis que a provasse.

> *Ocorreu-me a ideia de investigar o tema de que a genialidade poderia ser herdada durante uma pesquisa puramente etnológica, sobre as peculiaridades mentais de diferentes raças; um fato forçou-se ao meu conhecimento: características se ligam às famílias. Induziu-me a prestar uma especial atenção a esse ramo do assunto [. . .] Embora seja usual explorar a teoria do gênio hereditário, sua defesa aparece nos livros de escritores literários, tanto no passado quanto nos tempos modernos. Mas posso afirmar ser o primeiro a tratar o assunto de maneira estatística, a chegar a resultados numéricos e a introduzir a "lei do desvio da média" nas discussões sobre hereditariedade e arte. Muitos assuntos são discutidos nas páginas seguintes, que vão além da questão principal – se o gênio é ou não hereditário. Eu não poderia me recusar a considerá-los, porque os fundamentos da teoria que defendo são importantes demais para serem ignorados, ou mantidos em silêncio.*[506]

As categorias que confeririam automaticamente genialidade são classificadas minuciosamente em indivíduos, "de acordo com sua

506 Galton, F. (1869). *Hereditary genius: An inquiry into its laws and consequences*. Londres: Macmillan, 1892. O livro está disponível em https://galton.org/books/hereditary-genius/text/pdf/galton-1869-genius-v3.pdf. Até hoje, faz parte da biblioteca virtual da American Psychological Association: https://doi.org/10.1037/13474-000. pp. 27; 29; 37, 336.

reputação" ou eminência social; descrevendo seus "dotes naturais" em uma gama que incluiu capacidades para ouvir estímulos sonoros e captação de outros estímulos sensoriais, que já haviam sido medidos pela psicofísica. A partir daí, aplica os mesmos critérios para profissões e ofícios ao longo da história, enumerando nomes que já eram considerados socialmente como se fossem gênios, como Alessandro Volta. Elenca nomes de:

- juízes dos tribunais ingleses que trabalharam entre 1660 e 1685;
- estadistas;
- aristocratas;
- comandantes militares;
- literatos;
- cientistas;
- poetas;
- pintores;
- divindades;
- famílias de bacharéis mais antigos em Cambridge;
- remadores;
- pessoas que se notabilizaram em espetáculos de luta livre nascidos nos territórios do norte da Inglaterra.

Suas anotações são marcadas por uma dispersão de assuntos, embora o estilo de escrita prime pela clareza. Comparando as famílias em um autêntico "quem é quem" digno de figurar em colunas sociais, Galton deriva conclusões a respeito do "valor de raças diferentes" (p. 336 no escrito original de Galton), das "influências que afetam a capacidade natural das nações". Completa o livro por meio de "considerações gerais", com muitas certezas; algumas delas, surpreendentes. Um exemplo: homens de ciência teriam tido mães cuidadosas, que os nutriram desde cedo; teriam sido criados em um ambiente de "livre inquérito" e podiam viajar à vontade (p. 197 no escrito original de Galton), se comparados a outros luminares.

Parece-me difícil não correlacionar essa "consideração geral" com a história de vida de Galton. Sob o vértice psicanalítico, escrevia sobre si mesmo, aparentemente sem saber. Em geral, esse é o risco que incorrem os vários escritores de casos clínicos no movimento psicanalítico. Falhas na análise individual desses membros resultam no fato de que, ao fantasiar que descrevem seus pacientes, estão, ainda que inadvertidamente, escrevendo sobre si mesmos.

Desde criança, por imposição da família de origem, parece ter aceitado, aparentemente de bom grado e até o fim de sua vida, a certeza de que estava sendo criado para ser um gênio, e manteve a certeza de que era um gênio.

Não havia disponibilidade de outra invenção idealizada para uso pedagógico, cedo estendida para a população geral: a de que existiriam coeficientes intelectuais em que a definição de intelecto é questionável sob o vértice científico. Essa invenção dá a ilusão de que seria possível elaborar "testes de inteligência" baseados nesses coeficientes. Foram propostos por psicólogos franceses, Alfred Binet, Victor Henri e Théodore Simon, para serem aplicados a crianças que demonstrassem deficiências no aprendizado escolar. Parece-me que se ficassem limitados a essa aplicação, sua utilidade seria menos inadequada; a popularização, por nutrir fantasias de superioridade, desfez a maior parte de sua utilidade.

A invenção de Binet, Henri e Simon, depois chamada de teste de Binet, resultou em mais um índice psicométrico que se tornou lugar-comum no meio leigo e verdade insofismável no meio acadêmico dos psicólogos: o "quociente intelectual" ou de "inteligência". Fantasia-se que esses testes demonstrariam quem seria um "gênio". Seguidores de Binet publicaram resultados de QI *post-mortem* para Leonardo da Vinci, Albert Einstein e outras pessoas já marcadas, a ferro e fogo, com o epíteto de "gênios". A evidência popularizada, cuja natureza é a da crença demonstrando religiosidades, é dada por um número elevado; usando outra invenção popularizada de alguns filósofos da ciência: a de que uma "boa" ciência é a ciência que pode ser "matematizável". Não vou me alongar no assunto, abordado anteriormente no que se refere à psicanálise.[507]

Duas décadas depois, sobrevieram críticas ao estudo, que se tornou um *best-seller*. Sobrevieram críticas válidas, centradas no especial desprezo que sempre nutriu a influências ambientais, de criação, resumidas na polêmica desnecessária, pois fantasiosamente prepotente, de "natureza *versus* criação". Galton tenta respondê-las com educação, sua discordância dos críticos era um princípio: não as levou em conta e apela para racionalizações advocatícias e afirmações autoritárias, tentado depositar a responsabilidade das leituras e da escolha do título em outras pessoas – como o dr. Samuel Johnson, um dos pensadores do Iluminismo inglês cuja obra avançou profundamente na percepção da natureza humana; e também Cesare Lombroso, o psiquiatria italiano formado em medicina que elaborou uma tipologia criminalística – a quem Galton atribuiu uma confusão entre gênios e pessoas habilidosas.

Na edição de 1892, inalterada em seu conteúdo, incluiu um "Capítulo prefaciatório":

> *Este volume é a reimpressão de uma obra publicada há vinte e três anos, que não pode mais ser comprada, exceto em segunda mão e a preços extravagantes. Era uma questão de revisar o todo e atualizar as informações, ou simplesmente reimprimi-lo após corrigir alguns erros iniciais. O último caminho foi adotado, porque dados adicionais tornariam necessário reformular todas as tabulações;*

507 Sandler, P. C. (2005g). *A linguagem de Bion: um dicionário enciclopédico de conceitos* (versão brasileira por Daniela Sandler, Giovanna del Grande e Patricia Lago). São Paulo: Blucher, 2021. p. 539.

uma reconstrução completa seria um trabalho que agora não posso fazer.

A falha do volume que mais lamento é a escolha do título, O gênio hereditário. Não posso remediá-lo agora. Não houve a menor intenção de minha parte de usar a palavra gênio em nenhum sentido técnico, mas apenas para expressar uma habilidade excepcionalmente alta e, ao mesmo tempo, inata. Destinava-se a ser usado nos sentidos atribuídos à palavra no dicionário de Johnson: "Poder mental ou faculdades. Disposição da natureza pela qual qualquer uma pessoa é qualificada para algum emprego peculiar. Natureza; disposição". Uma pessoa que é um gênio é definida como um homem dotado de faculdades superiores. Isso esgota tudo o que Johnson tem a dizer sobre o assunto, exceto no que diz respeito à criatura imaginária de autores clássicos chamada Gênio, que não nos interessa e que ele [Samuel Johnson] descreve como o poder protetor ou governante de homens, lugares ou coisas. Não há nada nas citações de autores padrão com os quais Johnson ilustra suas definições que justifique um sentido técnico e forçado dado à palavra, nem há nada desse tipo na palavra latina ingenium.

O gênio hereditário parecia, portanto, um título mais expressivo e justo do que a A capacidade hereditária, pois a habilidade não exclui os efeitos da educação, o que o gênio faz. O leitor encontrará uma abstinência muito bem estudada ao longo da obra quando falo do gênio como uma qualidade especial. É usado livremente como equivalente para habilidade natural na abertura do capítulo "Comparação das duas classificações". No único lugar, até onde percebi ao reler meu livro, onde há uma distinção entre eles, enfatizo a incerteza que ainda

> *se apega ao significado da palavra gênio em seu sentido técnico (p. 320). Não há confusão de ideias a esse respeito no livro, mas seu título parece capaz de induzir a erro e, se pudesse ser alterado agora, deveria aparecer como A capacidade hereditária.*[508]

Não havia disponibilidade de outra invenção idealizada para um uso estrito, pedagógico, cedo estendida para a população geral: a de que existiriam coeficientes intelectuais. A definição de "intelecto" era e ainda é questionável sob o vértice científico. Denomino-a invenção pela pouca potência em se aproximar da realidade material e psíquica da natureza humana. Essa invenção dá a ilusão de que seria possível elaborar "testes de inteligência" baseados nesses coeficientes. No entanto, o uso estrito para o qual foi proposta pelos psicólogos franceses Alfred Binet, Victor Henri e Théodore Simon tinha e ainda tem uma utilidade reservada para planejamento de serviços em psicopedagogia e para atendimentos imediatos a crianças em escolas; seriam aplicados a crianças que demonstrassem deficiências no aprendizado escolar. Parece-me questionável que a expansão popular, ao fornecer um abrigo altamente racionalizado para fantasias de superioridade, danificou a utilidade desse novo índice psicométrico.

Quando escreveu *O gênio hereditário*, Galton ainda não tinha cunhado a expressão verbal de natureza beligerante, "natureza *versus* criação", incrementada na invenção da doutrina de eugenia. No entanto, é essa obra que prepara o terreno para mais essa imposição – feita dez anos depois.

O capítulo 9 do livro pode ser citado para que se veja que a prevalência do que Galton imaginava ser a natureza sobre métodos de

---

508 Galton, F. (1892). Prefaciatory chapter to the edition of 1892. In *Hereditary genius: An inquiry into its laws and consequences*. London: Macmillan. *https://galton.org/books/hereditary-genius/text/pdf/galton-1869-genius-v3.pdf*. p. VIII.

criação para a criação de gênios – preconceito aplicado na doutrina de eugenia, em que se pode ler os "princípios" e as "aplicações" de uma doutrina que provou ser violentamente destrutiva.

Há outros pontos que podem ser vistos, retrospectivamente, como prenunciando a doutrina de eugenia, todos marcados por beligerância feita a partir de crítica rival e destrutiva. Por exemplo, a crítica ao sistema social da aristocracia, baseada na estatística de quantos indivíduos masculinos que eram "eminentes" socialmente pertenciam à listagem enumerada anteriormente (p. 255 no escrito original de Galton).

Todos os estudos estatísticos de Galton são feitos por correlação causal, a partir de desvios da média e regressão à média. Essas duas contribuições foram feitas para a disciplina matemática de estatística; que, por sua vez, eram conhecidas, extensamente usadas, desde os antigos gregos, sobretudo para finalidades militares.

Galton estudou por regressão à média o quanto juízes, professores, governantes, reis, lordes, barões etc. eram bisnetos de indivíduos masculinos "eminentes":

> *Consideremos agora a influência dos fatos [as estatísticas de parentesco entre "eminentes"] que acabamos de obter, com base na teoria de uma aristocracia em que homens capazes ganham títulos e os transmitem por descendência através da linhagem de seus representantes masculinos mais velhos. A prática pode ser justificada por dois motivos distintos. Por um lado, o futuro lorde (ou nobre) é criado em um lar repleto de tradições familiares, que formam seu temperamento. Por outro lado, presume-se que ele herde a capacidade do fundador da família. A primeira é uma justificativa real para a lei de primogenitura, aplicada a títulos e posses; o último, como vemos na tabela, não é. Um homem que não tem nenhum*

> *ancestral capaz mais próximo de si no sangue do que um bisavô terá chances incomparavelmente melhores de ser dotado de capacidades do que se fosse alguém que pertencesse à massa geral da população masculina. Um antigo título de nobreza é um título sem o menor valor para dons naturais, exceto na medida em que possa ter sido restaurado por uma sucessão de casamentos sábios. Usualmente, a linha direta de linhagem se extingue e o título aristocrático passa para um parente distante, que não foi gerado na linhagem familiar, o sentimento que se liga à sua posse será totalmente irracional. Não consigo pensar em nenhuma reivindicação de respeito, conforme é apresentada atualmente, que consiga ser de tal modo uma impostura tão completa como aquela que é feita pelos nobres com base em descendência; que não foi educado nobremente, nem tem qualquer parente eminente, dentro de três graus de parentesco.*[509]

A crítica destrutiva ao sistema da aristocracia teria uma função social para promover algum desenvolvimento social? Para ele, sim, dentro de seus critérios que favoreciam a minoria de uma elite meritocrático-política. Não havia nenhum plano liberalizante nem libertário no desenvolvimento imaginado por Galton.

A motivação para fazer esse tipo de afirmação foi personalista e pode ser usada para um exercício de hipóteses psicanalíticas. Faço a hipótese de que foi gerada por fantasias de superioridade, rivalidade, avidez e inveja. Tentava resolver um pseudoproblema fantástico: as heranças "genéticas" da raça pura "inglesa" estavam sendo degeneradas pela instituição social de aristocracia.

---

509 Galton, F. (1869). *Hereditary genius: An inquiry into its laws and consequences.* Londres: Macmillan, 1892. pp. 116-117.

O método de regressão à média produziu o que também pode ser visto a partir de outra analogia: foi um tipo de semente, depois foi desenvolvido pelo seu mais eficiente aluno e colaborador, Karl Pearson. Parece-me ser resumido por meio de uma analogia com o ditado popular que nos avisa a respeito da existência de probabilidade e coincidências: "atirou no que viu e acertou no que não viu".

Certamente nenhuma das duas contribuições científicas lhe confeririam a considerável fama social de que gozou precocemente. Tampouco a infâmia tardia no curso da história universal, outorgada pela doutrina de eugenia. Caso pudesse ter se limitado a desenvolver o estudo a respeito dessas aplicações ou se contentado com elas, talvez sua imagem histórica não tivesse sido manchada de sangue assassino.

Para escrever *O gênio hereditário*, Francis Galton se inspirou e copiou um estudo do astrônomo belga de fala francesa Adolphe Quételet, que usou estatística no livro *Um tratado sobre o Homem e o desenvolvimento de suas faculdades*.[510] Tal estudo de Quételet tomou as medidas do tórax de 5.848 soldados escoceses e ajustou-as para uma curva de Gauss. Cunhou as palavras "antropometria" e "física social" para descrever essa nova disciplina com pretensões científicas.

Diferentemente de Galton, considerou a existência de uma disciplina mais antiga, descoberta por Blaise Pascal, que calcula, ainda que aproximadamente, quais seriam as possibilidades para que determinados eventos pudessem ocorrer ou não. Usou uma representação gráfica já disponível, que permite ver, em um relance, a distribuição de quantidades estatísticas: um desenho sobre um plano euclidiano bidimensional que apresenta uma figura recurvada, como se fosse a corcova de um camelo que tivesse duas caudas. Idealizada pelo matemático alemão Carl Friedrich Gauss, recebeu ao longo do tempo dois nomes: curva de Gauss, na tendência personalista daquela época, e

510 Eknoyan G. (2008). Adolphe Quételet (1796-1874) The average man and indices of obesity. *Nephrol. Dial. Transplant.*, 23: 47-51. doi: 10.1093/ndt/gfm517.

depois "curva normal", pois a maior área no desenho representa a maior quantidade de casos, considerados como se fossem "normais". Continua sendo muito usada universalmente, por servir a muitas finalidades naturais. Por exemplo, quando é necessário saber qual seria a distribuição da quantidade de pessoas em uma população segundo a idade ou o sexo etc.

Hoje em dia, alguns estudiosos consideram que Quételet teria sido um dos fundadores da disciplina de sociologia, mesmo que a palavra tenha sido cunhada por Auguste Comte, que reivindicou a criação da própria disciplina. Definiu-a como uma nova disciplina científica que pudesse descrever alguns fenômenos culturais que estivessem causando algum tipo de comportamento uniformizado de uma população. Outros autores consideram que a disciplina de sociologia teria sido realmente iniciada por Émile Durkheim: a primeira pessoa que fez estudos empíricos, de campo, quantificando um fenômeno populacional (grupal) e individual ou social e psíquico – suicídio –, que deu realidade ao que era apenas uma vaga promessa teórica da religião positivista.

Galton não estava interessado em formular questões: tinha uma certeza apriorística, um preconceito, e queria prová-lo: afirmou que a distribuição de genialidade, que acreditava ser uma faculdade humana, dependia da hereditariedade, e não da criação e da educação do "gênio". Criou outras pesquisas, como se fosse uma fábrica, sempre movido por interesses peculiares: pensou que a constituição física dos indivíduos seria ligada a práticas esportivas, especialmente halterofilismo e boxe. Queria saber se soldados que tivessem tórax de pequenas dimensões produziriam proles de tórax de pequenas dimensões e, igualmente, se aqueles que tivessem tórax de grandes dimensões teriam filhos com a mesma característica.

Um problema: os dados necessários não estavam disponíveis. Com a pressa que parece ter caracterizado toda a sua vida acadêmica, Galton utilizou-se de uma entidade botânica para provar suas ideias preconcebidas: a ervilha-de-cheiro. O motivo de sua escolha foi o fato de que essa planta tem pouca tendência a fazer fertilizações cruzadas, ou miscigenação: serviriam para provar o que Galton queria. Foi medir o tamanho das sementes e descobriu que havia uma distribuição normal. Em seguida, examinou o tamanho das sementes dos descendentes dessas ervilhas. Descobriu que as dimensões retornavam à média normal. O mesmo ocorria quando examinou a descendência de ervilhas-de-cheiro que tinham sementes grandes: a tendência de terem dimensões na média normal também ocorreu.

Por motivos que não podemos saber, nesse momento Francis Galton deixou de lado seus preconceitos. Essa pausa imaterial possibilitou a ele examinar seus resultados sob um vértice científico: desenvolveu um conceito estatístico, o de "reversão à média". Anos depois, seu aluno Karl Pearson o chamou de "regressão à média": um conceito real que é utilizado até hoje. Permitiu o cálculo de um outro número, denominado "coeficiente de regressão".

Galton precisava obter um banco de dados. Aproveitou uma exposição de saúde organizada em Londres para convocar uma pequena quantidade de pessoas, medindo altura, peso, cor dos olhos e outras características superficiais dos seres humanos, repetindo os estudos de Quételet, acrescentando outras mensurações antropométricas, inventando aparelhos para medir "força de tração", dentro do seu interesse em halterofilismo, e tentando correlacioná-las com o tamanho dos membros superiores e inferiores.

A tentativa de fazer correlações, baseada no conceito de regressão à média, permitiu o estabelecimento de mais um conceito estatístico expresso pelo cálculo de um "coeficiente de correlação".[511] Observou

511 Galton, F. (1888). Co-relations and their measurement, chiefly from Anthropometric Data. *Proceedings do the Royal Society of London*, 45: 135-145. https://books.google.com.br/books?id=kionL-JWNGsC&pg=PA135&redir_esc=y#v=onepage&q=galton&f=false

que havia uma "regressão à média" nas medições antropométricas feitas em pais e filhos. Com isso, e de modo não planejado, descobriu não uma diferença, mas uma similaridade estatística entre os dois reinos de entidades vivas, animal e vegetal.

No entanto, o achado matemático real – regressão à média – implicou também um problema. Em retrospecto, sob uma análise baseada em uma história das ideias científicas, que tantas vezes inclui a história das ideias não científicas, o problema enfrentado por Galton pode ser visto como uma discordância com seu primo famoso, Darwin.

A teoria de Darwin nasceu de várias observações fundamentais. Uma delas: a evolução das espécies vivas se faz a partir de modificações incrementais, passo a passo. Nesse aspecto, caso o método estatístico de regressão à média pudesse ser coerente com a teoria da evolução das espécies e útil para futuras investigações, rezaria que as mudanças intergeracionais teriam que ser diretas, e não incrementais.

A incoerência do método matemático de Galton com a observação empírica de Darwin pode ser comparada a usar regressão à média para mensurar alguma invariância humana, como o relacionamento entre alguma mãe, um pai e um filho: uma observação empírica sumarizada verbalmente por Freud com o nome de complexo de Édipo; ou usar regressão à média para mensurar o relacionamento entre a velocidade da luz ao quadrado e a massa de algum objeto, que resulta em energia, sumarizada por Einstein pela fórmula matemática $E = mc^2$. Em analogias com o senso comum, equivale a tentar calçar um dente com um sapato ou comparar um alfinete com uma melancia.

Observações empíricas de qualquer relacionamento complexo não podem ser mensuradas de modo simplificado como a matemática euclidiana. Lidar com a complexidade da natureza humana a partir de postulados *a priori* e pressa implicaram erros de tal seriedade que, se fossem válidos, poderiam, por um lado, invalidar as conclusões matemáticas de Galton, ou, por outro, invalidariam as observações empíricas de Darwin.

Na ânsia apressada de provar suas teorias, Galton concluiu que todas as características humanas seriam selecionadas apenas de uma forma: regrediriam sempre à média. Usando as crenças positivistas dedutivas – outro método extremamente limitado, condenado à falha –, poderíamos dizer, portanto, que nunca haveria evolução. A mesma conclusão, ainda que falsa, mas no sentir crente de Galton, também ameaçava seus preconceitos sobre hereditariedade e genialidade.

Ele não levou em conta aspectos metodológicos básicos e muitos outros fatores fundamentais. Por exemplo, ervilhas-de-cheiro e seres humanos são entidades vivas diferentes. Matematicamente, o método de regressão à média é deficiente para descobrir correlações entre duas variáveis. Não havia desenvolvimento suficiente para esse tipo de análise estatística e, menos ainda, para que se pudesse inserir a teoria da probabilidade, que provou ser indispensável para calcular matematicamente correlações entre duas (ou mais) variáveis. Regressões à média são cegas para cálculos de erro ao fazer-se afirmações categoriais a respeito de correlações, dado por frequências devidas ao acaso.

Outro fator sério, iluminado pela teoria da ciência, é o de que as conclusões de Galton se baseiam em medições *a posteriori*, e não em observação empírica, como foi o caso dos estudos de Darwin. Mistura destrutiva de vários fatores: endeusamento de um tipo de matemática subdesenvolvida somado à formulação de um problema inexistente, pois inventado; busca de provas advocatícias para conclusões *a priori*; inadequações do método.

No estudo sobre ervilhas-de-cheiro, Galton ficou com um tipo de bomba pronta para explodir. Caso publicasse suas conclusões apressadas, estaria dizendo que a teoria da evolução das espécies estaria errada. Nessa época, achou uma solução racionalizada que, segundo ele mesmo, "harmonizaria" a teoria da seleção natural com suas mensurações antropométricas de regressão à média e à doutrina de hereditariedade que esposou: as mudanças incrementais não seriam contínuas, mas "descontínuas".[512]

Ele não tinha nenhuma evidência empírica para fazer esse tipo de hipótese, pois não havia partido de qualquer observação antropológica ou clínica. Seu ponto de partida foi um postulado idealista criado por ele mesmo. Menciono hipóteses, mas Galton não escrevia sobre hipóteses, apenas emitia afirmações categóricas e definitivas, cuja evidência era o fato de que era ele mesmo que havia dito. Seria o caso de um *magister dixit*, mais um produto do autoritarismo, gerado por fantasias de superioridade?

Em retrospecto, parece-me que Galton achou mais adequado não criar embates com Darwin nessa época. O acesso à verdade pode ser obliterado, mas a verdade é robusta: o embate, fruto de rivalidade, acabou aparecendo um pouco mais tarde, de tal modo que Galton foi surpreendido, sentindo que precisaria se desculpar publicamente, como veremos a seguir.

Há outra evidência a respeito da discordância que mantinha, ainda que secretamente, com Charles Darwin: a aproximação com Herbert Spencer, outra pessoa que me parece ter sido ainda mais bem-sucedida nas tentativas de distorcer a teoria da evolução das espécies. Spencer inventou o conceito de "sobrevivência do mais forte",[513] que disse ter extraído da obra de Darwin. Essa invenção encontrou solo fértil na academia e na imprensa leiga. Persiste até hoje, em verdadeira campanha de difamação científica da obra de Darwin, plenamente aproveitada com propósitos destrutivo-beligerantes em nossa época totalmente politizada por

---

512 Galton, F. (1889). Discussion of the data of Stature: Natural Selection. In *Natural Inheritance*. Londres: Macmillan. pp. 119-120. https://galton.org/books/natural-inheritance/pdf/galton-nat-inh-1up-clean.pdf

513 Pearson, K. (1930b). *The Life, Letters and Labours of Francis Galton* (vol. III: Correlation, Personal Identification and Eugenics). Cambridge: Cambridge University Press. pp. 124-126. http://ecocritique.free.fr/pearson1930-3a.pdf

patrulhamentos ideológicos. Atribui-se erroneamente essa invencionice a Darwin, confundindo adaptabilidade e plasticidade genética com alguma lei primitiva "do mais forte" – demonstrando, uma vez mais, que subserviências aos ditames do *establishment*, ou ao *Zeitgeist*, são destrutivas à ciência. Em um elogio ao poder naval da coroa inglesa, havia o *slogan* "A Inglaterra comanda os oceanos" ("*Britannia rules the seas*"). Spencer, um dos que implantaram o mal-entendido, originou a disciplina pseudocientífica chamada "darwinismo social". A expropriação indébita, que me parece um tipo de sequestro, surgiu quando Darwin havia falecido: há indicações de que sua reação poderia ser semelhante à que ele teve com seu primo mais novo.

Há pelo menos um registro da discordância absoluta de Darwin a respeito da invenção sobre a "sobrevivência do mais forte" em uma carta que escreveu para outro interessado na teoria da evolução das espécies, A. R. Wallace.[514] Suponho que o modo educado pelo qual Darwin estabeleceu a objeção possa ter nublado a percepção do fato para gerações posteriores. Além disso, parece-me haver uma probabilidade alta de que poucas pessoas tenham consultado essas cartas; o exame das críticas destrutivas atuais à teoria de Darwin indica essa possibilidade.

Galton fez uma propaganda, até certo ponto bem-sucedida, caso nos baseemos em alguns comentadores atuais, de que a invenção da antropometria teria sido dele, por ter tentado correlacionar as "faculdades" humanas e seu desenvolvimento com a hereditariedade física ou "dons naturais".[515] Essa afirmação é falsa.

---

514 Darwin, C. R. (1866). Letter 51745 to A. R. Wallace. *Darwin Correspondence Project.* https://www.darwinproject.ac.uk/letter/DCP-LETT-5145.xml#mark-5145.f3

515 Galton, D. (1869). Classification of Men according to their Natural Gifts. Cap. III de Hereditary Genius: An Inquiry into its Laws and Consequences. In *Readings in the History of Psychology* (editado por Wayne Dennis). New York: Appleton-Century-Crofts, 1948. pp. 231-247.

Galton decretou que as estatísticas de regressão à média teriam que ser consideradas como critérios de normalidade física e psicológica. Insistiu que seriam dependentes apenas de características físicas dos indivíduos, e que estas seriam apenas e tão somente herdadas – uma das origens da doutrina da eugenia.

Pearson e o teste do chi-quadrado (x^2)

Não havia cálculos de porcentagem sobre a probabilidade de haver erros nas afirmações a respeito dessas correlações. Galton não fez testes estatísticos, conforme são considerados atualmente, pois o aproveitamento da teoria de probabilidade em estudos estatísticos foi uma descoberta de um dos alunos de Galton: Karl Pearson. Ele foi o primeiro a tecer uma crítica exclusivamente matemática ao modo pelo qual Francis Galton tratou a imensidão de dados que coletou.

Pearson percebeu a necessidade de haver um modo de analisar variáveis quantitativas – também chamadas de categorias; por exemplo, hereditariedade e genialidade – com o intuito de verificar se realmente existe alguma relação entre essas variáveis. Afirmações sobre certeza ou incerteza das categorias são denominadas afirmações categóricas. Para esse modo, parecia claro que toda e qualquer análise de dados estatísticos contingenciais precisariam ser feitos em amostras de grande número de casos. Não se poderia confiar apenas em um método que se contenta em mensurar dispersões da média e calcular regressão à média. A meu ver, esse tipo de "análise" sempre é influenciado por posições *a priori* do investigador, que usa de racionalizações travestidas de números para "provar" o que deseja; e, menos ainda, que pudessem ser usadas em raciocínios causais simples.

Em 1900, Pearson, que já havia se firmado como um dos mais competentes matemáticos já existentes, publicou um artigo a respeito de algo que precisa ser considerado o primeiro teste em cálculos estatísticos: o teste do "chi-quadrado".[516]

Para os leitores que não estejam familiarizados com o uso do teste de chi-quadrado, talvez a seguinte definição seja útil. A não ser para o título do teste, vou evitar o uso de formulações matemáticas, tentado defini-lo por formulações verbais. O teste do chi-quadrado, ou, em notação matemática, teste do x^2, é usado para descobrir se há independência entre duas variáveis, formuladas matematicamente como duas dimensões em uma tabela contingencial. A tabela é construída sobre um plano euclidiano bidimensional. O teste do x^2 também serve para quantificar a porcentagem de erro ao se afirmar que as duas variáveis seriam realmente independentes. O ponto de partida do experimento é denominado "hipótese nula", ou seja, de que existe independência: não há nenhum *a priori*, a favor de dependência. As possíveis independências ou dependências das variáveis podem ser encontradas a partir do cálculo obtido pelo teste estatístico de chi-quadrado, assim como a porcentagem probabilística de erro em qualquer uma das duas afirmações.

Sob o vértice da teoria da ciência, o recurso à teoria da probabilidade foi um exercício do método crítico aplicado à disciplina de estatística; parece-me que Pearson foi um verdadeiro cientista ao formular sua crítica ao limitá-la ao âmbito da matemática. Deixou fatores pessoais para a imensa elaboração biográfica a respeito de seu amigo e mentor. Pelo exame da extensa documentação no site dedicado à pessoa e à obra de Galton, há indícios de que ele não compreendeu que o avanço de Pearson incluía uma crítica ao método de regressão à média. Deitado sobre os louros eugênicos

---

516 Pearson, K. (1900). On the criterion that a given system of deviations from the probable in the case of a correlated system of variables is such that it can be reasonably supposed to have arisen from random sampling. *The London, Edinburgh, and Dublin Philosophical Magazine and Journal of Science*, 50: 157-175. doi: 10.1080/14786440009463897

e sobre sua fama de ser um "gênio" – atestada por entrevistas nas quais ele mesmo assim se qualificou, "por ter um crânio enorme" – apoiou-se em uma crença popular de sua época, totalmente seduzida pelo sério engano da clivagem entre realidade material e psíquica e outras crenças da religião positivista, que negava toda e qualquer existência que não pudesse ser materializável e redutível à apreensão meramente sensorial. Entre outros aspectos de sua obra, copiados de outros autores, fez regressões à média das medições antropométricas feitas por outros autores.

Alguns deles rendiam graças ao poder de Galton no *establishment* científico. No que se refere ao tamanho dos ossos cranianos, escreveu uma nota final para um dos trabalhos que lhe rendeu tais graças e obteve sua aprovação, escrito por um professor de Oxford, J. Mac Keen Cattell, que afirmou:

> *a psicologia não pode obter a certeza e exatidão das ciências físicas, a menos que se alicerce em experimentos de medições. Um passo nessa direção pode ser feito pela aplicação de testes mentais e medições a um grande número de indivíduos. Os resultados teriam valor científico considerável na descoberta da constância dos processos mentais, de sua interdependência e de suas variações em condições diversas.*

Em outras palavras, um tributo às crenças de Galton, tingidas por um conceito de Fechner, que não é citado no artigo.

Quais seriam os "teste mentais" que poderiam obter a aprovação de Galton? Cattell enuncia dez: pressão medida por dinamômetros; taxa de movimento; áreas onde existem sensações; pressões que causam dor; diferenças de peso; tempo de reação para estímulos sonoros; tempo dispendido para nomear cores; divisão de uma linha de cinquenta centímetros; tempo de julgamento até dez minutos; e lembrança do número de letras após uma audição instantânea de alguma palavra.[517]

Galton tinha certeza de que as medições do tamanho do crânio, devidamente regredidas à média, eram provas de genialidade. Mesmo sem ter medido as dimensões de outros "gênios" famosos, há muito falecidos, afirmou que teriam calotas cranianas de grandes dimensões, obtidas pelas dimensões de seus chapéus.[518]

Pelo exame da extensa documentação, pode-se saber qual foi sua reação frente ao resultado encontrado por Karl Pearson ao aplicar o teste do x^2 nas medições que tentaram correlacionar o tamanho dos crânios de mil bacharéis de Cambridge com suas conquistas acadêmicas, consideradas provas de genialidade. O resultado foi negativo, na visão de Galton, que ficou perplexo. Ele colocou em dúvida a veracidade do teste de x^2. O fato foi documentado com honestidade típica de um cientista pelo próprio Pearson.[519]

Não é possível saber quanto a lealdade pessoal de Pearson ao seu professor agiu para produzir mais uma desinformação proveniente dos escritos de Galton, que persistiu no endeusamento do método de regressão à média.

Não há dados disponíveis para fazer algum exercício mais aprofundado sob o vértice psicanalítico, a não ser aquele que poderia supor haver uma situação na qual Karl Pearson possa ter mantido um estado de idealização a respeito de Galton. Baseio-me nos termos

517 Mac Keen Cattell, J. (1890). Mental tests and measurements. *Mind*, *15*(59): 373-381. https://doi.org/10.1093/mind/os-XV.59.373

518 Galton, F. (1876). Appendix. In *English Men of Science: their Nature and Nurture*. Londres: Macmillan. p. 264. https://galton.org/books/men-science/pdf/galton-men-science-1up.pdf

519 Pearson, K. (1930b). *The Life, Letters and Labours of Francis Galton* (vol. III: Correlation, Personal Identification and Eugenics). Cambridge: Cambridge University Press. pp. 124-126. http://ecocritique.free.fr/pearson1930-3a.pdf

encomiásticos pelos quais escreveu a extensa biografia; e pelo fato de ter tomado o encargo de fazê-la.

Galton faleceu em 1911, aos 72 anos de idade – dois anos após ter sido classificado como membro da nobreza. Levando em conta que a expectativa de vida na Europa era de 45 anos, estava bastante idoso.

O artigo de Pearson sobre o teste do x^2 se mostrou um dos maiores progressos até hoje no uso da matemática probabilística em cálculos estatísticos para lhes conferir um *status* científico no qual pudessem ser mais bem aplicados nas várias disciplinas científicas. Permitiu outros avanços com a elaboração de outros testes estatísticos multifatoriais, com potência suficiente para análises de correlação entre mais de duas variáveis.

O artigo de Pearson precisou de mais duas décadas para ser levado a sério pelo *establishment* acadêmico, cuja tendência usual é ignorar o que não se sabe e desprezar autores que avançam na aventura do adentrar ao desconhecido.

A doutrina de eugenia

A invencionice pseudocientífica de Galton mais danosa, tanto para a sociedade como para a evolução científica, foi aquela que lhe deu fama imediata e infâmia tardia, para a qual cunhou um nome: a doutrina de eugenia.

Podemos examinar a formulação verbal sob o vértice etimológico. Foi o produto de uma personalidade educada formalmente, com especial gosto para a escrita e uma preocupação em ser visto como um gênio cientista inovador. Foi feita no período Renascença-Iluminismo-movimento romântico, que manteve especial predileção pelo resgate da cultura dita clássica, greco-romana.

Para nomear sua doutrina, que integraria todos os seus múltiplos interesses, usou um prefixo cuja origem etimológica é incerta.

Provavelmente indo-europeia, foi adotada pelos antigos gregos: "eu" (εὐ). O sentido avaliativo emocional era claro: algo, ou alguma pessoa, seria "boa" e "feliz".

O sentido desse prefixo sofreu danos impostos pela passagem do tempo e pelas várias culturas em que continuou a ser usado até encontrar um significado solidificado pelo *ethos* moralizante imposto pelo direito canônico, tipificando a tradição judaico-cristã. O processo moralizante se incrementou com o direito romano de índole política, baseado nas imposições autoritaristas do soberano, o "imperador". "Bom" transformou-se em "o bem"; "feliz", em "o melhor". Sob o vértice psicanalítico, demonstra a prevalência do princípio do prazer-desprazer às expensas do princípio da realidade. O sufixo "genus", em grego "γενής", tem o sentido de "tornar-se". Podia indicar a existência de desenvolvimento e, de modo paradoxal, de decadência.[520]

A doutrina de eugenia pretendeu impor exclusivamente o que ela mesma definiu como desenvolvimento. Como todo julgamento moralizante isento de ética, abomina o paradoxo, um elemento básico da natureza humana. Paradoxos existem em todo e qualquer nível de estudo científico que se possa considerar: desde a bioquímica, que descreve trocas iônicas intra e exocelulares, até o comportamento animal.

O "esqueleto" materializado, produzido pela nomeação da doutrina, seguiu as crenças da religião positivista. Toda as crenças pretendem impor convicções de efeito prático. Intentou, em violência até certo ponto consciente, aperfeiçoar o que dizia ser "qualidades hereditárias" de determinados grupos populacionais em detrimento de "qualidades hereditárias" de outros. O que seriam essas "qualidades"?

Galton tentou descrevê-las a partir de parâmetros antropométricos e psicométricos copiados de outros autores, mas que disse ter sido de sua própria lavra. Ainda antes da invenção da doutrina de eugenia,

---

520 Onians, R. B. (1951). *The Origins of European Thought about the Body, the Mind, the Soul, the World, Time and Fate*. Cambridge: Cambridge University Press, 2000.

e já preparando o terreno, insistia em escrever sobre aquilo que julgava ser o "melhor".

Sob o vértice psicanalítico, parece-me revelador que tenha inserido em seus primeiros trabalhos um minucioso estudo estatístico para ver as características que denominou "talento" para matemática em uma população feita pelos "melhores" estudantes de matemática de Cambridge. Tratou questões de comportamento como se fossem uma eterna competição esportiva ou comercial, sempre com uma essência beligerante. Esposou uma tendência social aparentemente irrefreável: a fantasia de equacionar inteligência com capacidade matemática, contribuindo para uma questão até agora vigente e, a meu ver, irrespondível: quais seriam os fatores concorrentes para que uma proporção enorme de pessoas ditas "civilizadas" qualifiquem, como se fossem parte de um coro orfeônico ou jogral, determinadas pessoas como se fossem "inteligentes" e até mesmo "geniais", por terem se inserido na história das descobertas científicas e tecnológicas? Ou terem colecionado louros na formação escolar e no grupo universitário? Ou terem amealhado dinheiro em quantidade de tal modo excessiva, da qual dificilmente usufruirão? Ou obtido postos políticos para os quais sempre mostraram incompetência ultrajante e até mesmo criminosa? Mas nunca atingirem um mínimo de sabedoria intuitiva sobre a vida que levam, conscientemente ou não? E que demasiadamente terminem – tantas vezes após morrerem – sendo taxados como se tivessem sido deficientes psíquicos ou idiotas? Embora eu tenha redigido essas alternativas com a conjunção "ou", algumas delas merecem a conjunção "e". Aparentemente, os membros do grupo artístico têm sido poupados da qualificação de "inteligentes" por serem usualmente taxados como "doidos"; a não ser que também tenham se alçado às estratosferas financeiras por fazerem parte de algum modismo temporário. Até o ponto que pude investigar, alguma iluminação, mas não resposta, aparece na obra de Freud – principalmente em

Civilization and its Discontents[521] – e na obra de Bion – sobretudo nas quais ele examina psicanaliticamente o comportamento grupal: *War of Nerves*, *Psychiatry in Times of Crisis*, *Experiences in Groups*, *Attention and Interpretation* e *A Memoir of the Future*.

Darwin surpreendeu-se com algumas descobertas empíricas no seu estudo de campo antropológico – hoje poderíamos dizer etológico, de comparação racial segundo critérios da raça humana. Refiro-me às atitudes comportamentais nos grupos de primatas primitivos e em outras raças e espécies animais. Descobriu que havia atitudes parentais vinculadas aos filhotes que mereciam a mesma interpretação já fornecida para todos nós, seres humanos: um cuidado amoroso. O mesmo ocorria com outros membros do grupo que tivessem sofrido acidentes ou sido feridos por ataques de outras espécies mais poderosas fisicamente: demonstravam inequivocamente solidariedade grupal.[522] Em muitos casos registrados por Darwin, incomparavelmente mais ampla e profunda do que aquela encontrável em seres humanos: eram feitas de modo incondicional, sem exigências de retribuição idêntica.

Darwin recuperou uma noção sobre a natureza humana já existente entre as civilizações indo-europeias e protogermânicas, com os termos *in* e *stik*, mantida entre os antigos gregos com os termos *stizein* e *stigma*, cujo sentido pode ser descrito como de penetração, tanto de fora para dentro como de dentro para fora, produzindo aberturas por empurrões naturais. Foi esse o sentido único no latim: o ato de instigar por empurrões – *instinctus*.

A surpresa de Darwin ao constatar *in loco* a veracidade das histórias dos nativos e de seus antecessores, então denominados

---

521 Freud, S. (1930). Civilization and its Discontents. *SE*, vol. XXI.

522 Darwin, C. (1871a). Mental Powers of Man and the Lower Animals. In *The Descent of Man. Origin of Species*. In *The Great Books of the Western World*. Chicago: Encyclopaedia Britannica Inc., 1994.

naturalistas e hoje, antropólogos, foi devida à influência do seu *Zeitgeist*, que favorecia pesadamente a "racionalidade" pregada por Descartes e, antes dele, por São Tomás de Aquino. Imaginava-se – e ainda se imagina – que nós, seres humanos, nos diferenciaríamos dos animais mais primitivos por "pensarmos". Pensar era e continua sendo considerado algo redutível a um "raciocinar" sob princípios lógicos e éticos na tradição judaico-cristã. Os animais primitivos eram bem conhecidos pela zoologia e pela biologia, equacionados a seres "inferiores", denominados "bestas" e "selvagens".

Darwin foi um europeu que lançou questões sobre essa diferenciação com base em observações empíricas, isentas de preconceitos. Em *Origem das Espécies*, ressaltou, a meu ver, com propriedade, que "julgamento impede observação".[523]

Recuperou uma noção cujos primeiros registros foram feitos por Aristóteles, observando a possibilidade de uma tipologia psíquica: há pessoas escravizadas por sua *physis*, e do oposto, pessoas livres da escravidão pela *physis*. A mesma noção seria desenvolvida por um entre os muitos que se inspiraram em Aristóteles e Darwin: Freud.

Darwin discute longamente a respeito de possibilidades de que pudessem existir muitas raças de seres humanos, que ele denomina "homem". Distinguiu, como alternativa a considerar, que existiriam muitas raças, que haveria "espécies" e "subespécies". Seu escrito é apresentado do mesmo modo que textos sobre diagnósticos em medicina, relacionando argumentos contra e a favor de se considerar a ideia de que haveria diferentes subespécies. Utiliza conclusões e questões surgidas nas observações cujo resultado foi a teoria da evolução das espécies.

Há uma ideia falsa, de que existiriam muitas raças. Na investigação bibliográfica feita por Darwin, de um modo crítico, haveria

523 Darwin, C. (1871a). Mental Powers of Man and the Lower Animals. In *The Descent of Man. Origin of Species*. In *The Great Books of the Western World*. Chicago: Encyclopaedia Britannica Inc., 1994.

um espectro entre duas e sessenta e três. Foi baseada em um exame demasiadamente superficial, através de sinais externos, meramente consequenciais, ou fenotípicos em linguagem atual: cor da pele e dos olhos, tamanho da ossatura, e outros. Resultou em uma classificação que perdurou por duzentos anos, a respeito de três raças: caucasiana, asiática e negra. Foi necessária a criação do projeto Genoma para demonstrar a falsidade, demasiado aproveitada para justificar preconceitos. A conclusão já estava nessa obra de Darwin, uma das conclusões que foi objeto de violentas controvérsias. Denominou a raça à qual todos nós somos qualificados "homem", outra nomenclatura usada até hoje.

A ideia de que haveria muitas raças do "homem" era tão ampla e prevalente, dominando o *Zeitgeist* da época, que a redação de Darwin fica, em alguns momentos, um pouco confusa. Em que pese certa ambivalência no uso da palavra "raça", que ainda carecia de melhor definição, argumenta que seria mais adequado que se abandonassem classificações até então válidas para fazer a nomenclatura dos "naturalistas", como eram chamados os antropólogos da época, como espécies e subespécies, que lhe foi útil no esforço de demonstrar a inexistência de mais do que uma raça na "espécie humana".

Darwin desfila vários argumentos de observação para demonstrar essa hipótese que resultará em uma teoria; inclui um exame extensivo da literatura. Vou citar apenas dois entre os vários argumentos, já que não tenho o intuito de resumir do trabalho de Darwin, mas de ilustrar diferenças fundamentais entre a teoria da origem e evolução das espécies e a doutrina de eugenia:

(i) Darwin ressalta a existência de intercruzamento entre pessoas aparentemente diferentes, denominado mestiçagem. Era considerada – e continua sendo, no lugar-comum social – como se fosse "inter-racial". De modo pouco usual, e coerente com o objetivo científico, Darwin cita o caso da migração forçada dos africanos para o Brasil: na época, um país de importância reduzida internacionalmente, mas afamado pela população de "mestiços": um fenômeno abominado pela doutrina da eugenia. Se houvesse muitas raças humanas, a possibilidade de intercruzamento estaria abolida, pois a porcentagem de seres estéreis seria igualmente elevada. Mesmo que a duvidosa afirmação, feita por comentadores atuais, tenha sido verdade, o fato de que Charles Darwin, assim como seu primo distante Galton, teria sido, pessoal e demasiadamente submetido pelo *Zeitgeist* e pelos ditames políticos britânicos (imperialistas, capitalistas etc.), em que a falta de dúvida também se deve ao prestígio midiático que obtiveram, a verdade está no registro dessa observação, que para ele é "o argumento mais forte para que não tratemos as raças humanas como se fossem espécies distintas".[524]

(ii) Coerente com a teoria da origem e evolução das espécies vivas, Darwin assinala a existência de uma ancestralidade única, comum às muitas "raças". Se fosse mesmo o caso de haver muitas raças, haveria muitas raças humanas. Os argumentos têm um *ethos* não opinativo, não ideológico e não autoritário, resultando no fato conclusivo de que há apenas uma raça.

Em contraste, a moralidade sem ética, intrínseca da doutrina de eugenia, permaneceu submersa pela fantasia de que haveria muitas raças e de que uma raça – os "aristocratas britânicos" – seria uma espécie de fábrica de "gênios" e, por isso, em uma rede fantástica de causalidade, seria superior a outras "raças". Nas beligerâncias que têm tipificado o território europeu, outras etnias, na geração seguinte, reivindicariam a mesma superioridade, e de modos ainda mais violentos, pois atuados, do que o palavrório de Galton.

---

524 Darwin, C. (1871a). Mental Powers of Man and the Lower Animals. In *The Descent of Man. Origin of Species*. In *The Great Books of the Western World*. Chicago: Encyclopaedia Britannica Inc., 1994. p. 346.

Galton não inventou a existência de fantasias de superioridade e sequer tinha a noção consciente de que poderiam existir, mas as tinha aplicado diligentemente em suas ações, cobertas por um verniz amansado, porém não exatamente civilizado. Seu trabalho parece-me ter contribuído para que essas fantasias pudessem ficar mais estabilizadas, concretizadas e estáticas nos países europeus. Tem sido um fator importante na promoção e manutenção de estados beligerantes. Fantasias de superioridade existem em grandes e pequenos grupos. Freud notou sua presença no grupo familiar (em *Totem e tabu*) e na formação de casais. Famílias que tentam se reunir biologicamente costumam fantasiar, precocemente, que uma delas seria superior ou inferior à outra. Baseiam-se em parâmetros arbitrários, como desempenhos profissionais; ou nos métodos utilizados para educação de crianças; ou na religião preferida, que se torna preferencial e única; ou condições financeiras; ou na condição de pertencimento à maioria; ou na condição de pertencimento a alguma minoria etc.

Vou destacar, a partir de uma citação, o comentário de Galton que relaciona afirmativamente, sob o método estatístico de regressão à média, genialidade e a instituição social de aristocracia. Há uma (entre muitas) crítica ferina, configurando um lamento pessoal por não ser um aristocrata:

> *Devemos também considerar a família do marido, seja ele filho único ou de uma família numerosa. Esses assuntos proporcionariam um campo de investigação muito instrutivo para aqueles que se preocupassem em trabalhar nele, mas isso está fora de minha linha de trabalho. A razão de eu ter ido tão longe é simplesmente para mostrar que, embora muitos homens de eminente habilidade (não falo do gênio ilustre ou prodigioso) não tenham deixado descendentes, não por serem estéreis, mas porque são aptos a se casar com mulheres estéreis, com o intuito de ficarem ricos*

> *e sustentar a nobreza que ganharam, como recompensa de seus méritos. Eu vejo a nobreza como uma instituição desastrosa, devido aos seus efeitos destrutivos em nossas valiosas raças. Os homens mais talentosos são enobrecidos; seus filhos mais velhos são tentados a se casar com herdeiras, e os mais novos, a não se casar, pois estes não têm fortuna suficiente para sustentar uma família e uma posição aristocrática. Assim, os brotos laterais da árvore genealógica são cortados, e o broto principal é arruinado, e a raça está perdida para sempre.*[525]

Francis Galton manteve um relacionamento obsequioso com membros do governo. Não hesitou em acrescentar pretensões políticas às elaborações estatísticas por regressão à média e à invenção da doutrina de eugenia, ao advogar que o império britânico forçasse uma emigração da população da China para a África. O intuito seria substituir toda a população africana, que lhe pareceu inferior, pela civilização asiática, que lhe pareceu superior; também achou útil prestar obséquio não solicitado para o que lhe parecia ser a teoria da evolução das espécies, de Darwin. Em retrospecto, a meu ver, um caronista danoso e impertinente: migrações forçadas mostraram sua face real no século seguinte. Foram chamadas de genocídio, e seus exemplos mais gritantes foram as políticas assassinas do governo turco sobre as etnias curdas e armênias; seguidas das coletivizações da ditadura estalinista; e a tentativa da ditadura nazista, talvez bem-sucedida, de extinguir a minoria étnica judaica da Alemanha; da etnia Roma (também denominada Romani, na linguagem rumena; na época chamada cigana: termo hoje condenado politicamente).

A lealdade à doutrina de eugenia, declarada ou não, consciente ou não, persiste, sendo demonstrável em sucessivas tentativas

525 Galton, F. (1869). *Hereditary genius: An inquiry into its laws and consequences.* Londres: Macmillan, 1892. pp. 116-117.

durante o século XX e início do século XXI, por exemplo, na tentativa de exterminar um resquício do império otomano: a etnia muçulmana nos Bálcãs.

Desde a época das antigas civilizações, inexistem registros históricos de que a consecução materializada de fantasias de superioridade não tenha tido consequências beligerantes destrutivas, em todo e qualquer nível que se possa considerar. Explorações territoriais terrestres e marítimas, movidas por intuito científico, simultaneamente (não é possível saber a cronologia) foram movidas por outras explorações – víveres, força de trabalho, materiais de construção, fêmeas –, resultando na modificação da instituição de escravidão ao transformar pessoas em mercadorias comerciais.

Não por coincidência, o termo "exploração" pode ter pelo menos dois significados: um, construtivo, de aventuras no desconhecido, tipificando atividades científicas e artísticas. Outro, destrutivo: pilhagem violenta de outras etnias, de territórios, de classes sociais.

A fantasia de superioridade individual, e, *a fortiori*, grupal, não é uma invenção europeia, tampouco está presente apenas em fantasias "eurocêntricas" ou "norte-americanas". Seria uma invariância da raça humana, ainda em sua infância?

Aparece nas etnias asiáticas, africanas e sul-americanas. Parece não ter havido nenhum desenvolvimento, a despeito das tentativas democráticas, muitas vezes denominadas "altruístas". Algumas etnias parecem incluir esperanças de respeito à vida e consideração à verdade. Poderá ter algum desenvolvimento? Qualquer afirmação futurística adentra o âmbito dos vaticínios, cujo combustível é a crença.

A doutrina eugênica não apenas prosseguiu, mas expandiu a situação de desrespeito à vida ao determinar, como parte de alguma instituição policial isenta de qualquer influência científica, que grupos considerados como inferiores teriam que ser excluídos, sob a racionalização de "corrigir distorções raciais". Em nome da "civilização", teriam que ser obrigatoriamente submetidos a proibições de se reproduzirem. O corolário de tal determinação galtoniana, ou eugênica, é de que os grupos populacionais considerados superiores teriam promoção em sua própria reprodução.[526] O arianismo nazista é uma evidência viva dessa crença assassina, assim como as migrações forçadas do regime estalinista.

No lugar-comum do pouco saber, Galton parece ter sido bem-sucedido em seu esforço de propagar que a doutrina de eugenia se filiaria à descoberta realmente científica feita por Darwin sobre a origem das espécies vivas. Até hoje, a falsidade continua se impondo, pelo menos em parte dos membros da academia e certamente no meio leigo.

Talvez seja oportuno descrever qual foi a visão de Darwin sobre a associação forçada de Galton entre a doutrina da eugenia e a teoria da seleção das espécies.

Uma das hipóteses de Darwin – mera hipótese, proveniente da descoberta da teoria da seleção das espécies – foi formulada a partir do termo "pangênese". A hipótese descrevia uma geração global das espécies vivas, que se faria por meio de algo que Darwin não conhecia. Para elaborar a hipótese, chamou esse algo desconhecido de "gêmulas". Células gonadais já eram bem conhecidas; as "gêmulas" seriam responsáveis por agregá-las dentro do óvulo; ou em ovos, resultando em um embrião.

A hipótese foi baseada na descoberta da circulação sanguínea, hormonal, linfática e do sêmen: contemplou a possibilidade de que as "gêmulas" também seriam circulantes dentro dos indivíduos. Darwin não fez nenhuma afirmação sobre onde poderiam estar nem como circulariam as "gêmulas", nem mesmo se estariam em alguns desses meios. Tratou sua hipótese apenas como hipótese, que poderia ser testada caso houvesse alguma condição para tanto. A

526 Diwan, P. (2015). *Raça pura: uma história da eugenia no Brasil e no mundo*. São Paulo: Contexto.

hipótese de Darwin pode ser vista como ancestral da disciplina que tem fundamentado a maior parte dos avanços na ciência biológica até hoje: a genética.

Galton agiu por meio de uma mistura de ações muito questionável: pressa, distorção por simplificações desnecessárias e mal-entendidos. Parecem-me três receitas para pouco saber. Aproveitou-se oportunisticamente, sem que Darwin soubesse, do princípio de que "gêmulas" já existiriam concretamente e que "estavam" localizadas no sangue dos animais.

Com a ajuda de colaboradores que fizeram o trabalho prático, transfundiu os sangues entre diferentes espécies de coelhos. Em seguida, examinou o aspecto exterior das proles e não achou nenhuma diferença. Darwin acompanhou com entusiasmo o início da pesquisa, tendo a mesma atitude estimulante que dirigia a seu primo distante e mais novo; que, por sua vez, nunca se questionou quanto ao método de investigação que usou: uma imitação de ciência para construir uma doutrina policialesca.

No seu "método", desprezou mais uma vez a observação de Darwin, que coincidia com Lamarck na ênfase de que mudanças nas espécies vivas são incrementais, precisando de muitas gerações – caso ocorram.

Publicou rapidamente um artigo para atacar teorias baseadas em observação de fatos naturais com objetivo agora claramente expresso: refutou as teorias da origem e da seleção natural de Lamarck e de Darwin.

O ataque, sob o ponto de vista das tragédias na história da ciência, foi bem-sucedido. Galton obtivera considerável prestígio social e, em consequência, sob o ponto de vista de difamação histórica, a figura de Lamarck e suas hipóteses, injustamente criticadas, têm sido até hoje difamadas – no lugar-comum. Darwin nunca fez esse tipo de crítica ao seu antecessor. A crítica de Galton também tinha um conteúdo de patriotagem nacionalista, resíduo das guerras franco-britânicas, pois o barão de Lamarck, cujo nome verdadeiro era Jean-Baptiste Pierre Antoine de Monet, tinha sido um dos orgulhos da França.

Um dos fatores movendo críticas pseudocientíficas apressadas e falsas é a tendência beligerante humana de colocar sob competição teorias científicas e seus autores como se fossem times esportivos, ou exércitos, ou ideologias, nos quais se estimula a ilusão de que haveria perdedores e vencedores.

Dessa vez, a tentativa de Francis Galton de se aproveitar do manto de fama social do primo Charles Darwin para promover suas próprias doutrinas e pesquisas falhou.

Produziu uma reação igual e contrária: Darwin replicou de modo educado, mas dotado de uma firmeza até então não praticada, para dissociar a hipótese das "gêmulas" das conclusões distorcidas que Galton desejava impor. Darwin reagiu de modo que me parece estar qualificado como científico à crítica destrutiva de Galton.

Causou espécie na *intelligentsia* da época, pois Darwin era uma pessoa recatada e, até então, protetor do primo mais novo. A evidência do que estou afirmando pode ser encontrada na publicação de uma resposta às refutações galtonianas na mais prestigiosa revista médica e biológica de então, a *Nature*.[527] Galton pareceu estar perplexo com a reação do primo afastado, apressando-se a se desfazer em escusas. Teriam sido sinceras?

Sob o ponto de vista pessoal, defrontar-se com uma crítica ferina pode ter sido uma experiência difícil: Darwin sempre foi entusiasta do percurso e dos trabalhos de Galton. Sempre o estimulou e sempre seguia as apresentações dele. Os exames eram dominados pelo *establishment* social (dito "vitoriano"), o que diminuiu a possibilidade de apreciá-los cientificamente. Darwin dedicava ao primo o mesmo relacionamento interpessoal que manteve com familiares e amigos. Esse fato é claramente visível pelos relatos de sua esposa, dos sete

527 Darwin, C. (1871b). Pangenesis. *Nature*, 502-503. http://darwin-online.org.uk/content/frameset?itemID=F1751&viewtype=side&pageseq=1

filhos que sobreviveram e de muitos que o conheceram. No caso das "gêmulas", acompanhou pessoalmente as experiências de Galton com os coelhos e foi tomado de surpresa, uma vez que o primo não submeteu previamente as conclusões para seu exame.

Uma evidência dos estímulos benevolentes de Darwin para com Galton aparece na primeira edição do *The Descent of Man*, publicada no mesmo ano em que seu primo, qual criança travessa, apesar de já bem crescido cronologicamente, publicou suas críticas. Levando-se em consideração o tempo necessário para a impressão de livros naquela época em que se usava tipografia, o manuscrito foi entregue ao editor pelo menos dois anos antes. Contém várias citações e elogios referentes à viagem à África e ao estudo sobre hereditariedade e genialidade escrito pelo primo mais novo. Alguns comentários não trespassam os limites do preconceito típico do *Zeitgeist* "vitoriano": por exemplo, na concordância com o modelo estatístico de regressão à média a respeito de personagens "eminentes":

> *atualmente sabemos, através do trabalho admirável do sr. Galton (O gênio hereditário: um inquérito sobre suas leis e consequências, 1869), que a genialidade depende de uma combinação maravilhosamente complexa de altas faculdades, que tendem a ser herdadas, e, por outro lado, é certo que insanidade e forças mentais deterioradas também têm um percurso familiar.*

Outro exemplo é registrado na conclusão de que homens têm "maiores poderes" do que mulheres, mesmo que tenha mantido o vértice científico ao incluir observações lúcidas e isentas de juízos de valor a respeito das variações nos padrões de beleza feminina em várias etnias.[528]

---

528 Darwin, C. (1871a). Mental Powers of Man and the Lower Animals. In *The Descent of Man. Origin of Species.* In *The Great Books of the Western World.* Chicago: Encyclopaedia Britannica Inc., 1994. pp. 207, 216, 319, 325, 374, 395.

Uma apreciação transdisciplinar a respeito das contribuições de Galton ao conhecimento humano

O modo peculiarmente reducionista a partir do qual Francis Galton abordou o tema da hereditariedade pode ser examinado transdisciplinarmente sob os vértices psiquiátrico e psicanalítico. Parece-me haver três características:

(i) Ingratidão: Francis Galton era filho de uma família abastada e foi criado em uma das duas organizações sociais mais desenvolvidas da época, sob os vértices tecnológico, econômico e social. Teve e usufruiu de todas as oportunidades de educação e, portanto, de contatos com a meritocracia e a aristocracia, além da maçonaria. Conheceu fama em vida: recebeu todos os prêmios possíveis que o *establishment* "científico" tinha para oferecer; tinha enorme grau de contatos sociais em uma sociedade em que a estratificação social sempre foi de uma inflexibilidade decisiva. Possuía quantidade notável de dinheiro por herança. No entanto, usou de seus estudos para criar doutrinas pseudocientíficas beligerantes e imitações rivais, produtos de pouco saber. Desde cedo fez parte da meritocracia política na academia e finalmente acabou conseguindo aquilo que tanto desejou, mas, por negação, transformação no contrário e formação reativa, propagandeava falsamente que desprezava: obteve o título de nobreza que tanto criticara, produzindo mais calor do que luz, e quase nenhuma luz. Qualifico como ingratidão pois a defesa da natureza em detrimento da criação e a cunhagem do termo "natureza *versus* criação", permeando todas as suas conclusões, são violentamente contraditórias em relação ao modo pelo qual foi criado; manifesta ódio à enorme proteção que sempre recebeu de seus pais e do ambiente que o cercou na adolescência e na maturidade. Galton registrou que A. usou e talvez abusou da fortuna que herdou. Mesmo assim, a conclusão para uma pergunta que ele mesmo fez favorece uma resposta que, suponho, já tinha pronta e que pode – talvez – ter conformado a própria pergunta. A visão que Galton mantinha sobre a natureza era de tal modo limitada que ele equacionou à hereditariedade. Uma vez mais, parece-me nova evidência sobre o modo ávido e invejoso que impediu uma relação benevolente – e não beligerante – com o trabalho de seu primo mais famoso.

(ii) Imobilização na posição esquizoparanoide, caracterizável pelo menos por alguns fenômenos relacionais: (a) fantasias de onisciência e onipotência, resultando na doutrina de eugenia; (b) escravidão ao princípio do prazer-desprazer, evidenciada pela sua relação com Charles Darwin, marcada pela ação contínua do ciclo avidez-inveja; (c) autorreferência, visível não apenas sob o vértice psicanalítico, mas também sob o vértice estatístico; o termo autorreferência é utilizado tanto em psiquiatria como em estatística.[529]

(iii) Possível presença de um transtorno fóbico-obsessivo. Levo em consideração a minuciosidade de mensurações antropométricas concernentes a um estudo de anatomia que pudesse ser útil para a fabricação de ferramentas ortopédicas; e a enorme preocupação com uma ideia prevalente à época das crenças nas castas sociais: a de que haveria uma extinção demográfica dos sobrenomes de famílias aristocráticas. Tinha a ideia de melhorar a humanidade propagando a elite inglesa. Similar a outro "darwinista social", Herbert Spencer, fez campanha pública contra a manutenção de instituições asilares e de auxílio à pobreza, pois acreditava que ajudar os "fracos" permitiria que estes pudessem se reproduzir; portanto, criariam uma nação de "fracos".

529 Berezowsky, S. (2015). Statistical criticism and the eminent man in Francis Galton's "hereditary genius". *Victorian Literature and Culture*, 43(4): 821-839. http://www.jstor.org/stable/24577325

À exceção de duas contribuições para duas disciplinas – estatística e meteorologia –, a única outra contribuição que tem provado ser resistente ao aprender da experiência, a doutrina de eugenia, foi totalmente subserviente e bem adaptada ao *establishment* político-cultural da Europa naquela época, e também no século XXI. A doutrina de eugenia pode também ser aplicada a povos asiáticos. Desafia o aprender da experiência na medida em que reflete o comportamento social e individual de boa parte das etnias que até hoje não puderam se desenvolver a partir de um estágio em que prevalecem fantasias primitivas de superioridade. A situação permanece a mesma, sem evolução nem involução, expressa por estados de colaboração intragrupal e beligerância intergrupal – para conquista violenta de territórios, bens materializados e mulheres, indistinguíveis uns dos outros. Há evidências claras de que a ordem dos fatos históricos da raça humana, desde as tribos africanas na época dos hominídeos, demonstra que natureza e criação agem juntas, e não de modo inverso, como prega a doutrina de eugenia. Retornarei ao exame do problema, na medida em que ele compõe uma ferramenta que não pode ser utilizada por psicanalistas, mesmo que sempre o tenha sido pelos membros do movimento que passam a fazer parte da meritocracia política, rejeitando os impotentes para fazer parte da meritocracia científica.

Após ter feito essas hipóteses de um exercício psicanalítico a respeito de Francis Galton, encontrei concordância na literatura.[530]

A doutrina de eugenia é, a meu ver, uma pseudoteoria pseudorracial que tinha e eventualmente poderá ter pretensões a se constituir como disciplina científica para aplicações práticas. Não é surpreendente que seus efeitos práticos tenham sido destrutivos, na mesma extensão em que mentiras – que equaciono a estados de

---

530 Fancher, R. E. (1983). Biographical Origins of Francis Galton's Psychology. *Isis*, *74*(2): 227-233. http://www.jstor.org/stable/233104

alucinose – sejam destrutivas; em última análise, para a percepção daquilo que é verdade.

Parece-me ser mais uma tentativa de destruir aquilo que é verdade; nessa tentativa, existe a crença de que alucinar é uma atitude superior em relação à atitude de se obter um grau mínimo de contato com verdade. Não podemos estar seguros de que essa doutrina esteja condenada a permanecer no lixo da história, caso seja verdade a tendência humana observada por Nietzche do "eterno retorno", expresso individualmente pela observação de Freud de "compulsão à repetição", por dificuldades sérias de aprender da experiência: fortes no indivíduo e, *a fortiori*, como observou Bion, no grupo humano.

11. À guisa de fim em uma história real, até agora infindável

Pope, pensador do Iluminismo inglês, observou que "pouco saber é algo perigoso". Tomo a liberdade de acrescentar que é perigoso, por ser destrutivo à vida e à natureza humana. Transforma utilidades materializáveis – facas, garfos, automóveis, conhecimento etc. – e predominantemente imateriais – energia mecânica, elétrica, atômica, processos de conhecer – em ferramentas criminosas. Todo este livro é uma tentativa de aproximação à realidade material e psíquica que caracteriza a natureza humana. Pouco saber é perigoso e destrutivo para a tarefa científica e artística. A última não é o assunto que tento abordar, por mais próximo que pareça ser, pelo menos no intuito final. Pouco saber implica omissões e mentiras, conscientes ou não.

> *Assegura-se frequentemente que a origem do homem jamais poderá ser conhecida: mas ignorância germina confiança com muito maior frequência do que o faz o conhecimento: são aqueles que sabem pouco, e não os que sabem melhor, que asseguram positivamente*

> *que esse, ou aquele problema, jamais será resolvido pela ciência.*[531]

O pouco saber que tentei me endereçar, neste primeiro volume de *Instrumentos de um psicanalista*, refere-se a algumas confusões: entre o movimento psicanalítico e a psicanálise propriamente dita; entre meritocracia política e técnica, que tem levado, até agora, à prevalência da meritocracia política sobre a meritocracia técnica. Tal prevalência, qual o Leviatã descrito por Hobbes,[532] torna o nutritivo em depauperante.

Espero que o texto se torne datado, o mais rapidamente possível, e se torne uma lembrança da antiguidade, dessas que causam surpresa aos mais modernos, que dizem: "impressionante, eles se mobilizavam com a ajuda de carroças com rodas de madeira!", ou "caminhavam com sandálias de couro ou madeira e chegaram ao estreito de Bering!". E que este texto venha a ser apenas um tipo de crônica dos enganos da história do movimento psicanalítico, ao enumerar o que não é um instrumento psicanalítico, mas que, paradoxalmente, possibilita que haja a formação e a manutenção de psicanalistas. Um casal psicanalítico é um grupo, formado de duas pessoas. Caso seja tornado em mais uma meritocracia política, como se delas houvesse escassez, mesmo que em escala micro, impede a consecução de uma análise.

Como quase toda esperança, corre o risco de ser ilusória. Quase? Como tudo, há exceções: aquela em que um recém-nascido espera encontrar um seio. Esperança que pode se desenvolver, caso o bebê se desenvolva, naquela em que se espera que mães, pais, irmãos, cientistas e artistas, o sejam, verdadeiramente.

---

531 Darwin, C. (1871a). Mental Powers of Man and the Lower Animals. In *The Descent of Man. Origin of Species.* In *The Great Books of the Western World.* Chicago: Encyclopaedia Britannica Inc., 1994. p. 255.

532 Hobbes, T. (1651). Leviathan (versão em inglês por N. Fuller). In *The Great Books of The Western World.* Chicago: Encyclopaedia Britannica Inc., 1994.

12. Notas finais

Este livro é uma versão mais detalhada e profunda daquilo que foi apresentado com intuitos mais específicos. É o desenvolvimento de um trabalho sobre dinâmica grupal.

A primeira versão, que tentou apresentar a diferença entre meritocracia técnica e política, apareceu em um livro que pode ser cientificamente descrito como uma ode à meritocracia política em uma sociedade psicanalítica, mas tentando dar um cunho científico aos vários trabalhos apresentados. A meu ver, foi uma bricolagem, que tentou reunir trabalhos de muitos autores que discorreram sobre assuntos escolhidos politicamente pelos organizadores.[533]

A segunda versão foi elaborada como parte da comemoração do 80º aniversário do dr. Antonio Sapienza, em uma sessão promovida pela Sociedade Brasileira de Psicanálise de São Paulo (SBPSP). Qualifiquei essa sessão do mesmo modo que o fazem os acadêmicos, usando uma palavra em alemão que se tornou internacionalizada: *Festschrift*, cujo sentido é o de uma apresentação científica homenageando um investigador notável. Minha apresentação foi feita a convite do dr. Sapienza, o destacado membro dessa sociedade de psicanálise, que sempre tentou se manter em um estado de integração harmônica na meritocracia técnica

533 Montagna, P. K. *et al.* (orgs.). (2012). *Dimensões psicanálise. Brasil. São Paulo.* São Paulo: Diretoria da SBPSP e do Instituto de Psicanálise, biênio 2011-2012.

e política da SBPSP. O trabalho não foi publicado, fez parte de uma sessão cujo cunho foi histórico-científico.

A terceira versão, mais detalhada, apareceu no livro editado pelas dras. Gina Khafif Levinsohn, Kaioko Yamamoto e dr. Ryad Simon, em comemoração aos vinte anos do curso de pós-graduação em Psicoterapia Psicanalítica do Instituto de Psicologia da Universidade de São Paulo (IPUSP). A meu ver, uma tentativa que durou um pouco mais do que duas décadas, tentando integrar meritocracia técnica com meritocracia política em seu funcionamento interno, criando um ambiente de equilíbrio harmônico entre as duas faces. A tentativa se fez dentro de um instituto de psicologia da mais afamada universidade do país e sob os seus auspícios, na forma de um curso de pós-graduação *lato sensu*. A tentativa findou com a prevalência da meritocracia política, externa ao curso, da própria universidade, subserviente às mudanças ideológicas afetando o Estado e o País, ao modificar as regras dos cursos de pós-graduação *lato sensu* no IPUSP.[534]

Sobre o moto

Provavelmente, muitos dos leitores deste livro já têm alguma noção a respeito da obra escrita por W. R. Bion. Um número menor, e em ordem decrescente na quantidade, poderá ter tido contato com as obras de, respectivamente, Francis Bacon e George Santayana, pensadores reconhecidos internacionalmente. Leitores brasileiros interessados na língua e na literatura russa talvez conheçam o nome e a obra de Boris Schnaiderman. Alguns leitores, que mantenham interesse na história industrial, talvez conheçam o nome e a obra de Wolfgang Sauer, um administrador de empresas. Foi dessas obras que extraí as frases para compor o diálogo imaginário.

---

534 Sandler, P. C. (2016). Curso de psicoterapia psicanalítica: meritocracia técnica e política. In *Novos avanços em psicoterapia psicanalítica* (organizado por Ryad Simon, Kaioko Yamamoto & Gina Khafif Levinsohn). São Paulo: Zagodoni. pp. 89-109.

GRÁFICA PAYM
Tel. [11] 4392-3344
paym@graficapaym.com.br